光明社科文库
GUANGMING DAILY PRESS:
A SOCIAL SCIENCE SERIES

·教育与语言书系·

晚清汉译历史教科书研究

郭蔚然 | 著

光明日报出版社

图书在版编目（CIP）数据

晚清汉译历史教科书研究 ／ 郭蔚然著．－－北京：
光明日报出版社，2021.5
ISBN 978－7－5194－6120－1

Ⅰ.①晚… Ⅱ.①郭… Ⅲ.①历史课—教材—研究—
中国—清后期 Ⅳ.①K20-42

中国版本图书馆 CIP 数据核字（2021）第 091446 号

晚清汉译历史教科书研究
WANQING HANYI LISHI JIAOKESHU YANJIU

著　　者：郭蔚然

责任编辑：郭玫君　　　　　　　　责任校对：傅泉泽
封面设计：中联华文　　　　　　　责任印制：曹　诤

出版发行：光明日报出版社
地　　址：北京市西城区永安路 106 号，100050
电　　话：010－63169890（咨询），010－63131930（邮购）
传　　真：010－63131930
网　　址：http://book.gmw.cn
E － mail：guomeijun@ gmw.cn
法律顾问：北京德恒律师事务所龚柳方律师

印　　刷：三河市华东印刷有限公司
装　　订：三河市华东印刷有限公司
本书如有破损、缺页、装订错误，请与本社联系调换，电话：010-63131930

开　　本：170mm×240mm
字　　数：261 千字　　　　　　　印　　张：16
版　　次：2021 年 5 月第 1 版　　印　　次：2021 年 5 月第 1 次印刷
书　　号：ISBN 978－7－5194－6120－1
定　　价：95.00 元

前　言

　　历史教科书作为学校教育的重要载体，其发展往往与整个社会的发展历程息息相关，而历史教科书作为国民教育的重要材料，同时也是近代中国国家塑形和国民性塑造的重要力量，推动着社会前进的脚步。晚清汉译历史教科书产生于中国社会新旧制度交替的特殊历史阶段，对晚清社会制度的变革和史学的近代化有着重要的推动作用。本书对晚清汉译历史教科书进行了多角度分析和研究。

　　本书绪论部分主要阐述了本选题的意义，分析了相关问题的研究现状，并对本书的创新点和研究思路做了说明。

　　第一章主要探究汉译历史教科书在晚清出现的社会背景和学术背景。晚清社会政治的变革是决定和影响这一时期思想文化和学术发展的重要因素，而西方文化的输入和"开眼看世界"的社会思潮也成为汉译历史教科书出现的学术背景。随着"师夷长技"和"救亡图存"的深入，汉译历史教科书便出现了。

　　第二章具体梳理晚清汉译历史教科书的发展历程。其发展经历了从译自欧美到译自日本的过程，伴随着教会学校、新式学堂等教育机构的改革，其内容侧重点与译介群体也不尽相同，从满足教会学校的教材需求，到为国人的近代改良运动提供思想指导，再到作为近代教育改革的重要载体。汉译历史教科书的出现、兴起和繁荣，都体现着其与晚清中国社会之间的内在联系。

　　第三章归纳晚清汉译历史教科书在内容上的特点。晚清汉译历史教科书因发展阶段、来源与功用的不同，在内容上也出现了较大的差异，主要包括对世界历史（主要是西方历史）和亚洲史的译介。汉译的西方历史教科书重视对各国近代资产阶级改革的描述，而日译的东亚史和中国史教科书则对晚清以来中国内忧外患的历史记载予以了重视。

第四章着重分析晚清汉译历史教科书在译著对象和体例上的特点。汉译的历史教科书大都打破了中国传统史书所使用的形式，"章节体"广泛使用、采取以历史时代观念划分的方法，用政治事件、文明时代、民族发展等作为划分标志，译者还创设性地运用了一些特殊体例，目的是让这些著作与中国传统的体例相结合。

第五章深入探讨晚清汉译历史教科书的思想内涵。晚清汉译历史教科书的思想内涵首先是体现出"主权国家"的意识和"民族国家"的概念，启发中国民众建立"中国民族"的理念；其次是对西方民主制度和历史发展过程进行介绍，为近代国人反对封建专制、建立民主政体提供理论上的指导；最后，是对历史进化思想的普及，成为中国资产阶级改革派进行变法维新的理论基础和指导思想，也成为中国新史学产生和发展的重要理论。

第六章是对晚清汉译历史教科书意义的归纳，无论是对国人"世界"观的重塑，还是对近代史学革命的启发，抑或是对中国历史教科书近代化程度的推进，晚清汉译历史教科书都以其特有的知识性和思想性，成为中国近代文化史上重要的现象，对我们审视历史拓宽了眼界。

晚清汉译历史教科书将历史教育的内涵提升到了一个新的层面上，以满足国人知识需求为目的，以近代社会改良思潮为导向，建立起了一套兼具实用性和思想性的教材体系，对近代历史教育的推动和国人意识形态的构建都有着不可忽视的影响力。

目 录
CONTENTS

导　论

一、选题缘起

中国的历史教育由来已久，为人们普及历史知识、培养爱国主义和民族自信心、提高个人素质和涵养等方面做出了巨大的贡献。晚清以前，中国的历史教育，尽管在教学方式和教育类型上随着时代的发展不断变革，但在教学的内容上，大多坚持以儒家经典著作为教学蓝本。鸦片战争以后，中国门户大开，传统秩序面临着分崩解体的危险，社会文化接受了前所未有的冲击，历史教育问题和所有其他文化现象一样，存在着旧制度与新制度的改造和链接问题。中国的教育开始摆脱旧有的教育模式，逐渐从经史子集走向新的分科设学体系，随着社会的变革和国家局势的变化，历史教育的导向亦随之发生变化，原有的历史教育从内容和形式上都不再适用于当时的中国社会。近代中国教育制度的确立，历史教育也开始走上近代化进程。同时，西方思想和书籍的大量传入、传教士所办的教会学校，推动了中国历史教育的发展。随着"西学东渐"的逐步深入，仿效西方学制的教育和课程的改革也随之出现，清末"新政"期间"废科举""兴学堂"的教育改革浪潮中，各类新式学校大量涌现，这些新式学校均实行从国外引进的分科教学，历史作为学校课程体系中的一门重要组成部分，晚清的历史教科书应运而生。

教科书，在现代汉语中有两层含义，狭义上指按照课程标准的要求编写的教学用书，又称课本，是某学科教学中使用的核心材料。而在广义上，凡是能够增进人们的知识和技能、影响人们的思想品德的书籍，都可以作为教科书使用。本书中的"历史教科书"概念，指在近代社会教育改革的背景下，被时人在各级学堂的历史课程中使用的教学书籍。在历史教科书出现的 19 世纪六七十年代，中国人还没有产生清晰的"教科书"概念，使用较多的则是"课本""课业""教材""读本"等词汇，大部分历史教科书也并不是按照特定的课程标准编写和译介的。历史教科书是晚清中西文明不断融合下的学术分科和学制变革的产物，经历了由译介到自编、由学习欧美到学习日本进而探究出全新的历史编撰。在这个转变过程中，汉译历史教科书充当了重要角色。

汉译历史教科书，是指晚清以来在"向西方学习"的思潮下，时人以西方或日本的历史原著和历史教科书作为蓝本，经过翻译和改编在中国出版发行，并在晚清新式学堂作为教材使用或被列入学堂课外读物的书籍。这些汉译历史教科书有的被晚清学部审定，得到了官方的认可，有的则在一些地方性学堂中作为"涉猎之书"被应用在历史教育中。汉译历史教科书最早是在 19 世纪 60 年代，在传教士所办的教会学校中出现的，后来在洋务派学堂和维新派学堂被广泛应用。1902 年和 1904 年，清政府相继颁布《钦定学堂章程》和《奏定学堂章程》，汉译历史教科书被审定作为各级学堂的历史教材使用。到了 20 世纪初，随着新史学思潮的兴起，国人自编的历史教科书开始出现。中华民国成立后的 1914 年，教育部发布新令，由商务印书馆和中华书局负责编修中国历史教科书，国人自编的历史教科书取代了汉译历史教科书成为近代中国历史教育的载体，汉译历史教科书自此逐渐退出历史舞台，中国的历史教科书真正走上了近代化。

从来源上看，晚清的汉译历史教科书有的译自日本，有的译自欧美，根据《京师大学堂暂定各学堂应用书目》和《学部官报》统计的当时的汉译西洋史教科书就有几十种之多；且晚清新式学堂中的中国史和东亚史教科书亦不乏汉译历史教科书，还有若干种以"文明史""开化史"命名的东亚史译著，广泛流传于各地学堂。此外，还有许多非官方核定却具有相当影响力的译著，可见晚清时期汉译历史教科书的数量与影响力都不容忽视。

这些汉译历史教科书在学术性上，不一定十分高明，但这些译著多采用新史体例，以新眼光、新学识来编纂历史、提供史识。一些思想比较敏锐的知识分子就是通过阅读这些历史译著，对传统史学加以反思，对其存在的诸多弊病进行深刻的批判，同时又对近代意义上的中国史学应该努力的方向加以思考。这与 20 世纪初声势浩大的新史学思潮遥相呼应，有力地推动了中国史学近代化的进程。同时，贯穿在这些汉译历史教科书中的译著原则、跨文化语际的变通重构、社会进化理论、改革思想等内涵，在一定时期内影响着国人的历史认知和对西方、对东亚国家的了解，也对现阶段的史学研究不无启发。

目前学界对晚清汉译历史教科书这一问题的研究，多出现在中国近代史、学术史和教育史等领域，研究主题涉及教育制度、历史译著、近代史学革命等，但尚未有较为深入的专门性研究。现有研究著作与论文，多从其他问题入手，如晚清教育、历史教科书以及历史译著等，兼及晚清汉译历史教科书的研究，但内容往往较为分散浅显，缺乏系统性。

历史教科书是民众历史知识的基本来源之一，承担着常识构建的使命，其影响力绝非普通知识读物可比。作为近代社会的诞生物，晚清历史教科书又是近代中国国家塑形和国民性塑造的重要力量，推动着社会前进的脚步。而汉译历史教科书作为晚清历史教科书发展过程中的重要阶段，在晚清学堂的历史教育中也具有重要的地位，清末民初虽然出现了自编的历史教科书，但很大程度上仍然属于"编译"性质，并没有动摇汉译历史教科书在中国近代学校历史教育中的作用。20世纪初声势浩大的新史学思潮的兴起深受西方和日本史学的影响，汉译历史教科书也是一个重要载体，中国学界对西方史学的最初认识，汉译历史教科书也是一条不可忽视的渠道。可以说，晚清汉译历史教科书反映着中国历史教育的近代化历程，也反映着中国近代史学发展的基本情况。所以对这一问题的研究，不仅可以为我们今天的教育事业带来宝贵的历史借鉴，更重要的是作为一种时代性的文本资料，汉译历史教科书从内容、结构、体例等方面体现着晚清社会的文化背景和史学发展情况。

作为历史教科书的译著在晚清的大量出现，不仅是一个重要的史学现象，也是一个值得关注的社会现象。19世纪末20世纪初，国人对于西方和日本历史教科书的大量翻译和编译，是清政府进行教育改革的产物，同时也是新史学思潮的一个重要组成部分。中国近代历史教科书从无到有，汉译和编译历史教科书在其中发挥了不可替代的作用。晚清历史教科书的编纂，是中西文明不断融合下学术分科和学制变革的产物，经历了由译介到自编、由学习欧美到学习日本的转变过程。对晚清汉译历史教科书的研究，总结起来，具有以下几个方面的意义：

首先，对汉译历史教科书的研究可以扩充晚清史学史研究的内容。历史教科书问题从本质属性而言是历史编纂问题，属于史学史的研究范围，而晚清时期的历史教科书与晚清历史译著在一定时期内联系紧密，通过对晚清历史教科书中万国史、西洋史、东亚史、中国史等译著的分类研究，对不同的译著加以分析，会对晚清时期的西学东渐有更深入的探究。着眼于汉译历史教科书中各类译著的内容、体裁、来源等问题的研究，有利于从史学的角度分析近代史学在内容、体例和思想方面的特征以及历史译著给予的影响。汉译教科书为后来新史学的出现打下了坚实的基础，后期国人自编的历史教科书，已经摒弃了中国传统史学的纪传体、编年体和纪事本末体，多采用章节体，无论从装帧形式、编写内容还是指导思想上看，都更具现代意义上的历史。此外，通过对历史译著教科书的文本分析，又能够对中外史学的差异有更直观的体会。深入探究译者在处理跨文化碰撞如历史观、叙事方式等具体问题时采取的翻译策略，以及为了便于国人阅读理解而采取的一系列适应性变通，从内容、语言、体裁、思想内涵等角度出发与原著进行对比，可以发现，在内容的侧重点上，在对国家、民族和世界等问题的认识上，在对史事的不同书写和理解上，中外史学有着明显的差异。在研究本论题时所做的中外对比研究，就有利于更清晰地感受中外史学在编纂方法、历史观念及史学传统等方面的差异，也为进一步研究中国史学的近代化提供了借鉴。

其次，对晚清汉译历史教科书的研究拓宽了近代史研究的路径。通过对汉译历史教科书内容和特点的分析，提炼其思想内涵与影响力，能够深化对近代历史的探究。晚清汉译历史教科书作为研究近代教育演变和近代史学发展的对象，同时作为近代史的重要课题，是一个综合性问题，它是晚清历史教科书和历史译著研究交叉结合而产生的，同时又建立在晚清社会文化史、思想史等诸多学科和领域的基础之上。汉译历史教科书作为近代教育制度改革的产物，是晚清文化史研究中不可忽视的群体。而晚清历史教科书在中国社会发展历程中扮演着重要的角色，是传递知识和培养国民世界观、人生观和价值观的重要场域，汉译历史教科书的内容和思想都不同于中国传统学术的理念，进化思想、国家观念和民主制度渗透其中，对近代国人的知识结构和思想变革有着重要的意义。伴随着汉译历史教科书中对"国家""民族""民主"等概念与内涵的介绍，西方各国的历史沿革和民主制度逐渐被国人所知，中国人开始对域外文明和制度产生兴趣，加之历史进化思想在中国的传播和发展，新的社会思潮应运而生。汉译历史教科书改变了国人传统的"中国中心论",开始了解其他国家的地理、风土等,树立了"世界"意识;同时通过对他国历史的学习,国人的"民主""民权"意识也逐渐觉醒。汉译历史教科书中的"科学"理念和历史进化思想,同样对近代社会思潮的发展意义颇大,甚至在一定程度上促进了近代资产阶级改良派的社会变革。所以,对汉译历史教科书内容和思想价值的研究,也可以对理解近代历史与思想的发展脉络提供重要借鉴。

最后,对汉译历史教科书问题的研究可以充实中国教育史的研究内容。晚清时期的社会危机和民族危机,使得近代有识之士纷纷探索挽救危亡、振兴国势的有效良方,在经历了器物、制度等一系列的变革失利后,他们开始将救亡图存的关注点由外在的物化形式转向内在素质的提高,将教育作为形塑国民的最主要途径和手段,汉译历史教科书为晚清的历史教育研究找到了一个新的载体。汉译历史教科书伴随着晚清教育的改革而生,从"七科之学"的形成到新式学堂的出现,从"癸卯学制"的建立到官方审定教科书,汉译历史教科书的发展也经历了教会学校时期传教士主导的对西方史著译介、晚清新式学堂发展中国人自译的出现和清末新政之后对日本史著的译介这几个阶段,每个阶段都与近代教育制度的改革息息相关,在这个过程中,汉译的历史教科书也基本上完成了由传统历史教材向近代化转化的过渡使命。可以说,汉译历史教科书在近代的出现和发展,是中国教育变迁的一个侧影。因此,作为近代教育史上的重要角色之一,对汉译历史教科书的研究,能够丰富和细化中国教育史的研究。

二、学术史回顾

晚清汉译历史教科书问题,作为一个综合性的问题,长期以来学界对这一问题时有谈及,虽然目前学界尚缺乏对这一问题较为深入的专门性研究,但在晚清学校历史教育研究、晚清历史教科书、晚清历史译著群体以及涉及晚清汉译历史教科书的研究等方面,还是有相当数量的学术成果。晚清汉译历史教科书是晚清历史教科书发展过程中的重要阶段,因此对晚清历史教科书相关研究的梳理必不可少;而历史教科书这一概念最早是在传教士所办的新式学堂中出现的,学校教育的制度和内容决定着历史教科书的选择与使用,因此研究晚清的历史教科书,就必须对晚清的学校历史教育予以重视。基于这三个层次的研究成果,笔者将这一问题的相关研究综述如下:

（一）晚清学校历史教育研究

学校历史教育，是相对于社会历史教育而言的。涉及历史教科书的研究，均是在教会学校、洋务派与维新派的新式学堂等学校教育中完成的。因此对晚清时期学校历史教育的研究，与本论题的研究关系甚大。

第一，对晚清社会剧变背景下历史教育的研究。王海鹏、刘金凤的《晚清教育改革与历史教育的近代化》① 考察了晚清教育改革背景下历史教育近代化的历程。由于儒学处于统治地位，历史学和历史教育一直依附于经学而存在。在晚清教育改革以前，普及性的历史教育一直没有引起统治阶级的重视。20 世纪初，适应社会剧变的要求，历史教育随着西方教育制度的不断传入和教育改革的不断深化而逐渐走向近代化。文章爬梳了从教会学校历史教育的开创之功、各类洋务学堂和新建书院历史教育的新举措到清末历史教育改革的过程，反映了历史教育的近代化趋势。文永林《清末时期历史教育渊源考略》一文指出，晚清人们史学观念的转变，中体西用思想和进化论思想的产生，为历史教育的嬗变奠定了思想基础。同时结合清末时期历史教育中近代历史教育产生、新式学堂兴起、"癸卯学制"与历史教科书编撰等内容逐一进行剖析，梳理了清末历史教育在继承与借鉴过程中补订校正，促使历史教育教学标准逐步完善与合理的过程。②

第二，对晚清教育改革下的学校历史教育制度的研究。温晓静的《清末新政时期的历史教育》③ 一文在近代历史教育产生的社会背景下，探讨了清末新政中《奏定学堂章程》、"癸卯学制"等教育新政中的历史教育改革政策，从这些政策对历史教育目的、历史课程设置、历史教科书、历史教学法、社会历史教育等方面的规定阐述当时的历史教育状况，认为晚清历史的教育内容从原来的单纯的本国王朝更替政治史，转向对物质、精神、制度等各种历史资源的介绍，关注社会进化的各个方面，有了专门的外交史、法制史、教育史的课程，外国历史课程也是在此时第一次得到国家教育法令的承认，把中国放入世界的范围加以思考，突破了长期以来以自我为中心的本国史的局限，从内容上推动

---

① 王海鹏，刘金凤. 晚清教育改革与历史教育的近代化 [J]. 山东省农业管理干部学院学报，2006（3）.

② 文永林. 清末时期历史教育渊源考略 [J]. 船山学刊，2011（1）.

③ 温晓静. 清末新政时期的历史教育 [D]. 上海：华东师范大学，2008.

了历史教育从传统向近代转变。

刘中猛的《晚清新学堂与中学堂历史教育研究》① 一文考察了洋务运动、维新变法时期各类新学堂和清末新政时期中学堂的历史教育情况，主要涉及课程设置、教材选用、教学方法等方面。洋务运动中教会学校兴起，首次将历史作为一门专门课程，开设世界史和外国史课程。京师同文馆开设中外历史课程，中国学校第一次正式将外国历史纳入课程结构。认为晚清时期的历史教育从经学中分离出来之后，不再单纯注重道德与政治教育，也开始注意"学术技艺之隆替"来"省悟强弱兴亡之故"，其中教会学校、洋务学堂与维新派学堂的历史教育起到了重要的作用。周密的论文《京师大学堂历史教育初探》② 也对京师大学堂的历史课程设置、历史教学教法、教材以及考核方式进行了初步的探索。

李占萍的《清末学校教育政策研究》③ 一文对晚清学校历史教育政策的制定进行了梳理与评价，认为中国传统历史教育制度是以科举制度为核心，以儒家经典为教育内容，官学、私学、书院并存的教育模式。鸦片战争后，随着传教士的到来和西学的传入，近代新型人才培养成为教育改革的目标。在洋务运动、维新变法等政治变革中，早期改良派、维新派和绅商阶层进行了历史教育思想与实践探索，在全国掀起了书院改学堂与创办新式学堂的兴学高潮，随着《奏定学堂章程》的颁布，晚清的历史教育又进入了新的发展阶段。

第三，对清末新式学堂的教师群体的研究。张立程的《西学东渐与晚清新式学堂教师群体研究》④ 一文，以晚清学堂教师群体为研究对象，晚清学堂教师群体是在鸦片战争后西潮东涌的时代背景下开始萌生的，最初产生于"同光新政"时期的洋务学堂，并在甲午战争以后的维新变法运动中开始成长，于百日维新期间开始形成一个相对独立的社会群体。这一群体在晚清的教育中承担了重要角色，尤其是在历史教育中，起到了开启民智、传播西学的作用。张路莹的论文《洋教习与晚清新式学堂的建立》⑤ 同样着眼于晚清教师群体，以洋务派在创办新式学堂过程中聘请大量的洋教习为研究对象，并对洋教习带领下的京师同文馆译书处、江南制造总局翻译馆等近代翻译出版机构进行了分析，

①　刘中猛. 晚清新学堂与中学堂历史教育研究 [D]. 南京：南京师范大学，2003.
②　周密. 京师大学堂历史教育初探 [D]. 北京：北京师范大学，2010.
③　李占萍. 清末学校教育政策研究 [D]. 保定：河北大学，2009.
④　张立程. 西学东渐与晚清新式学堂教师群体研究 [D]. 北京：中国人民大学，2006.
⑤　张路莹. 洋教习与晚清新式学堂的建立 [D]. 哈尔滨：哈尔滨师范大学，2010.

对其在晚清历史教育中的重要地位予以了肯定。关争光的论文《清末民初历史教育观念演变初探：以张之洞、梁启超和蒋梦麟为中心》① 对晚清历史教育观念的发展与演变进行了探讨，从洋务运动时期近代历史教育观的萌发到清末新政时期近代历史教育的初步形成、清末民初教育观念的发展，历史教育观念的发展，不仅从侧面反映了晚清教育的近代化过程，更是对晚清社会文化背景的反映。

第四，对传教士群体与晚清历史教育的关系的研究。近代来华传教士在中国历史上有着重要角色，在晚清学堂的历史教育中也曾经起过重要的作用。高时良教授主编的《中国教会学校史》是中国内地最早的一部系统研究中国教会教育的著作，肯定了教会历史教育中的办学成绩和可供借鉴的经验，在一定程度上做到了实事求是、客观公正地评价了传教士；王立新教授编著的《美国传教士与晚清中国现代化》一书中从现代化角度对传教士在华的教育活动进行了较为详细的研究和评述，肯定了传教士在中国历史教育方面的贡献。杨齐福的《传教士与近代中国教育改革》一文则肯定了传教士在中国近代历史教育改革进程中发挥的积极作用；黄金刚的《晚清西方传教士与中国近代高等教育》一文中论述了传教士对中国近代历史教育事业的发展所起到的积极作用。

对晚清学校历史教育的研究，主要涉及对教育制度改革、学堂教师以及传教士等方面，一定程度上反映了中国近代教育史既交织着思想观念的矛盾及嬗变，同时展示了教育制度的变迁及对教育近代化的促进作用。作为学校历史教育的重要载体，晚清的历史教科书在其中承担着不可忽视的作用。

（二）晚清历史教科书研究

晚清是中国历史教育发展的重要阶段。作为历史教育重要载体的历史教科书，也被学界予以了较多关注。而晚清汉译历史教科书本身就作为晚清历史教科书发展的一个阶段，因此对这一问题的研究，与本论题的研究息息相关。

1. 晚清历史教科书的总体性研究

晚清时期，在教育救国的大潮下，教育作为挽救时局的良方而被探讨和关注。晚清时已产生了一些作为师范学校教科书的教育史和教育学、教育统计等方面的著作及资料，当时已有许多学者大家倾力尝试对教科书进行探究。例如

---

① 关争光. 清末民初历史教育观念演变初探：以张之洞、梁启超和蒋梦麟为中心 [D]. 扬州：扬州大学，2013.

《初等小学教授细目》①《小学教科问答》②《教育史》③《光绪三十三年份第一次教育统计图表》等，主要是对晚清学制、教育改革等进行总括性的研究和统计，其中但凡涉及历史教科书的内容都相对简要，在此不再赘述。也有学者专门研究历史教科书，如汤寅臣的《扬州历史教科书》④，刘师培的《江苏乡土历史教科书》《安徽乡土历史教科书》⑤，钱维骥的《国史教科书》⑥ 等，对地方性的历史教科书进行了梳理。

20 世纪 20 年代以后，对中国教育的研究进入了一个繁荣时期，无论是研究性著作还是资料汇编都远远超过了之前，历史教科书的研究也出现了一些新的成果。例如吴研因、吴增芥合编的《小学教材研究》⑦，将社会学科（含公民、历史、地理）等科目逐一论述，就各类教材的范围、性质、取材、特点和价值等，结合时代要求，提出自己的见解。

同时，这时期的教育资料汇编中，还保留了一些有关普通教育中小学历史教科书的内容，最典型的就是国民政府教育部编的两次教育年鉴，《第一次中国教育年鉴》由开明书店出版于 1934 年，在其戊编《教育杂录》中，专立一节《教科书之发刊概况》，对清末到 20 世纪 30 年代中国历史教科书的产生及发展做了简要介绍；《第二次中国教育年鉴》是商务印书馆在 1948 年出版的，这次年鉴里有关历史教科书的资料比较零星，但相对详细地说明了中学教材的编印概况。另外还有柳定生编著的《四川历史乡土教材》⑧、民国嘉应启新书局编著的《嘉应乡土历史教科书》等对地方性历史教科书的专门研究。

除此之外，还有一类资料对研究本课题起了十分重要的作用，那就是有关教科书的法令法规，这类资料散见于晚清民国时期的各种官报、杂志中。比如《学部官报》，作为学部编辑发行的我国早期的教育行政公报，它收录了有关的谕旨、章奏、文牍及译著，还有学部有关教科书的文牍法令，各省报告有关学

① 清学部. 初等小学教授细目 [M]. 学部图书局石印，1909.
② 小学教科问答 [M]. 学书屋石印本，1903.
③ 蒙江苏师范生. 教育史 [M]. 江苏宁属学务处，1906.
④ 汤寅臣. 扬州历史教科书 [M]. 1908.
⑤ 刘师培. 江苏乡土历史教科书 [M]. 上海国学保存会，1906；刘师培. 安徽乡土历史教科书 [M]. 上海国学保存会，1906.
⑥ 钱维骥. 国史教科书 [Z]. 长沙石印，1911.
⑦ 吴研因，吴增芥. 小学教材研究 [M]. 上海：上海商务印书馆，1933.
⑧ 柳定生. 四川历史乡土教材 [M]. 成都钟山书店，1944.

堂课本的电文，尤其是学部对教科书的审定和批示等极有价值的资料。还有《直隶教育杂志（直隶教育官报）》，虽然是直隶一省的教育行政公报，但由于直隶地位之重要，所以其中的资料也对晚清历史教科书的研究颇有价值。罗振玉创办的刊物《教育世界》，反映了戊戌维新后中国教育界向日本学习的状态。该杂志"每册前列论说及教育规则与各报，后附译书。附译之书，约为六类：曰各学科规则，曰各学校法令，曰教育学，曰学校管理法，曰学级教授法，曰各种教科书。教科书分小学级、中学级二者……多采自日本"①。

新中国成立以后，教育研究的成果首先表现在对有关史料的汇集整理上。20 世纪 50 年代张静庐辑注的《中国近代出版史料（初编、二编、补编）》②和《中国现代出版史料（甲编、乙编、丙编、丁编）》从出版史角度保存了不少历史教科书方面的史料，是这一时期教科书研究的代表性著作。20 世纪六七十年代，中国教育史研究处于较为沉寂的状态，但值得一提的是日本学者多贺秋五郎所著的《近代中国教育史资料（清末篇）》③和《近代中国教育史资料（民国篇）》④，尽管如今看来这两部著作所收录的有关教科书的史料并不罕见，但作者在当时的条件下的用力之勤、成果之丰令人敬佩。

20 世纪 80 年代后，中国教育史研究成果丰硕，涌现出了一大批教育史类的著作，以"教育史""教育通史"等命名的著作就不下数十种。也正是从这一时期开始，教育史研究走向微观化，教科书开始被研究者所重视，但历史教科书研究的专门性著作仍然较少，只在一些综合性课程研究中得以体现。例如顾长声所著《传教士与近代中国》⑤，在第八章设专题"学校教科书委员会和中华教育会"，专门论述传教士在中国开办洋学堂的情况，阐释其教科书的编辑问题。叶健馨的《抗战前中国中等教育之研究：民国十七年至二十六年》⑥ 其中一章"教科用书的编订"，大致描述了 20 世纪 30 年代编辑和审查教科用书的经过。李华兴主编的《民国教育史》⑦ 中也系统地论述了清末、民初及国民政府

---

① 罗振玉. 教育世界序例 [J]. 教育世界, 1901（1）.

② 张静庐. 中国近代出版史料（初编、二编、补编）[M]. 北京：中华书局, 1957.

③ 多贺秋五郎. 近代中国教育史资料（清末篇）[M]. 台北：文海出版社, 1976.

④ 多贺秋五郎. 近代中国教育史资料（民国篇）[M]. 台北：文海出版社, 1975.

⑤ 顾长声. 传教士与近代中国 [M]. 上海：上海人民出版社, 1981.

⑥ 叶健馨. 抗战前中国中等教育之研究：民国十七年至二十六年 [M]. 台北：文史哲出版社, 1982.

⑦ 李华兴. 民国教育史 [M]. 上海：上海教育出版社, 1997.

时期的教科书编审情况。吕达的《中国近代课程史论》① 一书从课程发展的角度，对我国近代普通中学的课程渊源与沿革做了全面深入的研究，同时阐述了晚清至民国历史教科书发展的轨迹，探讨了中国教育发展的道路。王建军的《中国近代教科书发展研究》② 一书主要对清末到民国时期教科书产生的背景做了详细介绍，所选取的时间跨度较长，其中清代分为西方教科书的传入和清人自编教科书两部分，对清末年间历史教科书编纂、出版的情况和官方对于教科书的审定制度做了较为详细的叙述。吴洪成的《中国学校教材史》③ 阐述了从我国古代学校建立到新中国成立之前学校教材演变的基本过程及阶段特点，其中部分章节涉及对晚清历史教科书的研究。

温晓静的论文《清末新政时期的历史教育研究》④ 在第二章"历史教科书分析"中，对清末新政时期历史教科书的审定制度和这时期的部分教科书进行了个案分析，认为从编撰体例、指导思想、编写内容等方面来看，这时期的历史教科书都与现代意义上的历史教科书相当接近。毕苑的论文《中国近代教科书研究》⑤ 对晚清和民国时期的教科书进行了全面的整理，其中涉及对历史教科书发展过程的梳理，认为教科书作为近代社会的诞生物，其成长见证了中国社会的发展历程，其本身又是近代中国国家塑形和国民性塑造的重要力量，推动着社会前进的脚步。

王友军的《清末和民国时期的中学历史教科书研究》⑥ 一文对清末和民国时期整个中学历史教科书发展过程中的编纂思想、编写队伍、编写体例、编写内容等做了一个较为系统的回顾，为中学历史教科书的编纂提供了理论和实践上的借鉴。王双钰的论文《清末民初（1902—1919）高等小学历史教科书编撰研究》⑦ 对清末民初高等小学历史教科书的编撰情况做了梳理，选取了文明书局、中华书局、商务印书馆三家出版机构出版的高等小学历史教科书为研究对象，并与当时的社会政治、教育政策及思想文化的变化发展相联系进行了探讨。

① 吕达．中国近代课程史论［M］．北京：人民教育出版社，1994.
② 王建军．中国近代教科书发展研究［M］．广州：广东教育出版社，1996.
③ 吴洪成．中国学校教材史［M］．重庆：西南师范大学出版社，1998.
④ 温晓静．清末新政时期的历史教育研究［D］．上海：华东师范大学，2008.
⑤ 毕苑．中国近代教科书研究［D］．北京：北京师范大学，2004.
⑥ 王友军．清末和民国时期的中学历史教科书研究［D］．金华：浙江师范大学，2002.
⑦ 王双钰．清末民初（1902—1919）高等小学历史教科书编撰研究［D］．福州：福建师范大学，2010.

史广洲的论文《中国历史教材近代化的进程》① 对从 19 世纪中期开始的我国历史教材孕育改革到 20 世纪初具有近代意义的中国历史教材问世的进程进行了考察，认为中国历史教材近代化是整个中国社会近代化的内容之一，是中国近代化进程中的一个典型事例。

魏蔚、刘永祥的《新史学与清末历史教科书的编纂》② 一文对新史学主导下的历史教科书的编纂进行了分析后，认为历史教科书承载着构建一般民众普遍历史观、世界观和民族观的重任，而新史学以先进的史学理念掌控了国民历史知识的重构权，将以进化史观为理论指导、重视历史解释、强调史学致用、关注民史、反映人类社会全貌和重视史书表现形式的多样化等观念贯彻到历史教科书的编纂中。

2. 晚清外国史教科书的专门性研究

世界历史知识是随着西方传教士东来被输入中国的，起初是在教会学堂中出现零星的世界历史教育，随后中国人设立的一些西学堂和传统书院中也有外国历史的课程，清末学制改革之后，世界历史教育体制也逐渐确立，外国的历史教科书也逐渐增加。但晚清的汉译历史教科书中，绝大部分译著都是外国历史教科书，其中的中国史教科书寥寥无几，所以学界对这一群体的研究主要集中在晚清外国史教科书方面。

陈德正的论文《晚清外国历史课程与教科书述论》③ 分别对晚清学校教育中外国史课程设置的起源及其中的古希腊罗马史课程进行了研究，列举了一些对希腊罗马历史做系统叙述的外国教科书，认为这些教科书对外国历史知识的普及和在外国人名地名的规范化方面发挥了重要作用。徐佳银的论文《清末民国时期中学历史教科书中的日本》④ 以历史教科书为切入点，通过研究清末民国时期中学历史教科书中对日本历史的书写，溯源当时历史背景下国民对于日本的印象。发现历史教科书中对于日本的介绍主要集中在日本的地理位置、日本的本国历史、中日交往、日本社会与国民生活状况、明治维新之后日本社会的变化以及日本对中国的侵略等方面。刘雅军的《晚清"世界历史"教育述

---

① 史广洲. 中国历史教材近代化的进程［J］. 宿州教育学院学报，2002，5（3）.
② 魏蔚，刘永祥. 新史学与清末历史教科书的编纂［J］. 运城学院学报，2014（1）.
③ 陈德正. 晚清外国历史课程与教科书述论［J］. 历史教学，2008（8）.
④ 徐佳银. 清末民国时期中学历史教科书中的日本［D］. 上海：华东师范大学，2014.

略》① 一文对晚清世界史课程的发展概况做了梳理，追踪了世界历史进入晚清教育体系的历程，分析了其时代特征和社会影响，世界历史教育进入晚清社会的过程与不断加深的内外危机相伴随，其中所包含的各种理念、学说所刻画的世界图像使得危机中的清末社会更加动荡，为后来的政治改革打下了基础。

韩齐的论文《清末新学制下中学世界史教科书研究》② 通过对清末学制改革背景下的中学世界史教科书进行系统的梳理研究，认为清末新学制下所产生的众多中学世界史教科书，在教育学、历史学、编纂学上都有着重要的意义：开创了中学世界史教学的新模式，建立了相对完备的中学世界史教育体系；产生了一大批运用新的史学思想指导编写的世界史教科书；所开创的章节体世界史教科书编纂形式为近现代中学世界史教科书的编写提供了范式。王艳娟的《试论清末民初世界历史知识在学校教育中的传承》③ 一文对这一时期世界历史课程的设置和世界历史教科书的选定情况进行了探讨，认为清末民初时期所谓的"世界史知识"，并非所有不同民族和国家的简单集合，实际上主要是以"中国"为中心和基准的"世界史"，而随着西洋史、万国史教科书的翻译引进，国人才开始思考"世界史"的本质，将其内化为一个个不同的民族或国家的历史。

3. 晚清历史教科书的其他相关研究

对晚清历史教科书的研究，还有学者涉及晚清历史教科书的时代特点、理论性以及思想特点等问题的研究。

刘超的《民族主义与中国历史书写：清末民国时期中学中国历史教科书研究》④ 一文以清末民国时期中学中国历史教科书为基本材料，探讨了 20 世纪上半期民族主义与中国历史书写，认为清末民国时期教科书的编写，在不同时期呈现不同的态势。清末由于清政府的控制力量相对较弱，也由于近代教育处于新办时期，教科书反映的更多是编者的思想及对历史和社会的理解。他的另一篇论文《古代与近代的表述：中国历史分期研究——以清末民国时期中学历史

---

① 刘雅军. 晚清"世界历史"教育述略 [J]. 历史教学，2004（7）.

② 韩齐. 清末新学制下中学世界史教科书研究 [D]. 新乡：河南师范大学，2015.

③ 王艳娟. 试论清末民初世界历史知识在学校教育中的传承 [J]. 历史教学问题，2008（5）.

④ 刘超. 民族主义与中国历史书写：清末民国时期中学中国历史教科书研究 [D]. 上海：复旦大学，2005.

教科书为中心》① 梳理了清末民国时期教科书中的历史分期，认为中国史家在民族危机与革命时代，通过历史分期把中国纳入与西方历史相同的时间序列中，成为"普遍历史"中的一部分，不再像往昔那样是世界的中心，而是退居边缘的结论。

陈剑华的《近代外国在华传教士编写教科书的历史探究》② 一文对鸦片战争后近代传教士编写教科书的各阶段特点和情况进行了考察，并对这一历史现象进行了评价，认为传教士编写近代教科书开榛辟莽，对中国教育近代化起了一定的促进作用，但同时他们将宗教意识形态贯穿其中，降低了教科书的客观性。陈一丁的《课程理论与清末民国中小学历史教科书编纂》③ 一文对清末历史教科书的编纂进行了理论分析，通过引入赫尔巴特课程理论、杜威课程理论等，探讨与中小学历史教科书编纂的关系，对清末民国近五十年中国中小学历史教科书编纂进行了梳理，从侧面揭示了历史教科书发展和从传统向现代转型的轨迹。

张静静的《民国时期中小学历史教科书的文化取向研究》④ 一文通过对民国时期中小学历史教科书的文化取向研究，分析了文化变迁对中小学历史教科书编写的重要影响以及中小学历史教科书在凸显文化、推动文化发展方面的重要作用。李帆的论文《清季的历史教科书与线性历史观的构建》⑤ 中研究了线性历史观在当时历史教科书中的表现，包括历史分期中的线性时间观、直线发展的进化史观、单线的历史因果论、民族国家叙事的历史目的论等，并探讨了线性历史观在教科书中的体现离不开其时西学笼罩的整体学术氛围和日本学者所编教科书之历史观念的影响，同时也包括对中国史学传统中固有的线性历史观因素。

对晚清历史教科书的研究，在专著部分的成果中，多作为对近代教育或近

---

① 刘超. 古代与近代的表述：中国历史分期研究——以清末民国时期中学历史教科书为中心 [J]. 人文杂志，2009（4）.

② 陈剑华. 近代外国在华传教士编写教科书的历史探究 [J]. 宁波大学学报（教育科学版），1998（4）.

③ 陈一丁. 课程理论与清末民国中小学历史教科书编纂 [D]. 扬州：扬州大学，2014.

④ 张静静. 民国时期中小学历史教科书的文化取向研究 [D]. 信阳：信阳师范学院，2014.

⑤ 李帆. 清季的历史教科书与线性历史观的构建 [J]. 吉林大学社会科学学报，2015（2）.

代教科书的一部分来体现，而在近些年的期刊论文和学位论文中，晚清历史教科书已然作为近代教育和学术史的重要课题，被予以了相当程度的重视，无论是教育学还是历史学专业的学者，都将其作为研究近代教育演变和近代史学发展的对象，从各层面加以探讨和分析。值得注意的是，在这些对晚清历史教科书的研究中，几乎无一不提到汉译教科书所占据的地位，无论是世界史部分还是东亚史部分，晚清汉译教科书都作为教科书发展的重要阶段，开启了我国教科书近代化的进程。

（三）晚清汉译历史教科书研究

对晚清汉译历史教科书问题的专门性研究相对较少，大部分是在其他问题的相关研究中有所涉及，且多被作为近代教育或晚清历史教科书发展的一个部分来体现。笔者在查阅了相关资料后，将涉及这一问题的研究进行了归纳和分类，包括总体性的研究、具体文本的研究以及汉译历史教科书价值的研究几个方面，综述如下：

1. 晚清汉译历史教科书的总体性研究

李孝迁是近年对晚清汉译历史教科书研究较为集中的学者，他的论文《清季汉译西洋史教科书初探》①是晚清汉译历史教科书的集中性研究，主要着眼于西洋史教科书，对汉译历史教科书出现的社会背景、学术背景进行了分析，并对晚清汉译西洋史教科书的种类、书目等进行了分类、列举和个案分析，认为近代汉译的西洋史、世界史多以欧洲历史为中心，其他地方的历史则较少，体现出明显的"欧洲中心论"特点。同时对汉译西洋史教科书对中国近代社会和史学的影响进行了分析，认为汉译西洋史教科书体现出的"救亡"资鉴效用，为当时的国人所需要。20 世纪初新史学思潮的兴起深受西方和日本史学的影响，而汉译的西洋史教科书也作为重要的载体，发挥了不容忽视的作用。

李孝迁的另一篇文章《清季支那史、东洋史教科书介译初探》②则是以晚清对东亚史教科书的介译为对象，对晚清支那史、东洋史教科书的种类、书目等进行了分析和整理，并分类叙述了支那史与东洋史的汉译教科书及其对中国近代史学的影响，他总结道："历史教科书所能容纳的近代史学理论和方法毕竟是有限和曲晦的，它有别于专门性的近代史学理论和方法著作，但近代学人还

---

① 李孝迁. 清季汉译西洋史教科书初探 [J]. 东南学术，2003 (6).

② 李孝迁. 清季支那史、东洋史教科书介译初探 [J]. 史学月刊，2003 (9).

是从这些东洋史教科书中获得了最初反思传统史学的思想武器。"清末取自日本东洋史的教科书，虽然缓解了当时学堂教科书危机，对近代刚刚起步的历史教育亦有一定的贡献，但是国人早已意识到外来教科书并不能完全替代国人自编历史教科书，学堂采用日本教科书只能作为一种权宜之计，所以此后不久国人自编的历史教科书便发展起来了。

2. 晚清汉译日本历史教科书的研究

在清末民初中国近代新知识体系重建的过程中，汉译日本教科书担当了重要的角色，不仅占据了晚清汉译历史教科书的大部分比重，也对近代中国历史教育与史学的发展有着深远的意义。日本学者编纂的外国史、西洋史教科书，对于改造旧史学的助力尤大。不论是内容还是体例，"中国学者从日本专家那里吸收了很多新鲜的观念和编纂方式，真正开始重新安排中国历史著作的体例，改造中国学生的历史观"①。因此，对晚清汉译日本历史教科书的研究，也是一个重要的问题。

李楠楠的论文《19 世纪末 20 世纪初日本教科书的汉译与传播》② 将日本教科书的中译作为近代中日文化交流和晚清"西学东渐"的组成部分，1896—1911 年间通过日本转口西学的翻译，在我国社会发展史上有着极其重要的作用。为了实现"科学救国""教育救国"的目的，国内翻译出版了大量日本中小学科学教科书，其中就包括历史教科书。清末的汉译教科书被赋予厚重的历史使命，表现出了强烈的功利色彩，这为近代中国特殊的历史环境和文化环境所决定，在面对民族存亡、求救国、图自强、谋复兴的时代背景下，依靠翻译日本教科书大力传播西方文化，积极构建中国近代教育体系。毕苑在论文《汉译日本教科书与中国近代新教育的建立（1890—1915）》③ 中认为，在清末民初中国近代新知识体系重建的过程中，汉译日本教科书担当了重要的角色，产生了特殊的影响。在汉译日本地理教科书的影响下，中国地理教科书开始摆脱传统舆地学，形成"旅行体"风格；历史教科书走出"朝代体"，向"时代体"过

---

① 毕苑. 汉译日本教科书与中国近代新教育的建立（1890—1915）[J]. 民国研究，2008（3）：94.

② 李楠楠. 19 世纪末 20 世纪初日本教科书的汉译与传播 [D]. 南京：南京航空航天大学，2012.

③ 毕苑. 汉译日本教科书与中国近代新教育的建立（1890—1915）[J]. 南京大学学报（哲学社会科学版），2008（3）.

渡；自然科学和其他科目大量使用汉译日本教科书；修身教育也融入了日本元素；女子教育领域整体知识体系的建立与汉译日本教科书也是分不开的，它促成了"家事"教育和师范教育的开始。同时该文还将汉译日本教科书的发展特点进行了总结，辨析了清末民初中国人对于自身传统、日本和西方的认识。

刘超则在论文《貌合神离：近代中国新史学与日本史学：以清末中国历史教科书为中心》① 中提出了对晚清日本汉译历史教科书的不同观点，认为中国新史学与日本史学是"形式上取鉴，精神上舍离"，清末中国自编的历史教科书是新史学最初的实践形式，在编纂体裁、历史分期、内容安排上借鉴了日本教科书的编写方式，却抛弃了日本教科书对中国历史主体缺失与停滞的看法，突出汉族主体地位与中国历史的连续性，肯定中国历史的发展变化。

李俊的论文《明治时期西洋史教科书及清末对其的译介》② 是关于晚清汉译历史教科书的较新成果，以明治时期日本的西洋史教科书及清末中国译介的日本西洋史教科书为研究对象，对明治时期西洋史教科书的情况进行了梳理，厘清了欧美的世界史观念通过西洋史教科书传入日本的路径，对清末中国译介的日本西洋史教科书的基本情况进行梳理，分析了欧美的世界史观念在借道日本进入中国后的情况，对明治日本和清末中国在西洋史教科书上的特点进行了比较，认为西洋史与东洋史在概念上具有对抗性。同时，在晚清社会背景下的国人，则要面对"借径日本"的欧美史观、经过日本人或者国人改造的西洋史观及为了对抗西洋史而出现的东洋史观三种观点并立的复杂局面。

3. 晚清汉译欧美历史教科书的研究

晚清时期，译自欧美的历史教科书最早出现在传教士所办的教会学校中，后来在新式学堂中也有出现，在汉译历史教科书这一群体中所占比重较少，因此对这一问题的研究较为薄弱，但仍然有一些学者给予了关注。

陈剑华的《近代外国在华传教士编写教科书的历史探究》③ 一文主要探讨了近代在华传教士编写教科书的基本情况，其中涉及对汉译历史教科书的探讨，他将传教士编译历史教科书这一历史过程分为三个阶段，从第一次鸦片战争开

---

① 刘超. 貌合神离：近代中国新史学与日本史学：以清末中国历史教科书为中心 [J]. 史林，2014（2）.

② 李俊. 明治时期西洋史教科书及清末对其的译介 [D]. 上海：华东师范大学，2016.

③ 陈剑华. 近代外国在华传教士编写教科书的历史探究 [J]. 宁波大学学报（教育科学版），1998（4）.

始译介，到 1877 年传教士"益智书会"的成立，1890 年"中华教育会"的成立，这时期内传教士群体译介的欧美教科书数量可观，但其中的历史教科书则为数不多，主要还是以自然科学为主。对此，作者评价到，近代传教士的汉译历史教科书具有两面性，一方面传播了欧美的社会科学知识，一方面因译者是传教士，因此这些教科书中有着不可避免的宗教色彩。

李金航的《中国近代大学教科书发展历程研究》[①] 一文则是立足于近代大学的教科书研究，文章的第一部分是对晚清教会大学教科书的研究，其中就涉及传教士译介的欧美历史教科书。"学校教科书委员会"是当时专职的教会教科书编审机构，他们在对欧美历史教科书进行译介时，确立了较为完善的编审、出版制度，并且在具体翻译时提出了"解决新名词问题"、提供中文和英文词汇表、统一译名等策略。同时，这些欧美教科书译介机构在涉及历史、文学等教科书的译介时，还注重译著"本土化"的改编。作者认为，教会大学的汉译欧美教科书不仅传播了西方文化，还促进了中西文化交流和中国高等教育的近代化。

徐国萍的《京师大学堂教科书编译研究》[②] 一文也涉及京师大学堂编译的欧美历史教科书研究，其中上海译书分局编译的《美国通史》等教科书，均为讲义形式，在社会上传播较为广泛，也得到了社会的基本认可。京师大学堂课程门类齐全，几乎涵盖当时所有的近代课程，尽管大多数为中译的日文书籍，但也不乏译自欧美的历史教科书。

4. 晚清汉译历史教科书价值与影响的研究

李孝迁的论文《兰克史学在晚清的传播》[③] 认为兰克及其史学在中国的早期传播，主要通过翻译日本人编的"万国史""西洋史"教科书以及"史学概论""史学研究法"性质论著，汉译西洋史教科书对兰克及其弟子多有简略的介绍，而这些教科书大部分又从日本编译而来，故受日本史学界的影响，清末中文世界中的"兰克"形象也带有一点"科学派"色彩；浮田和民《史学原论》和坪井九马三《史学研究法》是国人最初接触兰克史学方法的主要教材，而浮田和民、坪井九马三对史学方法论的概述又渊源于伯伦汉《史学方法论》，

---

① 李金航. 中国近代大学教科书发展历程研究［D］. 苏州：苏州大学，2013.
② 徐国萍. 京师大学堂教科书编译研究［D］. 北京：北京印刷学院，2009.
③ 李孝迁. 兰克史学在晚清的传播［J］. 安徽史学，2009（3）.

伯伦汉则秉承兰克的严谨史料批评方法。因此，兰克史学在传入中国的过程中，受到日本史学的影响，又是经由汉译的日本教科书为中国人所知的。

王晴佳的论文《中国史学的西"体"中用：新式历史教科书和中国近代历史观之改变》① 以历史观的改变为观察角度，讨论和分析了西方章节体史书如何在清末传入中国并取代纪传体和其他传统史学体裁的现象。作者认为，这一现象的出现，与清末汉译历史教科书的出现有着比较紧密的关系。张越的《近代新式中国史撰述的开端：论清末中国历史教科书的形式与特点》② 一文探讨了清末中国历史教科书的编纂特点，认为晚清汉译历史教科书中使用的章节体与纪事本末体的编纂形式，划分历史阶段的分期观念，也对后来的历史叙事产生了较大影响。姚正平的论文《"从地理谈起"：晚清民国中学历史教科书的书写模式》③ 通过晚清汉译历史教科书对历史地理的书写，认为晚清以来，在传统史学、域外史学和政府所颁布的课程标准的多重影响下，人们已经认识到历史和地理的紧密关联，注重从地理方面考察历史现象，已成一种常识性的观念，并对近代的历史书写产生了很大影响。

齐旭的《近代教科书中的进化论叙述》④ 一文通过考察晚清汉译历史教科书中对进化论的叙述，梳理从清末到民国时期的教科书及其编纂者对进化论知识的建构方式和过程，探究汉译教科书在从进化论上升到进化观这一过程中扮演的角色。刘冬梅的《史观嬗变与清末民初的中学历史课程》⑤ 一文也对清末民初汉译历史教科书中引入的"进化史观""文明史观"等进行了深入探讨，认为这一时期的社会巨变带动了学术和教育的转型，也影响了近代历史教科书的变革，新的史观作为历史评判的标准被应用到教科书中，带动了学生为主体的民众的史学观念的改变，学界也为之而新。

李孝迁在《"制造国民"：晚清历史教科书的政治诉求》⑥ 一文中认为晚清

① 王晴佳 . 中国史学的西"体"中用：新式历史教科书和中国近代历史观之改变 [J]. 北京大学学报（哲学社会科学版），2014（1）.
② 张越 . 近代新式中国史撰述的开端：论清末中国历史教科书的形式与特点 [J]. 南开学报（哲学社会科学版），2008（4）.
③ 姚正平 ."从地理谈起"：晚清民国中学历史教科书的书写模式 [J]. 史学理论研究，2015（1）.
④ 齐旭 . 近代教科书中的进化论叙述 [D]. 南京：南京大学，2011.
⑤ 刘冬梅 . 史观嬗变与清末民初的中学历史课程 [J]. 沈阳教育学院学报，2010（5）.
⑥ 李孝迁 ."制造国民"：晚清历史教科书的政治诉求 [J]. 社会科学辑刊，2011（2）.

汉译历史教科书在定义"国民"这个新词汇以及描述国民所应该具备的功能和责任方面,发挥了举足轻重的作用,在清末救亡的语境之下,新国民理想与"尚武"相结合,因此在政治诉求的体现上历史教科书也有相似特点。章莹的论文《塑造"国民":清末民初中小学历史教科书中的国民教育》① 则着眼于"国民教育",认为晚清汉译历史教科书对于国民教育有重要作用,探讨了晚清汉译历史教科书中关于国家、民族等的知识内容的特点、内涵和价值。吴也东的论文《晚清中小学历史教科书与近代国家观念的塑造》② 从历史学、教育学的角度,剖析了晚清汉译历史教科书对近代国家观念的传播与推动,通过分析"渗透国民观念""明晰国家边界"和"塑造国权意识"的嬗变过程,将处于从"天下国家"向"近代国家"的过渡大背景下的晚清中小学历史教科书所建构的近代国家图式进行了评价。李孝迁的《新旧之争:晚清中国历史教科书》③ 一文则通过对晚清汉译历史教科书中民族主义与历史书写主旨的交错,"国家""人群"与历史书写对象的转移,进化论与历史书写方式的更新几个方面的分析,认为汉译历史教科书不仅成为晚清各派势力表述政治信念的特殊场域,而且是新旧史学派系阐述史学观念的媒介,对推动旧史学向新史学的转变起到了关键性的作用。

对晚清汉译历史教科书的研究,近年来随着社会文化史的繁荣,逐渐得到了学者的关注,对这一课题相关方面的研究成果近年也有所增加,但目前学界对晚清汉译历史教科书的研究多是关注其出现的社会背景和学术影响层面,对汉译历史教科书的个案分析尚不足,对书目的选择及其与原著的对比研究更是少之又少。因此,对这一课题的研究还有许多尚未挖掘之处,可以进行更深入的研究。

(四)晚清历史译著的研究

晚清汉译历史教科书,有一小部分是直接翻译了西方和日本的历史教科书而来,而大多数,是直接将晚清时期流传较广、影响较大的西学译著拿来用作历史教科书。因此,晚清历史译著与历史教科书的关系十分紧密。

---

① 章莹.塑造"国民":清末民初中小学历史教科书中的国民教育[D].扬州:扬州大学,2013.
② 吴也东.晚清中小学历史教科书与近代国家观念的塑造[D].扬州:扬州大学,2015.
③ 李孝迁.新旧之争:晚清中国历史教科书[J].东南学术,2007(4).

清政府于1902年和1904年先后颁布了《钦定学堂章程》《奏定学堂章程》，在中学开设历史教程，先讲中国史，次讲亚洲各国史，次讲欧洲、美洲史，在"大学堂"中则设有"中国史学门"和"万国史学门"。受到该学制的影响，晚清时期的汉译历史教科书中，多为西洋史与东亚史，鲜见其他类别的历史译著。考虑到与本书的相关性，对晚清时期相关历史译著的研究，以下便从对西方历史译著的研究和对东亚史历史译著的研究这两个方面分别进行综述。

1. 西方历史译著研究

西方历史译著研究传入中国并对中国社会产生影响，经历了较长时间的过程，因此对于这一问题，学界主要从西方历史译著在中国的传播过程和影响以及这些历史译著的特点三个方面进行了研究。

在对西方历史译著传入中国的历史进程这一问题的研究上，20世纪70年代，中国台湾学者杜维运发表《西方史学输入中国考》① 一文，将20世纪前五十年西方史学在中国的传播过程分为三个时期，对晚清这一阶段史学东渐的过程与背景进行了考察，认为这一学术思潮的兴起与晚清亟须变革的社会环境息息相关。20世纪80年代后，关于中外交流史的研究不断增多，也开始重视历史译著的影响。熊月之在1994年出版了《西学东渐与晚清社会》一书，这是一部关于西学东渐史的经典之作，该书把西学东渐分为四个历史阶段，并把各个阶段的传播主体、传播机构、传播内容、传播方式、传播过程、受传对象、受众反映等作为研究对象。其中在第十七章梳理了商务印书馆、译书汇编社、广智书局、教育世界社、文明书局、会文学社等翻译机构的译著情况，提到了部分晚清历史译著。胡逢祥的《西方史学的输入和中国史学的近代化》② 一文亦具体论述了鸦片战争至五四新文化运动之前西方史学输入中国的过程及内容。潘玉田、陈永刚的《中西文献交流史》第四章第四节也对当时的历史译著"内容侧重变法史、革命史、独立史、亡国史、外交史、文明史"的特点进行了分析，从而对西方历史译著传入中国的过程予以了分析。

在西方历史译著的影响力与价值方面，俞旦初最早开始关注西方史学在中

---

① 杜维运.西方史学输入中国考［M］//与西方史家论中国史学.台北：东大图书股份有限公司，1981.

② 胡逢祥.西方史学的输入和中国史学的近代化［J］.上海社会科学院学术季刊，1990（1）.

国的传播与影响问题，他曾经发表了《二十世纪初年中国的新史学思潮初考》①《中国近代爱国主义的"亡国史鉴"初考》②《美国独立史在近代中国的介绍和影响》③《法国大革命史在中国的介绍和影响》④ 等一系列论文，后来编成《爱国主义与中国近代史学》⑤ 一书出版，这些论文对 20 世纪初中国的新史学思潮做了深入研究，探讨了西史译著与新史学兴起的关系。熊月之的《西学东渐与晚清社会》一书在探讨西方历史译著对中国的影响时，主要从译著的内容特点出发，他在"新学大潮"一节中指出："历史学方面，所以除了一般通史和各种专门史以外，多为变法史、革命史、独立史、亡国史、外交史、文明史方面，反映了译者对中国变法、革命、独立、进步等问题的关切。"⑥

　　从史学思想史角度对 20 世纪初西方史学著作的翻译和影响进行研究的，最早有胡逢祥的《西方史学的输入和中国史学的近代化》⑦ 一文，他认为与西方社会学的结合，是中国史学走向近代化道路的一大特色；同时，中国传统史学在史料学、治史方法等方面积蕴深厚，以致在相当长的一个时期内，西方史学在中国的影响仍以表现形式、历史观等为主，而在方法论方面则有所减弱。至于这一输入过程中存在的某些粗糙、简单套用乃至精芜不辨等弱点，在当时固属难免，在今日则足以为鉴。张广智、李勇的著作《20 世纪中外史学交流》对清代汉译西洋史的情况进行了介绍与评价，认为汉译历史书为新史家批判旧史学提供了参考。邹振环在 20 世纪 90 年代之后相继写作了《晚清西书中译对中国文化的影响》⑧、《晚清西方地理学在中国：以 1815 至 1911 年西方地理学译著

---

① 俞旦初.二十世纪初年中国的新史学思潮初考 [J].史学史研究，1982（3）.
② 俞旦初.中国近代爱国主义的"亡国史鉴"初考 [J].世界历史，1984（1）.
③ 俞旦初.美国独立史在近代中国的介绍和影响 [J].世界历史，1987（2）.
④ 俞旦初.法国大革命史在中国的介绍和影响 [J].近代史研究，1989（4）.
⑤ 俞旦初.爱国主义与中国近代史学 [M].北京：中国社会科学出版社，1996.
⑥ 熊月之.西学东渐与晚清社会 [M].上海：上海人民出版社，1994：659.
⑦ 胡逢祥.西方史学的输入和中国史学的近代化 [J].上海社会科学院学术季刊，1990（1）.
⑧ 叶再生.出版史研究：第 3 辑 [M].北京：中国书籍出版社，1994；叶再生.出版史研究：第 4 辑 [M].北京：中国书籍出版社，1995.

的传播与影响为中心》①《20 世纪上海翻译出版与文化变迁》②《译林旧踪》③
《西方传教士与晚清西史东渐：以 1815 年至 1900 年西方历史译著的传播与影响
为中心》④ 等论著，在年代研究的基础上，以重要的出版机构、译作者等为中
心，从多个角度展开对晚清西方历史译著价值和影响的研究。此外，蒋俊的
《中国史学的近代化进程》⑤ 和陈其泰的《中国史学史·近代时期》⑥、刘俐娜
的《由传统走向现代：论中国史学的转型》⑦ 等关于中国史学近代化进程的著
作也强调了西方历史译著在晚清时期的影响与作用。

　　还有一些学者对西方历史译著的特点予以了关注，刘新成在《历史学百
年》⑧ 一书中，概括了晚清时期编译的《欧罗巴通史》《西洋史要》《万国历史
通鉴》等书的特点："叙事要而不繁"、多叙事少研究和多通史形式；史革新的
《20 世纪初西史东渐与中国近代新史学的发轫》一文概括了中国在 20 世纪初输
入域外史学的特征，即"中国自己的新型知识分子成为输入西史新知的主要力
量……历史译著以其特有的内容和魅力，在启蒙宣传方面所起的作用是其他任
何文化形式所无法替代的"⑨；李孝迁的《西方史学在中国的传播》一书在前人
研究的基础上，从档案、文集、报纸杂志、年谱、日记、讲义、译稿等文献资
料中拓展了西方历史译著史料的范围，为其内容特点的研究提供了丰富的史料
基础，认为西方历史译著的内容涉及科学、地理、人种、考古学等多个方面，
具有内容丰富、影响广泛的特点。⑩

①　邹振环. 晚清西方地理学在中国：以 1815 至 1911 年西方地理学译著的传播与影响为中
　　心［M］. 上海：上海古籍出版社，2000.
②　邹振环. 20 世纪上海翻译出版与文化变迁［M］. 南宁：广西教育出版社，2000.
③　邹振环. 译林旧踪［M］. 南昌：江西教育出版社，2000.
④　邹振环. 西方传教士与晚清西史东渐：以 1815 年至 1900 年西方历史译著的传播与影响
　　为中心［M］. 上海：上海古籍出版社，2007.
⑤　蒋俊. 中国史学的近代化进程［M］. 济南：齐鲁书社，1995.
⑥　陈其泰. 中国史学史·近代时期［M］. 上海：上海人民出版社，2006.
⑦　刘俐娜. 由传统走向现代：论中国史学的转型［M］. 北京：社会科学文献出版社，
　　2006.
⑧　刘新成. 历史学百年［M］. 北京：北京出版社，1999.
⑨　史革新. 20 世纪初西史东渐与中国近代新史学的发轫［J］. 郑州大学学报（哲学社会科
　　学版），2004（2）：63.
⑩　李孝迁. 西方史学在中国的传播［M］. 上海：华东师范大学出版社，2007.

2. 东亚历史译著研究

晚清时期传入中国的东亚史译著，主要来自日本，因此大多为日译。对这一问题的研究，学界主要从东亚历史译著的译者群体、译著特点以及在中国的传播过程和影响几个方面进行了研究。

晚清东亚历史译著的译者以留日的中国学生为主，也有一些近代出版社参与译书活动中。20 世纪 30 年代，作为晚清日书中译主体的留日学生及其译书活动受到了日本学者实藤惠秀的注意，他于 1939 年写成《中国人留学日本史稿》，由东京日华学会出版。战后，实藤惠秀重新改写《史稿》，于 1960 年出版《中国人留学日本史》① 一书，1970 年再出增订版。该书对于近代外国著作的翻译主体——留日学生的学习、生活和政治活动，以及留日学生对中国近代思想、政治、教育、文学、语言、翻译、出版事业等方面的影响和贡献做了多角度的探讨。他在"留日学生的翻译活动"一节中对留日学生的主要翻译团体译书汇编社、教科书译辑社、湖南编译社、普通百科全书、闽学会及其译员进行了介绍，并对留学生翻译的史学著作进行了梳理，其中提及《理学沿革史》《欧洲文明史》《东西洋教育史》等历史译著。邹振环的《晚清留日学生与日文西书的汉译活动》② 一文以晚清留学生的日文西书翻译活动及其影响为研究对象，分析介绍了留日学生的翻译情况，其中包括翻译刊物、出版机构及其译著，肯定了晚清留学生日文西书的翻译对中国的影响：加快了中国近代化的速度、减少了中西文化交流中的语言障碍、为中国培养了新式翻译人才，也使得留学生以新的视角审视与理解中外文化。邹振环的另一篇文章《东文学社及其译刊的支那通史与东洋史要》③ 则考察了晚清日本史译著的重要文化机构——上海东文学社，并通过该学社及其出版的中国史和东洋史译著，分析了 19 世纪末 20 世纪初日本中国史和东洋史译著的译刊与影响。

也有学者对晚清东亚历史译著的内容和特点进行了文本分析，潘喜颜的论文《清末历史译著研究（1901—1911）：以亚洲史传译著为中心》，就以亚洲史

---

① 实藤惠秀. 中国人留学日本史 ［M］. 谭汝谦，林启彦，译. 北京：生活·读书·新知三联书店，1983.

② 邹振环. 晚清留日学生与日文西书的汉译活动 ［M］//中国近代现代出版史学术讨论会文集. 上海：上海书籍出版社，1990.

③ 邹振环. 东文学社及其译刊的支那通史与东洋史要 ［M］//张伯伟. 域外汉籍研究集刊：第三辑. 中华书局，2007.

传译著为主要研究对象，对清末历史译著的类型、内容、特点等进行了较为详细的梳理，尤其在清末历史译著中的"东洋""东亚"与亚洲史方面，认为清末国人在译介东洋史、日本史之外，还特别注重亡国史的翻译，这说明深陷民族危机中的清末国人非常渴望了解弱小国家灭亡的历史与原因，以作为前车之鉴。同时，清末"东洋史"的译著打破了传统的编年体书写形式，采用了西方分期的篇章体编写方法，实质上反映了以西方近代民族国家为中心而展开的历史叙述的内涵。董说平的《晚清时期日文史书在中国的翻译与传播》① 从日本历史译著的角度，对一年的日史翻译情况进行了归纳与总结，认为晚清时期日文史书的译著是近代中日文献交流的组成部分，也是近代中日文化交流的具体表现形式之一。

对东亚历史译著的影响进行研究的学者相对较多，胡逢祥的《二十世纪初日本近代史学在中国的出版与影响》② 一文考察了日本史著及其近代史学理论和方法在 20 世纪初大量传入中国的原因：资产阶级进行启蒙宣传的需要、日本学说中的西方思想、新学堂的出现与大批留日学生的出现。该文还重点探讨了日本"文明史学"在中国的传播以及在史学理论、史学方法、史书体例等方面对中国近代史学的影响。

盛邦和的《廿世纪初中国史学现代化与日本》一文把 20 世纪初中国人译介的日本史学著作大致分成几种类型——史学理论、日本历史、人物传记、明治维新史与日本立宪史，重点探讨了日本学者浮田和民的史学理论、日本国粹史观与唯物史观对中国近代史学的影响。

李孝迁的《清季日本文明史作品的译介与回应》③ 一文认为清季日本文明史作品的译介是 20 世纪初新史学思潮和学堂历史教育推动下的产物，中国从日本翻译了为数不少的文明史著作，在学界和教育界都发生过重要影响，它对更新近代学人的史学观念、推进新史学思潮的深入发展，都发挥了一定的作用。日本史的编纂形式对近现代中国的史书撰写，尤其是自编历史教科书产生了深远影响，在近代史学史和教育史上占据十分重要的地位。

在对晚清历史译著及其个案的研究中，相对于对东亚史译著的研究，西洋

---

① 董说平. 晚清时期日文史书在中国的翻译与传播 [D]. 北京：北京师范大学，2004.

② 胡逢祥. 二十世纪初日本近代史学在中国的出版与影响 [J]. 学术月刊，1984 (9).

③ 李孝迁. 清季日本文明史作品的译介与回应 [J]. 福建论坛，2005 (3).

史学占据了较大比重。比起科学技术的引进，史学著作更容易对知识分子产生直观的影响，令其对时下的社会状况进行反思与对比，加之当时出版业的发展，历史译著以较快的速度在知识分子阶层传播，促使其对统治阶层施压，要求加快社会变革的速度。所以，晚清变革时期的历史译著，就承担起了比以往更为重大的责任，这就为历史译著成为中国历史教科书的组成部分打下了基础。

通过综合已有的研究成果我们发现，对晚清汉译历史教科书及其相关的研究长期以来都是中国近代史、学术史和教育史的重要问题，对这一问题的研究涉及教育制度、历史译著、译介策略等多个领域，考察汉译历史教科书与晚清教育和近代史学之间的联系也是以往研究的重点。在以往的研究成果中，晚清汉译历史教科书多被作为对近代教育或近代教科书的一部分来体现，同时也被作为近代史学的重要课题，被予以了一定程度的重视，无论是教育学还是历史学专业的学者，都将其作为研究近代教育演变和近代史学发展的对象，从各层面加以探讨和分析，无论在内容的深度和广度上，都有了较为丰富的研究成果。

晚清汉译历史教科书的相关研究成果尽管已经相当令人瞩目，但是由这几个问题交叉结合而产生的新命题——晚清汉译历史教科书的研究，目前还存在一些尚未充分发掘的问题，如对晚清汉译历史教科书的专门性、系统性研究较为缺乏，对研究对象的具体文本内容的对比分析尚显不足，对晚清汉译历史教科书的价值与影响还有待进一步挖掘。

鉴于此，本书对晚清汉译历史教科书这一问题的研究，首先将晚清汉译历史教科书作为一个独立的群体，系统分析其出现的背景和发展的过程，对研究对象形成较为整体的认识。其次是从历史教科书的个案和具体文本着手分析，运用历史诠释学的相关知识对某些历史教科书的内容、体例特点与思想内涵进行更为深入的研究，并对比分析这些历史教科书译本与原著在内容、语言和体裁上的异同。最后是综合分析晚清汉译历史教科书的社会影响，从启发社会思想到推动史学发展，以及对后来中国教科书编写的重要影响等多个方面进行分析。

第一章

晚清汉译历史教科书出现的社会与学术背景

汉译历史教科书的出现，是晚清中国社会新旧交替的特殊背景下发生的学术现象，亦是社会发展和历史运动过程中产生的一种文化选择，晚清社会政治的变革是决定和影响这一时期思想文化和学术发展的重要因素，而西方文化的输入和"开眼看世界"的社会思潮也成为汉译历史教科书出现的学术背景。在晚清中国，进步的封建统治阶级和早期资产阶级，开始了对国家出路的早期探索，将"师夷长技"和"救亡图存"作为社会改革的动力，随着"向西方学习"的深入，西学书籍增多，进一步影响着中国民众对于新旧制度的认识，学术体系与教育制度的改革应运而生，促生了汉译历史教科书的出现。

第一节　开启民智的社会需求

在传统的中国教育中，西方的历史知识是相当缺乏的，"吾国数十年前局于闭关锁国之思想者，以为吾国以外无世界，即有人类亦等夷狄或如匈奴、突厥、回纥"①。鸦片战争之后，中国被迫进入了一个新的世界，但当时大多数国人从盲目自大到妄自菲薄，对中国在世界中的地位没有清楚的认识，更无法运用西学知识来解决社会危机。

一、"师夷长技"的经世需求

17世纪到18世纪，西方国家开始了思想启蒙的潮流，资产阶级革命如火如

---

① 西洋史·序 [M]. 中国百城书舍，1915.

茶，而当时的中国封建王朝统治，还沉浸在"天朝上国"的美梦中。作为明末清初就已经出现了早期资本主义萌芽的中国，从18世纪起，又开始实行"闭关锁国"的政策，将外来文化紧紧锁闭在国门之外，将西方的一切不假思索地一律定位为"奇技淫巧"，予以排斥，封建统治者们对西方的科学文化更是采取排斥、拒绝的态度，力图将封建专制巩固到极致。

鸦片战争打破了封建帝王的幻想，西方列强悄然来袭，鸦片、洋货陆续流入中国，冲击着固有的贸易体系，中国的白银大量外流，威胁到了清王朝的统治。

1840年至1842年的第一次鸦片战争，弱强分明，清王朝以失败告终，八旗军惨败给远道而来的英国军队，冷兵器为主的清军，对抗西方列强的坚船利炮，高下立判。清军虽设有水师，但主要用于缉捕海盗，而且多在内河或近海活动，没有实战经验，而此时作为海上霸王的英国海军，海战经验丰富，战备精良，战斗力强，不过数日，清军便节节败退，很快就分出胜负。

作为"虎门销烟"的主要领导人林则徐，当英军进犯天津海口时，就被投降派官僚乘机诬陷，道光帝以"误国病民，办理不善"的罪名将其革职，1841年道光帝又将广东地区的军事失败归罪为林则徐"废弛营务"，将其遣戍新疆，在他从杭州动身北上之际，好友魏源从扬州赶至镇江与他相见。通过这次会面，魏源通过林则徐了解了广州禁烟和中英战争中双方交战的实际情况。1842年，魏源的《海国图志》一书编撰完成，书中介绍了世界各国的"夷情夷俗"，并阐述了"师夷长技以制夷"①的救国良方。"师夷"，就是向西方学习，这种观点在晚清可谓是石破天惊，因为当时中国的国门刚刚被打开，传统的"华尊夷卑"观根深蒂固。他提出向西方学习，不是学习西方的一切，而是要学习西方的"长技"，也就是在魏源看来，"师夷"是手段，"制夷"是目的。"师夷"体现的是魏源思想的开放性，而"制夷"体现的是魏源思想的爱国性，"师夷"与"制夷"是有机联系的整体。魏源还指出"师夷"有"不善师"和"善师"之分，"不善师"的人，则被"外夷"制之；"善师"的人，才能制服"四夷"。可见，"善师"与否是"师夷"能否取得效果的关键。魏源的"师夷长技以制夷"，引导人们将目光转向西方世界，主张对西方的文化兼收并蓄，这就对后来的洋务派和维新派的改良运动起到了重要的指导作用。

_____

① 魏源. 海国图志叙［M］//魏源全集：第4册. 长沙：岳麓书社，2004：1.

洋务运动兴起于 1861 年，太平天国起义之后，清政府为了应对内忧和外患分别形成了"守旧派"和"洋务派"两大派别。而其中的"洋务派"就是主要学习西方列强的工业技术和商业形式，主要以李鸿章、曾国藩、左宗棠为代表的洋务派官员，他们利用自身优势，以官办、官督商办、官商合办等模式大力发展近代工业，试图通过工业化的发展，增强清政府的军事力量，进而增强综合国力。他们提出的口号是"师夷长技以自强"，李鸿章提道："中国欲自强，则莫如学习外国利器；欲学习外国利器，则莫如觅制器之器，师其法而不必尽用其人；欲觅制器之器与制器之人，则或专设一科取士。"① 曾国藩也认为"购买外洋船炮"是"今日第一要务"②，同时提出了中国欲想自强必先自立的思想，国强民富才能兴邦，他主张引进军事装备只是一时的强大，莫不如引进先进的科学技术独立自学，即"师夷智以造炮制船，尤可期永远之利"③。洋务思想家郭嵩焘则从另一种角度出发，认为"强兵富国之术，尚学兴艺之方，与其所以通民情而立国本者，实多可以取法"④。鸦片战争之后，地主阶级开始睁眼看世界，很多人开始注意到西方国家的先进思想是值得学习和借鉴的，在"师夷长技"思想的启蒙作用下，洋务派们打破了传统的"夷夏"观念，对清政府长期以来保持的"闭关锁国"政策提出了深刻的批判，创新性地提出学习西方来救国的理论主张，具有一定的先进性。洋务运动中向西方学习的内容主要集中在工业技术、军事等方面，但西方的历史、地理、宗教等知识也已经引起了人们的关注，汉译的西方书籍开始大量出现。

然而甲午中日战争的失败，标志着洋务运动彻底破产，许多人开始意识到，仅仅学习西方的科学技术，并不能改变中国积贫积弱的落后面貌，于是 19 世纪 90 年代，另一场"师夷长技"的运动在中国兴起，这就是倡维新、言变法、大力引进西学的维新变法。维新派对西方文化的认识比洋务派要深入，他们将中国社会的问题上升到了制度层面，认为只有政治的改良才能改变中国当时的失败局面，而政治的改革需要借助西方的资产阶级革命形式，改封建制为君主立

---

① 文庆，贾桢，宝鋆，等 . 筹办夷务始末·同治朝：卷 5 [M]. 台北：文海出版社，1966：10.
② 曾国藩 . 曾国藩全集·奏稿（三）[M]. 长沙：岳麓书社，1994：1603.
③ 文庆，贾桢，宝鋆，等 . 筹办夷务始末·同治朝：卷 5 [M]. 台北：文海出版社，1966：2669.
④ 郭嵩焘 . 郭嵩焘奏稿 [M]. 长沙：岳麓书社，1983：348.

宪制，而对西方的学习也不能仅仅局限于对"西艺"的模仿，而是从西方国家的历史出发，揣摩其政体的变迁，培养出适应变法改革的人才。在这种情形下，西方的历史知识就显得尤为重要，从维新改革初期建立的新式学堂，到光绪宣布变法期间成立的京师大学堂，再到后来清末新政期间被慈禧重新启动的学制改革，汉译的历史教科书开始大量出现，并经过政府的审定在各级学校中广泛应用，一时呈繁荣之势。

"师夷长技"的口号自19世纪中期出现，在半个多世纪的中国社会，被各阶层发扬，其本质是为了解决现实问题。当传统的中国学术文化不再满足"经世致用"的需要，反倒成为社会发展的桎梏，于是向西方学习就成为时代进步的标志。而"学习"本身是一个系统的过程，在确定了对象之后，还需要载体和内容的填充，于是新式学堂和教科书就被重视起来。而刚刚进入近代的中国，在延续了几千年的儒学教育之后，并没有能作为教科书使用的书籍来满足向西方学习的要求，于是汉译的教科书就被作为过渡时期的教材使用。而随着民族矛盾的激化和对世界认识的深入，西方国家的历史、政治等知识开始被中国的先进知识分子关注到，成为经世致用的改良之策。自此之后，历史不能再局限于帝王将相的一家一姓之史，也不能再作为统治阶级强化专制的工具，而是作为"师夷长技"的重要窗口，指导着中国近代的改革与进步，将中国历史与世界历史联系起来。

二、"救亡图存"的现实需求

晚清中国的社会现实，让一些有识之士开始探索"救亡图存"的道路，在经历了太平天国农民起义的失败、洋务运动的破产和戊戌变法的被扼杀之后，中国人对"救亡图存"这一目标的认识逐渐深入，但学习西方的先进文化这一主题一直贯穿始终。因此，汉译历史教科书的出现，也是顺应了"救亡图存"这一现实的需求。

首先，晚清中国深受西方列强的侵略，只有对西方各国的历史地理、政治军事等情况进行了解，才有可能赢得战争的胜利。其次，西方各国在科技、制度等诸多方面领先于中国，为了能取得与之相抗衡的力量，就必须取长补短，进行自我改革，才能摆脱落后挨打的局面。最后，西方思想中的进化观、民主观以及国与国之间的弱肉强食，能够为国人的救亡运动提供理论上的指导，并且能够激发人们的忧患意识。

鸦片战争之后，首先掀起"救亡图存"运动的是太平天国运动，虽然就根本性质而言仍然是一次旧式的农民起义，但因为受到西方资本主义因素的影响和推动，以洪秀全、洪仁玕为代表的农民阶级，在向西方学习方面，表现出了较强的进步性。洪仁玕早年在香港活动，直接了解和接触到了西方的文化，他在《资政新篇》中阐述了倡导发展资本主义的主张。在对西方文化的了解方面，洪仁玕显然达到了一个较高的水平层次，亲身参加了太平天国革命的英国人呤唎赞扬他对西方的科学与文明"无不通晓"①。当时香港英华书院的院长、著名的汉学家理雅各对他十分赏识，不仅佩服他在文学和史地方面的造诣，而且认为"他的研究从神学到西方科学和政治经济学，不但使他成为太平天国领袖中文化最高的人，而且是西方文化最早的传播者之一"②。还有不少外国传教士则认为他对基督教理认识深透，甚至希望他能够以此来纠正太平天国拜上帝教的"谬妄"，成为西方宗教改革家马丁·路德式的人物。③ 这种直接置身于西方文化影响之下的生活经历，使得洪仁玕与同时期一些中国先进知识分子在思想上有不少相通之处。最明显的就是，他与王韬、冯桂芬等人一样，都对西方的文化表现出很大兴趣，认为中国必须加以仿效才能变得富强，"扩充其制，精巧其技，因时制宜，度势行法"④。在广泛地接触西方事物、西方人士过程中，洪仁玕受到了西方资产阶级文化和思想的熏陶，并对西方的政治、经济、文化有了较深的了解。在他的脑海中，已逐渐形成了一个改造中国、使之走上近代化道路的方案。1859 年 4 月洪仁玕到达天京后，便立即向洪秀全条陈了《资政新篇》，详细介绍了英、美、法等西方各国的政治、经济情况，认真分析了世界各国的形势。

在"设法"部分的"法法类"，洪仁玕具体提出了二十几条政治、经济和外交方面的措施和建议，充分体现了他主张学习西方资本主义、使中国独立富强、实现近代化的爱国主义思想，是全篇的中心。政治方面，《资政新篇》主张效法西方各国的政教，建立一个强有力的中央政权，但并不是由天王独立裁决，

---

① 呤唎.太平天国外纪：卷上［M］.北京：商务印书馆，1915：118.

② 费正清.剑桥中国史：第 10 卷［M］.北京：中国社会科学出版社，1992：296.

③ 简又文.金田之游及其他［M］.北京：商务印书馆，1946：138.

④ 洪仁玕.资政新篇［M］//金毓黻，田余庆，等.太平天国史料.北京：开明书店，1950：39.

主张充分发挥中央政权机构的作用，更好地实现用西方的政治制度振兴太平天国的政治抱负。"自今而后，可断则断，不宜断者，付小弟掌率六部等议定再献。"① 同时，他还强调"人心公议"，主张"以多人举者为贤能也，以多议是者为公也"②。《资政新篇》对英、美等国因"法善"而致富强十分赞赏，要求改革封建法制的弊端，提倡立法，"纲常伦纪，教养大典，则宜立法以为准焉"③。此外，《资政新篇》还提出了涉及文化教育、公共福利、社会生活和风气各个方面的建议，比较全面地仿效西方资本主义文化来建设新社会，如"兴邮亭""兴士民公会""兴医院""兴乡官""兴乡兵""兴跛盲聋哑院""兴鳏寡孤独院""禁酒及一切生熟黄烟、鸦片""禁庙宇寺观""禁演戏修斋建醮""禁私门请谒，以杜卖官鬻爵之弊""革阴阳八煞之谬""除九流"④，对封建的旧思想、旧文化、旧风俗予以批判，主张学习西方除旧布新，改造社会，建立新的社会风尚，提倡西方近代的物质文明。

经济方面，《资政新篇》明确主张采用西方资本主义经济制度和科学技术来发展资本主义，变封建经济制度为资本主义雇佣制度，变闭关自守的封建经济为对外开放和竞争的商品经济，如主张"兴器皿技艺""兴宝藏"，建立和发展新式工矿业。"于二十一省通二十一条大路，以为全国之脉络"⑤，发展"火轮车""火船汽船"等近代交通事业，"兴银行""兴省郡县钱谷库"等机构，设立有利于商品经济发展的各个部门，注重传播经济信息等。

外交方面，洪仁玕在《资政新篇》中坚决反对当时顽固派的盲目排外与洋务派的媚外态度，认为可与资本主义国家保持正当的通商关系，主张与西方各国平等往来、自由贸易。他指出，中外交往势所必然。"况我已有自固之策，若

---

① 洪仁玕．资政新篇［M］//金毓黻，田余庆，等．太平天国史料．北京：开明书店，1950：48.
② 洪仁玕．资政新篇［M］//金毓黻，田余庆，等．太平天国史料．北京：开明书店，1950：52.
③ 洪仁玕．资政新篇［M］//金毓黻，田余庆，等．太平天国史料．北京：开明书店，1950：59.
④ 洪仁玕．资政新篇［M］//金毓黻，田余庆，等．太平天国史料．北京：开明书店，1950：64.
⑤ 洪仁玕．资政新篇［M］//金毓黻，田余庆，等．太平天国史料．北京：开明书店，1950：41.

不失信义二字足矣，何必拘拘不与人交接乎?"① 总之，《资政新篇》详尽地介绍了西方资本主义国家的制度和科学技术，论述了向西方学习的重要性，并主张把西方各国的制度和科学技术移植到中国来，按资本主义的模式把中国建设成为"兵强国富"的国家。太平天国运动尽管没有脱离农民阶级的局限性最后失败，《资政新篇》中的改良措施也没有付诸实践，但"向西方学习"作为其政治改革的指导思想，而且牵涉政治、经济、外交等诸多方面，在社会上依旧引发了很大的影响。

尽管都有着"救亡图存"的目标，但不同于太平天国运动体现的主要是统治阶级与人民大众之间的矛盾，洋务运动和维新变法体现的主要是外国资本主义与统治阶级之间的矛盾。洪秀全向西方学习，是寻求农民起义的思想武器，推翻清王朝，建立人间天国。洪仁玕向西方学习，是在太平天国经历了一场大劫难，拜上帝的太平天国已经失去了往日的神威，农民起义何去何从的情况下力图重整朝纲，用新的理想社会团结群众，继续斗争。其目标都是为与清王朝的激烈对抗寻求理论武器，为苦难群众找到一幅理想的画卷。而洋务派向西方学习，目标在于寻求"自强"之道，曾国藩就曾经说道："救时第一要务，盖不重在剿发捻，而重在陆续购买，据为己有，在中华则见惯而不惊，在英法亦渐失其所恃。"②

他们首先认为中国事事居"外夷"之上，独"火器"不如，因而，在镇压太平天国运动中，就开始购置，进而仿造洋枪，创办军事企业，即习"西艺"。其次他们逐渐接受自然科学知识和社会政治学说。洋务派认为："泰西创设机器以来，互相效法，以为非此不能自立。而机器之用，具有至理，必须考究于平日，若临时猝办，即无及矣。故当务之急，以开学馆，培人才为最。"③ 他们创办的同文馆开设了外语、各国史地、代数、微分、航海、化学、天文、国际法等，大都为西方自然科学和社会科学内容，并由此引发了与封建顽固派的第一次大论战。洋务派对传统的义利观、本末观提出怀疑，指出"中国以义理为本，

---

① 洪仁玕. 资政新篇 [M] //金毓黻，田余庆，等. 太平天国史料. 北京：开明书店，1950：63.
② 中国史学会. 中国近代史资料丛刊·洋务运动（二）[M]. 上海：上海人民出版社，1961：266.
③ 中国史学会. 中国近代史资料丛刊·洋务运动（二）[M]. 上海：上海人民出版社，1961：133.

艺事为末；外国以艺事为重，义理为轻"①，这才造成中国落后于西方。他们开始引进西方商品经济、价值观念，振兴民族经济，对外与外商争利，对内教民兴利。"故欲自强，必先致富，欲致富，必先经商。"② 最后，洋务派转向"西政""西史"社会政治制度诸方面。基于"西艺非要，西政为要"③，主张采用西法变祖宗成法。如张树声在临终遗折中，强调"育才于学堂，议政于议院，君民一体，上下一心，务实而戒虚，谋定而后动，此其体也；轮船火炮，洋枪水雷，铁路电线，此其用也"④。从总体看，洋务派向西方学习的内容，没有超出"中学有未备者，以西学补之，中学有失传者，以西学还之；中学包罗西学，不能以西学临驾中学"⑤。但是，洋务运动依旧以"向西方学习"作为其"救亡图存"的主要途径。

维新变法中对于"救亡图存"的理论思想，来源于康有为对中外历史的研究。他看到了俄国和日本的经验：

考俄之始，乃以八万兵败于瑞典万人，乃割边地于瑞国。无学校、无练兵、无通商，无制造良工，愚冥日惷，既蠢既顽，昧塞小弱，芨芨殆亡，固有甚于我中国者。大彼得知时从变，应天而作，奋起武用，破弃千年自尊自愚之习，排却群臣阻挠大计之说，微服作隶，学工于荷、英，遍历诸国，不耻师学，雷动霆震，万法并兴。⑥

日本地域，比我四川，人民仅吾十之一，而赫然变法，遂歼吾大国之师，割我辽台，偿二万万。⑦

相反，波兰不变法而被分灭，突厥不变法而被削弱。康有为经过比较得出

---

① 左宗棠. 左文襄公全集·书牍 ［M］. 台北：文海出版社，1979：24.

② 刘铭传. 复陈津通铁路利害折 ［M］//刘铭传文集. 黄山：黄山书社，1997：50.

③ 张之洞. 设学 ［M］. 郑州：中州古籍出版社，1998.

④ 张树声. 张靖达公奏议 ［Z］. 1899.

⑤ 中国史学会. 中国近代史资料丛刊·戊戌变法（二）［M］. 上海：上海人民出版社，1957：426.

⑥ 中国史学会. 中国近代史资料丛刊·戊戌变法（二）［M］. 上海：上海人民出版社，2000：2.

⑦ 中国史学会. 中国近代史资料丛刊·戊戌变法（二）［M］. 上海：上海人民出版社，2000：3.

结论：

> 国无小大，民无众寡，能修其政则强，不修其政则弱……观大地万国，无不以变法而强……今日在列大竞争之中。图保自存之策，舍变法外别无他图。①

对西方有着更多了解的严复则为维新自强论提供了理论依据。在他看来，中国的危机来自"运会"，"运会既成，虽圣人无所为力"，但圣人可以"知运会之所由趋，而逆睹其流极"，掌握运会，利用运会，"置天下于至安"②。他所说的"运会"，就是世界进化的潮流。他相信达尔文的进化论，认为生物界的进化规律是"物竞天择，适者生存"，人是生物界之一员，所以人类社会也是强食弱肉，优胜劣汰。但严复不相信"任天为治"之说，引用赫胥黎"人可持天"之说，指出中国只要发愤图强，增民力、开民智、新民德，就会赶超列强，不但会免于亡国灭种，而且定会称雄世界。严复介绍的西方进化论，成了维新派宣传变法的理论灵魂，维新派无不以进化论宣传"要救国，就必须维新"的道理。康有为在《进呈俄罗斯大彼得变政记序》中就指出："盖变者天道也。天不能有昼而无夜，有寒而无暑，天以盖变而能久；火山流金，沧海成田，历阳成湖，地以善变而能久；人自童幼而壮老，形体颜色气貌，无一不变，无刻不变。"③ 又在《上清帝第六书》中指出："夫物新则壮，旧则老；新则鲜，旧则腐；新则活，旧则板；新则通，旧则滞；物之理也。"④ 最直截了当地以进化论宣传维新的要数梁启超，在脍炙人口的《变法通议自序》中，他以富有激情的语言写道：

> 法何以变？凡在天地之间者莫不变。昼夜变而成日，寒暑变而成岁，

---

① 中国史学会. 中国近代史资料丛刊·戊戌变法（二）［M］. 上海：上海人民出版社，2000：197.

② 中国史学会. 中国近代史资料丛刊·戊戌变法（二）［M］. 上海：上海人民出版社，2000：71.

③ 中国史学会. 中国近代史资料丛刊·戊戌变法（二）［M］. 上海：上海人民出版社，2000：1.

④ 中国史学会. 中国近代史资料丛刊·戊戌变法（二）［M］. 上海：上海人民出版社，2000：198.

大地肇起，流质炎炎，热镕冰迁，累变而成地球，海草螺蛤，大木大鸟，飞鱼飞鼍，袋兽脊兽，彼生此灭，更代迭变而成世界；紫血红血，流注体内，呼炭吸氧，刻刻相续，一日千年而成生人。藉日不变，则天地人类并时而息矣。故夫变者，古今之公理也。①

又在《变法通议·论不变法之害》中强调：

> 要而论之，法者，天下之公器也；变者，天下之公理也。大地既通，万国蒸蒸，日趋于上。大势相迫，非可阏制。变亦变，不变亦变。变而变者，变之权操诸己，可以保国，可以保种，可以保教；不变而变者，变之权让诸人，束缚之，驰骤之，呜呼！则非吾之所敢言矣。②

在晚清中国"救亡图存"的几次运动中，尽管面临着不同的矛盾和斗争形势，但农民阶级、封建统治阶级和早期资产阶级三个群体都有着相似的改革方针，即通过学习西方的政治、经济制度和科技、文化来达到强国，从而抵御外侮的目的，不同的阶级都将西方的文化制度作为拯救晚清中国的良药，可见其在近代中国具有很强的现实意义，这种社会背景也为外国的历史教科书在中国的兴起提供了条件。时人想要通过学习西方来为民族和国家的救亡提供指导，首先就需要了解西方国家的历史文化和政治制度。明清时期开始的西学东渐思潮引进了大量西方历史译著，这些历史译著有的是被传教士译来作为教会学校的教材使用的，有的则是中国的士人自己翻译的，这些历史译著多以介绍西方国家的风俗地理、历史沿革、制度文化为主，可以为晚清中国提供制度变革的范例，因此在当时广受好评，有些译作成为当时的著名读物，被一些先进知识分子拿来作为新式学堂的教科书使用。于是，在"救亡图存"背景下出现和被使用的这些历史译著，就成为汉译历史教科书最重要的组成部分。

---

① 中国史学会. 中国近代史资料丛刊·戊戌变法（二）[M]. 上海：上海人民出版社，2000：11.
② 中国史学会. 中国近代史资料丛刊·戊戌变法（二）[M]. 上海：上海人民出版社，2000：18.

三、士人阶层的知识需求

晚清士人阶层，身处国家民族饱受欺凌的危机中，而中国传统的学术和观念不能为现实提供借鉴，因此亟须从西方强国那里汲取历史经验，但他们很少有亲身游历欧美的机会，更少有进入西式学校学习的经历，他们的西学多是从阅读西书获得的，只能借助西方书籍了解社会改良应该遵循的历史规律。19世纪中期的西学东渐为先进知识分子提供了此类知识的基础，林则徐、龚自珍、魏源、王韬、郑观应等人作为较早的一批"开眼看世界"的士人，为中国近代政治改良做了理论上的准备，而对于改革的细节，19世纪末的士人依旧缺乏充分的准备，而汉译的历史教科书对各国改革细节上的记载恰能满足这一需求，为士人阶层的改革填补内容上的空白。

中国传统的士人阶层，遵循"载圣人之道"的观念，把"征圣""弘道""安身""立命"作为自己的社会责任，主要使命是协助统治集团更好地维护现存的社会秩序，保证社会的安定与和谐，在此基础上达到个人的道德修养。而维护社会秩序与保证社会安定的依据就是来自儒家文化的"礼教"规范，这种规范有着严格的等级规定及精神、行为限制，它强调的是一种群体关系而忽视个体的地位和权利，强调的是下层服从于上层的权威性而忽视人与人之间的平等要求，这是长期农耕经济所形成的血缘家族制度及其文化传统。受这种传统的影响，中国传统的士人更多关注的是个人的生存与修养问题，所以他们始终作为统治集团的附庸，很难作为一种独立的社会力量在社会及文化的变革中发挥作用。

而西方文化对于中国士人阶层最大的意义就是启蒙作用，作为现代意识的"启蒙"是伴随科学与理性、平等与民主、个性与自由等现代思想体系的出现而形成的一种理念。"启蒙"的含义不只是包含着中国传统的"入世"或西方传统的"拯救"精神，更重要的是包含了一种建立在人本主义和平等观念基础上的精神改造或人性解放的意义，其作用是在强调人与人平等关系的基础上，用理性来解除蒙蔽在人们精神上的迷信或威权的障碍，启迪人们能够用基于个人思考的眼光看待世界以及人自己，使人们获得能够自由使用知识和思想的能力，这种进步带来了中国近代士人自我意识的觉醒，引导他们走向了争取新的人生价值与人格独立的道路。

自我意识觉醒后的近代士人，以"自我"为主体的社会责任意识也逐渐觉醒，他们把自己看作一种具有独立社会地位的政治的、道德的或文化的力量，来主动参与社会及文化的变革。这表现在精神层面，就是一种自主意识及自信精神的产生。近代士人把自身人生价值的实现，不再简单地寄托于"圣主""明君"，也不再单纯把自己的思想托付于"圣人之道""先贤之说"。他们开始具有了个人的自信，相信自我的力量是实现个人价值、担当历史使命的根本。"故今日之责任，不在他人，而全在我少年。少年智则国智，少年富则国富，少年强则国强，少年独立则国独立，少年自由则国自由，少年进步则国进步，少年胜于欧洲，则国胜于欧洲，少年雄于地球，则国雄于地球。"① "要知天下事靠人是不行的，总要求己为是。"② 他们把自我看作自己从事这一切社会及文化改革行动的出发点和原动力，相信自己的力量可以完成启蒙，可以改变社会。

在对新文化、新事物的认识上，中国传统士人应该说是文化的守成者，他们对文化的态度是非"古人之说"不信，非"先秦两汉"不读，非"华夏之礼"不尊，非"圣经贤传"不从。这样的传统养成了他们一种保守主义的文化人格。在有清一代士人中，这种保守主义的文化人格由于清王朝高压文化政策的影响，更是一直占据着主流地位。近代士人由于清王朝政治统治的衰落、近代城市经济的发展、西学东渐的影响、传统文化的式微等原因，在相当大程度上走出了这种保守主义文化人格的限制。于是士人中的一些先进分子开始强调向西方学习及借鉴西方文化资源的必要性，如康有为、梁启超等人，从树立人类文化共同性的理念出发，充分利用西学所提供的关于全球现状的文化知识，形成一种涵盖中西文化的大文化观念。康有为曾说"今日之大患，莫大于昧"③，亦即对世界知识的匮乏与无知。他提出维新变法和新学的出发点为"通世界之知识，采万国之美法"④。康、梁等人融合中西文化以建构一种民族新文化的意图是合理的，但他们当时对西方文化的了解还极为有限，对以科学知识

---

① 梁启超. 少年中国说［M］//梁启超选集. 上海：上海人民出版社，1984：127.
② 秋瑾. 敬告中国二万万女同胞［M］//中国近代文学大系·散文集：第4册. 上海：上海书店出版社，1993：456.
③ 康有为. 上清帝第五书［M］//中国近代史资料丛刊·戊戌变法（二）. 上海：上海人民出版社，1957：192-193.
④ 康有为. 自编年谱［M］//中国近代史资料丛刊·戊戌变法（二）. 上海：上海人民出版社，1957：117-118.

谱系为主体的西学的理解、认识都还处于一知半解阶段，对中西文化之间巨大的知识、观念差别也缺乏足够研究，因此在实际上很难真正实现自己的改良意图。

鸦片战争之后，士人们"开眼看世界"，在《海国图志》《瀛寰志略》等书中了解到西方的基本情况和地理位置；洋务运动中，近代士人以"自强"为目标，主张学习西方先进的科学技术，强大国力；洋务运动之后，他们开始重视美国、法国、意大利、波兰、土耳其等西方国家的历史："读建国之史，使人感，使人兴，使人发扬蹈厉；读亡国之史，使人痛，使人惧，使人休然自戒"，在他们看来，读亡国史可以使"亡国破家之祸日悬于四万万人心目之间，而惧我之为波兰，惧我之为印度，惧我之为埃及、罗马，积惧而奋，积奋而团，积团而竞存"①。甲午战争的失败"唤起吾国四千年之大梦"②，"于是以前对西法怀疑的心理乃为之一变，举国上下皆以图强为急务，西学乃由大兴"③，近代士人们更是"因而感愤，发奋讲有用之学，读有用书者则十得四五焉。故向者读书之士，其案头所置者，八股耳，试帖耳，今则格致天算舆地之书，各从所好，无所不备"④，就连在科举考试的策论之中，一些具有民族大义的士人以甲午战败为借鉴，倡导学西方，求变法，"隐然流露出战败求和，国耻无宣泄之处，原因在于朝廷不能重用范鎜这样热爱国家、洞明时势、通晓治术的人才"⑤。

近代士人的民主、自我意识已经觉醒，但对于改造中国还需要掌握的西方文化尚不足，因此西方的科学、文化等知识在近代士人中需求甚广。这样的环境，同样为汉译历史教科书的出现提供了条件。

任何一种学术风潮的出现，都离不开当时社会环境的影响，近代西学在中国的兴起，是晚清中国内忧外患的背景与不屈不挠的中国人的改良运动共同作用下的结果。无论是在学术上的从以儒家经学为重转为以"师夷长技"为重，还是在改良目标上从"中体西用"转为"君主立宪"，近代的中国人不断探索着中国的出路，也不断转变着向西方学习的内涵。从学术的经世致用，到现实的救亡图存，再到知识分子们掀起的民主启蒙，西方国家的历史沿革和教育制

①　陶绪. 晚清民族主义思潮研究［M］. 北京：人民出版社，1995：135.
②　梁启超. 戊戌政变记（附录一：改革起源）［M］. 北京：中华书局，1954：133.
③　任时先. 中国教育思想史［M］. 台北：台湾商务印书馆，1981：309.
④　邹小站. 西学东渐：迎拒与选择［M］. 成都：四川人民出版社，2008：121.
⑤　熊宗仁. 甲午战争与贵州知识阶层的觉醒［J］. 贵州文史丛刊，1994（5）：4.

度，被包含在西学兴起的背景中，在近代中国吸引了广泛的拥趸者，伴随着各阶层政治斗争和改良救国的各个阶段，汉译的历史教科书应运而生，从最初的教会学校走入中国官办的学堂。

第二节　西学东渐的学术背景

19世纪中叶，西方传教士再度大批进入中国，引发了新一轮的西学东渐。熊月之先生将这一次的西学东渐划分为四个阶段：

第一阶段是在1811—1842年，是晚清西学东渐的开端，"近代西学东渐史上的许多第一，都是从这里产生的。诸如第一个中文印刷所，第一所对华人开放的教会学校，第一家中文杂志，第一部英汉字典等。这一阶段，传教士的活动，一方面因为没有受到不平等条约的保护，影响很难达于中国内地；另一方面，正因为没有不平等条约的保护，其活动通常不会被视为西方国家政府的活动，传播者没有盛气凌人的气势，受传对象也没有被压挨欺的心理，传、受双方处于相对平等的地位，文化交流在相对正常的状态下进行"①。第二阶段是1843—1860年间，这一时期通商口岸成为西学传播的主要地区，也是中国率先接受西学影响的地区，出现了大量的西学出版物，这一时期中国的知识分子也开始主动学习西方学说。第三阶段是1860—1900年，鸦片战争的失败使得中国门户大开，也成了晚清西学东渐史上的重要转折点。这一时期西学著作大量涌入中国，以学习西方坚船利炮、声光化电为重要内容的洋务运动更是促进了西学的传播，方式和途径也向集中、有序状态发展，西学的影响也逐渐扩大到社会的各个阶层，"从《格致汇编》和《格致新报》几百则读者提问，从《万国公报》所举行的有奖征文，从格致书院历时多年的学生课艺，我们可以看到，从知识分子到普通市民，从沿海到内地，从民间到宫廷，西学的影响已经随处可见，很多人对西学已从疑忌变为信服"②。第四阶段是1900—1911年，戊戌政变、八国联军侵华使得清政府的地位大幅下降，革命风潮骤然而起，西书译文数量空前，西学的输入逐渐以思想、学术等精神文化为主，西学的影响也进一

---

① 熊月之．晚清西学东渐概论［J］．上海社会科学院学术季刊，1995（1）：155.

② 熊月之．晚清西学东渐概论［J］．上海社会科学院学术季刊，1995（1）：158.

步扩大，极大地改变了中国人的文化和思想，为后来的新文化运动打下了基础。

19 世纪末，中国人认识到向西方学习不能仅仅停留在物质层面，而是应该深入制度，于是一系列旨在促进中国近代化改革的书籍开始被译介，汉译历史教科书就是在这一时期的西学东渐背景下被大量译介入中国的。

一、历史译著的大量出现

在近代以前的西学东渐中，外来的传教士们译介了许多有关西方天文、数学及科技方面的著作，但是其中没有一本专门介绍西方历史的书籍，有学者分析说，因为当时的传教士"在华译述的其他领域的西学著述大多是欧洲大学的课本，而在历史学没有进入欧洲大学成为独立的学科之前，自然也没有合适的历史教科书可供他们选用翻译……这些没有受过专门史学训练的耶稣会士也不知道应该如何选择合适的西方历史著作介绍给中国士大夫，以便吸引他们和使之佩服西方学术，他们清楚地意识到，如果选择不当反而会适得其反，使中国士大夫瞧不起西方。这可能是明清之际尚未有西方历史著作译介和传入中国的原因"①。

事实上，明末传教士的译著中仍有一些涉及西方历史与文化的记述，如利玛窦在《译几何原本引》中，就提到了西方史书中记载的几何学对战争影响的描述：

> 备观列国史所载，谁有经营一新巧机器，而不为战胜守固之藉者乎？以众胜寡，强胜弱，奚贵？以寡弱胜众强，非智士之神力不能也。以余所闻，吾西国千六百年前，天主教未大行，列国多相并兼，其间英士有能以赢少之卒，当十倍之师，守孤危之城，御水陆之攻，如中夏所称公输、墨翟九攻九拒者，时时有之。彼操何术以然？熟于几何之学而已。②

还有意大利耶稣教士艾儒略所著的《职方外纪》③，除介绍世界地理知识外，还首次以五大洲为分域，介绍了亚细亚洲、欧罗巴洲、利未亚洲、南亚墨

---

① 邹振环．西方传教士与晚清西史东渐［M］．上海：上海古籍出版社，2007：7-8.

② 朱维铮．利玛窦中文著译集［M］．上海：复旦大学出版社，2001：300.

③ 叶向高．职方外纪序［M］//艾儒略，谢方．职方外纪校释．北京：中华书局，1996：13.

利加洲、北亚墨利加洲的总体情况，并对各洲主要国家的历史地理情况亦多有述及，特别是对欧洲文艺复兴以后的意大利、法兰西、西班牙等国的历史与文化有详细的叙述。

近代的西学东渐，恰逢中国近代史上社会情况最复杂、内忧外患最激烈的时期，也是时代浪潮不断涌动、孕育新生的时期。这一时期的西学东渐有着其明显的特征，即首先"开眼看世界"，了解西方，再"师夷长技"，求富、自强，进而促使社会改革，实现救亡图存。19世纪中后期，郭实腊的《大英国统志》《贸易通志》、裨治文的《美理哥合省国志略》、魏源的《海国图志》、林则徐组织翻译的《四洲志》、梁廷枏的《海国四说》、徐继畬的《瀛寰志略》、傅兰雅的《公法总论》等著作，介绍世界各国的地理环境、经济状况、文化风貌、宗教信仰、风俗习惯等内容，为中国人"开眼看世界"提供了知识需求。在这种背景下，西方的历史译著开始大量传入中国。

早在20世纪初，就出现了几部关于西学名录的综合书籍，如徐维则的《增版东西学书录》①、沈兆祎的《新学书目提要》②、顾燮光的《译书经眼录》③、赵维熙的《西学书目答问》④ 等，这些目录书对于晚清的历史译著进行了初步的分类著录。《增版东西学书录》全书共四卷，另有附录三卷，共收录了出版的译书300余种，其中有通史、编年、专史、政记、载记、帝王传、臣民传记类别，其中"史志第一"共收录历史译著96种；《译书经眼录》收录了西学译作533部，"史志"目下共著录历史译著125种；沈兆祎的《新学书目提要》著录了1904年以前出版的译著200余种，其中"历史"类书籍共72种；赵维熙的《西学书目答问》收录"史志学"共29种。此外，还有日本学者实藤惠秀所著的《中国译日本书综合目录》⑤，该书著录了作者从日文翻译则来的中国史地63种、世界史地175种、历史传记30种。

但是，这些有关译著的目录书著录的历史类书目均不完整，《增版东西学书录》收录的是1900年到1902年间出版的历史译著，《译书经眼录》收录的是1902年至1904年间出版的历史著作，《中国译日本书综合目录》则只是著录了

① 徐维则．增版东西学书录［M］//近代译书目．北京：北京市图书馆，2003.
② 沈兆祎．新学书目提要［M］//近代译书目．北京：北京市图书馆，2003.
③ 顾燮光．译书经眼录［M］//近代译书目．北京：北京市图书馆，2003.
④ 熊月之．晚清新学书目提要［M］．上海：上海书店出版社，2007：571.
⑤ 谭汝谦，实藤惠秀．中国译日本书综合目录［M］．香港：香港中文大学出版社，1980.

1896 年至 1978 年间中国从日本翻译的著作。

北京大学张晓根据各目录学著作和部分史料、论著以及北京大学图书馆、国家图书馆、上海图书馆、中山图书馆的古籍卡片目录编著的《近代汉译西学书目提要：明末至1919》① 一书，统计了明末至 1919 年间出版的汉译西学著作共有 5179 种，其中"历史"类共 339 种。而复旦大学的潘喜颜博士则认为以往学人的统计均有缺失，因为有许多历史译著出版后并未有摘要列出，因此被统计者忽视了，而且有相同书名的译著往往并不是完全相同的，根据他的统计，1822 年至 1900 年间出版的历史译著共有 89 部，其中世界通史、世界各国志 11 种，地区史、国别史 38 种，编年史、年表、年鉴 7 种，专门史 22 种，历史传记 11 种；而 1901 至 1911 年间出版的历史译著有 456 部之多，其中世界史、万国史 34 种，地区史、国别史 124 种，年表、年鉴 7 种，专门史 197 种，史学理论 7 种，历史传记 87 种。②

在晚清西学东渐中，西方史学的译介与传播占据了很大的比重，而且比起西方科学技术的引进，史学著作更容易对知识分子产生直观的影响，令其对时下的社会状况进行反思并与西方社会的历史进程做对比，加之当时出版业的发展，史学译著以较快的速度在知识分子阶层传播，其史学思想影响到资产阶级上层，促使其对统治阶层施压，要求加快社会变革的速度。所以，晚清变革时期的西方史书译介，就承担起了比以往更为重大的责任，正是因为认识到历史类书籍更能够引发中国人的关注，结合历史、结合中国的实际情况，能收到更好的效果，于是西学东渐的主流从介绍西方物产风俗、自然科学和科技方法变为介绍西方近代改革历程、为中国社会提供借鉴，并将西学东渐的内容推进到了一个新的历史阶段。

于是清末时期的中国出现了各种不同形式的史书翻译热潮，如英国雅各伟德译著的《泰西十八周史》《泰西十八周史揽要》，季理斐著、任廷旭译的《大英本周兴盛纪略》，林乐知著、任保罗译的《十九周长进释放略论》，麦鼎华译的《欧洲十九世纪史》，吴铭译的《十九世纪大势变迁通论》，张相译日本平田久著的《十九世纪外交史》，钱增译日本矢也太郎著的《十九世纪亚美利加之风

---

① 张晓. 近代汉译西学书目提要：明末至 1919 [M]. 北京：北京大学出版社，2012.
② 潘喜颜. 清末历史译著研究（1901—1911）：以亚洲史传译著为中心 [D]. 上海：复旦大学，2011.

云》等。仅广学会在 1900 年前已出版的 258 种图书中，史地书就有近 60 种，占总数的五分之一。①

晚清西学东渐的时期，是世界历史上的一个重要时期。对西方各国来说，正是资本主义形成和发展的时期，是进行大规模殖民扩张的时期。对中国来说，封建的中央集权制国家由盛转衰，开始艰难地向近代社会迈进，又被西方列强的坚船利炮打开了门户，最终沦为半殖民地半封建社会，同时这个时期也是中国人民改革图强、抵御外侮的斗争时期。在这个时期，西学东渐对中国的发展来说是重要的，对中国社会的影响也是毋庸置疑的，这一点可以通过 20 世纪初的中国社会的学术背景与鸦片战争前对比得知，实际上这种变化无论在教育学术、风俗习惯，还是在日常生活等众多方面，都有明显的表现。作为近代史学的一个标志，中国史学更加关注现实社会的需要和国民的需求，而不是像过去那样仅仅为封建统治提供借鉴，其根本原因在于中国近代社会的民族危机，一定程度上也离不开西方史学传播的影响。而这一时期大量西方历史译著的出现，不仅是汉译历史教科书兴起的重要条件，更是为西方的历史思想提供了传播的载体，对中国的学术与社会产生了广泛而深远的影响。

二、西方史观的广泛传播

历史译著的发展，使得中国人得以了解西方的历史沿革、政治制度和风土文化；而西方先进的思想为国人带来了救亡图存的新启示。无论是历史进化观还是西方的民主思想，抑或是变革的历史理论，在亟须改革的晚清中国，都具有强大的借鉴作用，社会变革迫切需要新的理论武器和思想指导，而来自西方的历史观，就可以为中国社会的改革提供有力的理论依据，营造浓厚的思想舆论氛围。

17—18 世纪的欧洲，近代资产阶级全面控制了思想意识领域，启蒙运动所带来的理性主义思想的普及，引发了人们新的历史观的产生，1859 年达尔文《物种起源》的问世，使得进化论成为人们分析、理解事物的重要依据。于是，社会学家们将达尔文的进化理论引进到对社会历史的研究中，社会达尔文主义思潮开始兴起，开始对西方学术界产生影响。这种主张社会演化受规律支配，理性和科学的进步是推动社会进步的动力的思想体系在 19 世纪获得了进一步的

---

① 李思伦白·约翰. 万国通史·广学会书目 [M]. 上海：上海广学会，1903.

发展和传播，影响更为广泛。这一思想，在晚清的中国社会，借由历史译著传入，尽管中国古代传统的朴素辩证法思想和变易发展的历史观由来已久，但基于西方社会达尔文主义思潮产生的历史进化思想，仍然具有强大的影响力。

光绪年间由作新社译著的《万国历史》，其绪论中就说道："所谓历史者，从时代之顺序，而记事物之迁流者也，自古至今，苟为人生已往之事，无一而非历史……一国之中，即有国史，所以记载世事迁嬗之由，与夫人事变迁之实者也。"① 阐明了译者对"历史"的看法，即认为历史是一个变化的过程，并非一成不变。又如由英国人华丽士（Alfred Russel Wallace）所著、梁慎始译述的《十九周新学史》中，译者将历史看作一个不断演进发展的过程，认为可以从上世纪的历史来推演当代的社会状况，同时也能知晓未来的历史走向，明确表达了历史进化思想的内涵。

1909 年，英国循道会传教士高葆真将 W. Arthur Cornaby 所著的 *Hector Macphersons' A century of intellectual development* 进行编译，著成《欧洲近世智力进步录》一书②，该书记载了欧洲一些国家在宗教改革、思想变革和经济改革等方面的历史，其中第二章"法国才士之感动"，将卢梭、福勒特等人的事迹予以重点介绍，称赞他们为"欧洲觥觥有名誉之士"；第三章为"天文之感动"，记载了哥白尼、开普勒、牛顿等人追求科学的事迹；第五章为"生物学之感动"，重点介绍了赫胥黎、斯宾塞、达尔文等人的物竞天择理论。作为传教士的高葆真认为，欧洲近代的这些新思潮的代表人物，并非"弃上帝主宰"的，而是欧洲近代智力进步的推动者，是他们促进了欧洲历史的发展和进步，他在文中对赫胥黎等人的进化观点也进行了细致的描述和记载，并对其持肯定观点。

清末的西方历史译著卷帙浩繁，涉及内容也较为庞杂，对中国人能够"睁眼看世界"，了解西方各国的历史沿革和变法历程有着重要的意义，中国人启目探察域外历史和文明，"这些历史译著使受过教育的中国人能得到向来很难得到的关于西学方面和关于西方世界总的方面的丰富的资料。而且直到 19 世纪最后几年为止，它们都是这些知识的基本来源"③。而历史进化的思想以显性或隐性

---

① 作新社. 万国历史三卷·绪论［M］. 上海：上海作新社，1903：1.

② 张晓. 近代汉译西学书目提要（明末至 1919）［M］. 北京：北京大学出版社，2012：354.

③ 费正清. 剑桥中国晚清史（1800—1911）［M］. 中国社会科学院历史研究编译室，译. 北京：中国社会科学出版社，1985：641.

的方式贯穿在这些历史译著中，一定程度上也促进了历史进化思想在中国的进一步传播和发展，后来逐渐成为中国资产阶级改革派进行变法维新的理论基础和指导思想，也成为中国新史学产生和发展的重要理论。

除了历史进化思想之外，西方史观中的民主观念也在这一时期广泛传播，需要注意的是，西方近代的民主观念与中国传统的"民本"思想有着质的差别。"民本"思想是中国传统文化与政治思想的重要组成部分，历代占据统治地位的儒家学说也强调以"人"为本，而中国古代的民主思想与近代民主思想有着质的不同，熊月之将中国古代的民主思想归纳为重民思想、法治思想、平等兼爱思想、立君为公思想。① 而中国近代的民主观念根源于西方的民主思想，它同近代资本主义的科技、文化、政治观念一样，都是鸦片战争后国门大开而从西方传入中国的，这种民主观与中国古代"民本"思想的不同之处在于：古代"民本"思想中并没有出现过真正意义上的由人民来自主行使权利或管理国家，儒家的"重民"只是将"民"作为巩固政权的基础，人民并不是国家的主人，无所谓"民治"和"民有"，更谈不上"民享"。而这正是近代西方民主思想的核心内容。鸦片战争的惨败，使得中国人见识到了西方国家的强盛，尽管晚清时期的中国已经在物质层面掀起了"向西方学习"的浪潮，但先进的知识分子们早就意识到，仅仅从器物上进行革新不能从根本上改变中国积贫积弱的局面，而随着西学不断传入中国，西方的政治、文化、制度也渐渐对中国社会产生了影响，在西方已经发展成熟的民主观念开始在中国知识分子阶层传播开来。作为近代民主社会的产物和民主的表现形式之一，由西方历史著作译介而来的书籍报纸杂志，对近代中国人民主意识的觉醒有着很大的推动作用，也为近代民主观念的输入提供了一个有效的载体。

1838 年，由德国传教士郭实腊在广州创办的中文期刊《东西洋考每月统纪传》登载的《英吉利国政公会》，集中介绍了英国的政治体制变革的历史，首先讲述英国"国政公会"的起源，宣扬英国的国会、民主等制度的优越性：

> 此国政公会之主为国王，自立操全国权，能治其国。但若敛赋征收钱粮，必须与国政公会并为议处。倘若列位不允，也不可纳税……国政之公会，为两间房，一曰爵房（贵族院），一曰乡绅房（平民院）。而对于法

---

① 熊月之. 中国近代民主思想史 [M]. 上海：上海社会科学院出版社，2002：34-36.

律，公会未废之，国主不弛法也。变通增减、因时制宜之处，惟公会所办理。然王可以或屏弃、或允从也……公会总摄之务，为英国自主之理。①

而由美国传教士林乐知在上海创办的《万国公报》，对西方民主制度和民主思想的介绍也有着很强的现实意义，该报刊登的《译民主国与各国章程及会议堂解》一文，详细准确地介绍了西方国家的三权分立制度，文中说民主国章程"最要言之不过分行权柄而已，权分为三：一曰行权，二曰掌律，三曰议法"，行权者的职能是"皆照章程中已定之法及会议堂议定之事办理也，其所办理者凡钱粮出入、国库开销以及简派督兵官职，提调水陆兵丁与邻国往来立约等事而已"。掌律者的职能是"凡清厘案牍、分给家产、判断债务，不为朝廷所拘，不受公议堂所制，且可解说律法于国皇之前也"。议法者的职能是"总理国中一切律例，听其酌议，凡增减钱粮、筹画国用是也"。②

此外，《万国公报》还介绍了日本明治维新时期的一些改良政策，连载在林乐知的《环游地球略述》中，鼓吹中国应该学习日本进行制度改良：

> 其一曰欲设国会如会议堂然；其二曰欲凡事必由公议始定；其三曰欲古昔遗传之礼仪规矩悉扫除而更张之；其四曰欲行事公平无偏党之弊；其五曰欲延聘各国之才高博学者，以辅兴邦之基。③

《万国公报》还对西方民主思想做了介绍，1904年9月第188册的《欧美十八周进化纪略》一文，介绍了法国启蒙思想家伏尔丹（伏尔泰）、房骚（卢梭）、孟德斯鸠等人的民主思想：

> 或云天赋人权，贵贱平等，无论何人皆生而有平等之权，即生而当享自主之福。国也者，合众人之平等自主而共保此权与福也。在上位之人，当使人人得保其平等自主，而不为他人所妨碍，或夺也。或云律法者，皆循事物自然之理而设，即所以保护各人平等自主之权者也。律法未著之前

---

① 姚文广，康狄. 民国的末路［M］. 北京：东方出版社，2014：10.
② 译民主国与各国章程及会议堂解［Z］//万国公报第340卷，台湾华文书局影印合订本.
③ 环游地球略述［Z］//万国公报第584、642、643卷.

早其于人之心中，即所谓良知也，律法既定之后，为全国人民所当守，故必合全国人之见而定也。律法之在人，皆为平等，君与民皆在律法之下，立法之人即为守法之人也。或云自由之权，人固有之，发之于心则为思想自由，笔之于书则为著述自由，宣之于口则为言论自由，寄之于道则为信仰自由，皆自由之权所在也，有国者不得禁之……以上各条，皆为民主政体之大纲节目，迨后法人改立民主国，定立章程，即以此等公见为根基。①

晚清的历史译著中对西方国家政治制度的详细记载使得人们对民主政治的内容有了更深入的认识，而将西方的先进史观引入中国，无论是历史进化思想还是民主观念，都与当时中国社会亟须改革的思想潮流相统一，这些思想的广泛传播，给予了中国人在思考国家未来方向上的指导，也为中国政治制度的改革提供了借鉴。

三、西学翻译群体的出现

晚清时西学东渐中的历史译著，主要有两种来源：一是由当时在中国的传教士们编译西方史著而来，二是由中国的本土译者直接从外文原本翻译而来。前者在西学东渐的初期占据了较大比重，往往采用传教士口述、中国人记录的模式，且无可避免地带有一些宗教色彩，随着中国近代译书活动的发展，后者逐渐占据了主流，这些译者有的是中国的士人阶层，其翻译的史著仍然没有摆脱欧洲中心观的影响。此外，还有一些译者是在国内新式学校学习西文，然后翻译西书，或者留学欧美，回国后从事翻译工作。洋务运动之后，随着留学生的增多，加上日本在近代化进程中的迅速发展，留日学生成了新的翻译主力。

晚清时期与西方传教士合作翻译的笔述者主要有蔡尔康、林朝圻、任廷旭、曹曾涵、范祎、李鼎星、周庆云、严良勋等人，他们共翻译了《埏纮外乘》《万国通史续编》《万国通史三编》《泰西十八周史揽要》《泰西新史揽要》《庚子教会受难记》《五洲教案纪略》《德国最近进步史》《俄国历皇纪略》《地球一百名人传》等 10 余种历史译著。这些译著中，都用了不少篇幅宣扬基督教在欧洲文明发展中的重要作用，对此，参与翻译的中国士人也有着清楚的认识，例如1903 年由美国维廉·斯因顿和张相翻译的《万国史要》，中国学者邹寿祺在书

---

① 林乐知，任保罗. 欧美十八周进化纪略 [Z] //万国公报第 188 册.

前"赘言"中说道:"圣书圣经者,彼教之尊其祖师,非吾所谓圣也。初拟各改原书,然未能悉数,且此二字,已为泰西名词,姑仍之,幸勿疑为教会之本。"①

晚清受传教士的影响而编译历史著作的中国士人,则有着明显的"欧洲中心观"。例如,由陈寿彭所译的《万国史略》,全书共203章,亚洲历史只有32章,亚非利加洲历史10章,亚墨里加洲历史33章,而欧罗巴洲历史占112章,占全书的一半以上。而张相翻译的《万国史要》则直言:

> 所谓古代东洋诸国者,除埃及外,皆在亚洲内。虽然,以如此广大之亚洲,而其与历史本部有关系者,仅其一小部耳。故首宜知历史上所称之亚洲,实为亚洲之西南部分……文明世界之历史,不外亚利安、绥密、哈密三族之历史,然其中于世界进步之大剧场,常演重要之优技者,则亚利安族也……今若溯开进国之现今文明,如合众国、英吉利、日耳曼、法兰西、意大利,则其文明直与罗马之文明相接不断。盖罗马人之文明,由古利司而出,而此两国,皆属亚利安族。然考此等亚利安族,在往昔共住亚洲,尚未离散之时,已早脱于草昧之境遇。于政治、于社交、于宗教、于简易之工艺,已开端绪,亦可想见。是故亚利安族,特为进步之种族,而万国史之大半,实不能不让此族国民,独占共有之文明也。②

同时认为欧洲的历史发展远远超前于亚洲诸国:

> 请言古代欧罗巴之两大国,曰古利司,曰罗马。古利司史以光荣著,罗马史以伟大著。其为文史也,直亘纪元前一千年顷,至纪元后四百七十六年西罗马帝国灭亡焉。挈此两国之史,以与古代东洋诸国之史较,则形势大相反。何则?东洋之政治,新陈继起,要皆无限之专制,其在治下者之自由之气象,全为所扑灭,不料其气象转发越于欧罗巴。崭然显其头角,竟成自由自治之邦国,奇乎不奇。要之,东洋之历史者,王家之历史也,

---

① 维廉·斯因顿. 万国史要·赘言 [M]. 张相,译. 杭州:杭州史学斋,1903:10.

② 维廉·斯因顿. 万国史要·绪论 [M]. 张相,译. 杭州:杭州史学斋,1903:31-32.

古利司史及罗马史者，人民之历史也。故后者较前者大有趣味大有价值焉。①

　　这些中国学者直接译自西方的历史著作，并非面向中国读者，因此直译的过程中，西方历史观念中的"欧洲中心论"就保留下来了，并非中国译者的本意。

　　随着洋务运动期间留学生的派遣、新式学堂外文课程的开设和近代翻译机构的建立，通晓西文的中国人逐渐开始独立进行翻译工作。例如，广东三水的梁澜勋，从香港皇仁书院肄业后历任山西大学堂译书院英文译员、天津北洋大学教员、粤漠铁路文案、两广总督署洋务委员、北京政府外交部特派广东交涉员兼海关监督等职，译介了《十九周新学史》及《欧洲列国十九周政治史》等史著。浙江宁波人史悠明，1901 年从上海圣约翰大学毕业后留学美国，晚清时期任上海工艺讲习所校长、上海工部局公共事业部翻译，与人合作翻译了《鸦片战争史》《中东战史》《庚子战纪》。

　　甲午战争之后，中国开始向日本学习，经由日本传入中国的西学书籍，有很多是由在国内的东文学堂学习日语者和留日学生翻译而来的。例如浙江桐乡人沈纮，就是罗振玉所办东文学社的学生，他曾为《农学报》和"农学丛书"译出大量的作品，也包括一些历史著作。还有毕业于上海方言会馆和日本早稻田大学的富士英，回国后在清总理事务衙门及北洋大臣公署任司理外务工作，翻译了《最近俄罗斯政治史》《德国最近政治史》等史著。此外，清末翻译日本书籍最多的留日学生是范迪吉，他在日本成立了东华译社，主持翻译了《普通百科全书》，其原本分别是日本富山房的初级读物、中学教科书和大学的教学参考书，按政治、法律、哲学、历史、地理、数学、理学、工学、农学、经济学、山林学、教育学分类，以三个系列由浅入深地编排。其中历史类有《帝国历史问答》《日本历史问答》《世界历史问答》《帝国新历史》《万国新历史》《日本历史》《西洋历史》《帝国文明史》《日本风俗史》《帝国文学史》《东洋历史》《政治史》《日本法制史》《西洋哲学史》《世界宗教史》《东西洋伦理学史》等。

---

① 维廉·斯因顿. 万国史要·赘言［M］. 张相，译. 杭州：杭州史学斋，1903：55.

　　值得注意的是,晚清时期的历史译著,其翻译主体在不同阶段呈现出不同的特点。在1900年前出版的89种西方历史译著单行本中,西方传教士编著或西方传教士作为主译者与中国学者合作编译的译著有48种,占总数的一半以上,也就是说,在1900年前承担起译介和输入西方史学中介角色的主要是西方传教士,可以视为"西方传教士主译时期"。①　在1901年以后翻译的历史译著中,西方传教士翻译的历史著作仅有11种,在456种历史译著中所占比例为2.4%,日本人用汉文编著或翻译的历史著作45种,仅占9.7%,剩下的400余种全部是由中国人自己翻译的,所占比例为87.7%,这些自译史著共涉及中国翻译220人,其中留日学生至少为74人,占全部中国译者的33.6%,他们共翻译了234种历史著作,占全部历史译著的51%,这就意味着,清末时期,传教士主导或者与中国人共同翻译的模式已经不再占据主流,留日的中国学生成为翻译的主力。②

　　许多留日学生回国后,继续从事日书中译的活动,为20世纪的中国历史学界培养了一批具有新思想、新知识结构的翻译群体,一度活跃在历史学翻译的舞台上的有范迪吉、赵必振、梁启超、麦鼎华、张相等。大批留日毕业生归国后成了一些新型出版机构,如广智书局、商务印书馆、作新社、文明书局、会文学社等的中坚力量。清末留日学生翻译群体的出现,使中国翻译史上主译者的地位发生了转换,取代了之前西方传教士作为近代文化传播中的桥梁地位,抛开了传教士的影响,中国人自己译介的历史著作更符合中国人的阅读习惯和历史观,传播更为广泛,进一步推进了西学东渐的深入。

　　西学东渐作为晚清社会重要的学术思潮,贯穿了整个近代,从鸦片战争之后,中国人开启了向西方学习的进程,大量的西学著作经由传教士、中国知识分子的译介进入中国,带来了新的知识和观念,历史译著作为其中的重要组成部分,因其蕴含着丰富的思想内容,对中国社会和中国学术的影响力颇为深远。在晚清社会内忧外患的危机催生之下,中国人对西学的态度从被动接受变为主动学习,中国的知识分子渐渐成为西学东渐的主体,由附从地位升为主导地位。作为西学东渐深入化的表现,历史译著的大量出现、西方史观的广泛传播和国

① 邹振环. 影响中国近代社会的一百种译作 [M]. 南京:江苏教育出版社,2008:102.
② 潘喜颜. 清末历史译著研究(1901—1911):以亚洲史传译著为中心 [D]. 上海:复旦大学,2011.

人翻译群体的出现，为进一步学习西方提供了条件，形式上的改革已经萌芽，制度的确立迫在眉睫，新式学堂的建立为历史教科书的出现提供了教育主体，而丰富的历史译著为历史教科书提供了文本。于是，在西学东渐的背景下，汉译历史教科书兴起的条件已然成熟。

第三节　晚清学术分科体系的建立

学术分科体系的发展是学术发展的外在表现。一种文化所包含的学术分科体系，很大程度上反映着这种文化在学术制度和知识系统上的变化。随着人类文化的不断进步，学术分科体系特别是学科分类观念的发展不断进步和完善，同时，学术分科体系的发展又直接关系到这一文化的发展进程，也影响着知识的传承与构建。晚清时期，在西学的冲击下，西方的学术分科观念及分科标准传入中国，引起了中国传统学术分科体系的巨大转型，形成了沿用至今的中国近代学术分科体系，即由传统的经、史、子、集"四部之学"转变为文、理、法、农、工、商、医"七科之学"。新的学术分科体系的建立，催生了教育思想与教育制度的改革，晚清汉译历史教科书随之兴起。

一、"四部之学"的整合拆分与史学的学科化

综观中国古代学术史不难发现，古代中国并没有近代西方意义上的学术分科体系，但依然建立起了一套完善的学术分科体系及知识系统。古代中国不仅很早就出现了学术分类的观念，还具有独具特色的学术分科体系和分类方法。中国古代以"六艺"为核心、以"四部"为框架的学术分类体系是对应着中国古代学术思想建立在整体综合、直观体验的逻辑思维方式的基础之上进行分类的，体现了中国古人在学术上追求"博通"，以试图达到"天人合一"的境界和理想的人生价值。以这种传统的思维方式为出发点，形成具有中国特色的中国古代传统的学术分科体系。

《周易·系辞上》曰"形而上者谓之道，形而下者谓之器"，以"形上"和"形下"作为分类标准，将知识类分为"道"和"器"两类。班固《汉书·艺文志》中所谓的"六艺"是指在春秋时期经过孔子删改后得到的《易》《书》

《诗》《礼》《乐》《春秋》六种古代典籍，并成为六门知识学科的教材。刘歆在《七略》中，将当时的图书分为辑略、六艺略、诸子略、诗赋略、兵书略、术数略和方技略，"各类之下又分为若干小类，主要有：六艺之学，即后来的经学；诸子之学，即后来的诸子学；诗赋之学，即后来的辞章学；术数之学，即后来的天文历法、数学等"①。

《七略》中的"六类"之学，后来逐渐演变成"四部之学"，成为中国古代传统学术分科体系的最重要类型。所谓"四部"就是《四库全书总目》类分的经、史、子、集四部典籍。"四部之学"就是指经、史、子、集四部范围内的学问，是由经、史、子、集四部为框架建构起来的一套包括众多知识门类并具有内在逻辑关系的知识系统。"四部"分类法主要是对典籍进行划分的分类法，其包括的经、史、子、集各部典籍也具有各自不同的内容和分类标准，"四部之学"虽然是以典籍分类为主，但是这种典籍分类的标准不统一，反映了当时学术分科上标准的多样性，如研究主体、客体、方法、学术的内容及表述方式体裁等，这正是中国传统学术分科体系的特点所在。"四部之学"发端于秦汉魏晋时期，以《七略》中的"六类"之学为代表，至唐人编撰《隋书·经籍志》正式确立了"经、史、子、集"的名称和顺序，其中"经""史"两部来源于"六艺"，而"子""集"两部是由"诸子略、诗赋略、兵书略、术数略、方技略"合并而来，明清时期"四部之学"得以完善，最终以《四库全书总目》的编修得以确立。"四部之学"的学术分科体系，虽然分类标准不一致、学术门类不精确，但是这种以"体裁为主、学科为辅"的分类法构建了较为整体的中国传统学术分科体系，在中国古代学术史上有着重要的意义。

晚清时期西学东渐的深入，使得西方的文化传入中国，相应的西方学术分科体系也进入中国，严重冲击了中国传统的以"四部"为框架的学术分科体系，以分科设学、分科立学、分门治学为原则的西方近代的学术分科观念开始促进"四部之学"的分化与瓦解，西方的学科科目被引入中国学术分科中，建立起了一套中国近代的具有西方意义的学科分类体系及知识系统。引"西学"入"中学"，这是近代新学体系建立的重要特点，也是中国传统学术进行创造性转化的趋向所在。中国传统学术门类在接受西方近代分科观念和原则的过程中，不仅

---

① 左玉河. 从"四部之学"到"七科之学"：晚清学术分科问题的综合考察［R］."中国社会科学院近代史研究所青年学术论坛"会议论文，2000：627.

要引入西方的学科分类，还要从整体上打破文史哲不分家的传统局面，重新整合学术门类，全面地启用西方的学术门类和学科科目。新建立起来的中国近代学科分类体系中的具有西方意义的学科门类是逐步从西方的分科体系中移植和转化过来的。其中，那些在中国传统学术中缺乏的学术门类，譬如自然科学中的近代数、理、化、生、地等门类，以及社会科学中的政治学、经济学、社会学、逻辑学、法学等，是从西方近代的学术门类中直接移植过来的。而那些中国传统学术中固有的学术门类，譬如文学、历史学、考古学、哲学、文字学等，是从中国传统学术中演化而来的。通过这两种途径，西方学科分类中的学科科目和学术门类被引入中国的学术结构和学术分科中，才真正建立起了中国近代具有西方意义的学术分科体系。

然而，将中国传统的"四部之学"摒弃转而引入西方的学术划分方式，这一过程并不是一蹴而就的，而是首先经历了"四部之学"被整合拆分和史学的完全独立。梁启超在《清代学术概论》中说道："'鸦片战役'以后，志士扼腕切齿，引为大辱奇戚，思所以自湔拔，经世致用观念之复活，炎炎不可抑。又海禁既开，所谓'西学'者逐渐输入，始则工艺，次则政制。学者若生息于漆室之中，不知室外更何所有，忽穴一牖外窥，则灿然者皆昔所未睹也。还顾室中，则皆沉黑积秽。于是对外求索之欲日炽，对内厌弃之情日烈。欲破壁以自拔于此黑暗，不得不先对于旧政治而试奋斗。于是以其极幼稚之'西学'智识，与清初启蒙期所谓'经世之学'者相结合，别树一派，向于正统派公然举叛旗矣。"① 梁启超认为，清代学术转变的外部原因固然是"西学"的逐渐输入，而其内在动力，则是清代学术内部兴起的"经世"思潮，"经世之学"的兴起，"成为晚清学术转变的内在契机，其作用首先表现在它对传统经史之学的消解和对中国传统学术门类的扩展上"②。

清中期的戴震、章学诚等人将中国学术分为三种——义理之学、考据之学和辞章之学，嘉道之际的姚莹则认为"学问要端有四，曰义理也，经济也，文章也，多闻也"③，将"经世之学"列入传统学术的门类中。道光六年成书刊刻

---

① 梁启超. 清代学术概论 [M] //梁启超史学论著四种. 长沙：岳麓书社，1998：73.
② 左玉河. 从"四部之学"到"七科之学"：晚清学术分科问题的综合考察 [R]. "中国社会科学院近代史研究所青年学术论坛"会议论文，2000：631.
③ 姚莹. 与吴岳卿书 [M] //沈云龙. 近代中国史料丛刊续编（第7辑）. 台北：台北文海出版社，1966.

的《皇朝经世文编》在戊戌年间进行三编时，在传统的经世分目中列上了"洋务"类。当时所谓的"洋务"，包括了许多前编所未有的内容——外洋沿革、外洋军政、外洋疆域、外洋邻交、外洋国势、外洋商务、外洋通论等；由"原学、儒行、法语、广论、文学、师友"构成的原"经世六部"，变成了"原学、法语、广论、测算、格致、化学"，基本上包括了当时从西方传入的数学、天文学、格致学、化学等学术门类。由此可以看出，晚清时期，西方近代自然科学等各学术门类被广泛地介绍到中国，被中国学人广泛采用。不同于过去的"经世之学"主要偏重于从中国传统学术资源中挖掘"经世"的方法和对策，而此时已经更偏重于输入并采纳西方学术资源作为"经世"的法宝了。

随着"经世之学"的内容发生了改变，哲学、伦理学、政治学、经济学、历史学、社会学等西方近代的学术分科门类开始逐渐将"经、史、子、集"四部的学术分科体系中所包含的知识拆散，按照西方近代学科分类体系的分类原则进行重新整合和重新归类，将其纳入文、史、哲、政治、经济、法律、社会等学科体系和知识系统中了。由于内容皆为中国传统学术的渊源，所以对经部的分类主要是按照内容将其分解并归类到近代意义的人文社会科学各学科门类中，将子部归并到哲学或宗教类，集部则归并到文学类学科体系中。"关于史部，虽然与近代意义的历史学最为相似，但是还是按照西方近代的分科观念将其重新整合、删改和归并到近代意义的历史学学科体系中。"①

与此同时，中国学者也有意识地将四部分类体系中之典籍及其知识门类重新分类，对传统的经学加以改造，与西方近代史学接轨。康有为的《新学伪经考》和《孔子改制考》旨在考辨古文经学，宣扬孔子托古改制，以打击那些守旧派顽固势力，为维新改革做铺垫，客观上则引发了人们对古代历史和经典的怀疑，促进了今文经学向近代史学的转化。崔适的《史记探源》和《春秋复始》摒弃了以今文经学为研究对象的传统方法，将对象放在《史记》《春秋》等史书上，使得近代经学进一步动摇，向史学转变。而章太炎则在《訄言》中通过对孔子、儒家、"六经"及其相互关系的梳理，将古文经学改造成为史学，他提出"六经非儒家所独擅"的观点，"孔子自有独至，不专在六经；六经自有

---

① 左玉河. 从四部之学到七科之学：学术分科与近代中国知识系统之创建［M］. 上海：上海书店出版社，2004：395.

高于前圣制作，而不得谓其中无前圣之成书"①。同时他还提出孔子乃"良史"说，"孔氏，古良史也。辅以丘明而次《春秋》，料比百家，若旋机玉斗矣"②。除此之外，章太炎还提出"夷六艺于古史"，这是对"六经皆史"说的进一步阐发。通过以上种种，构筑起了古文经学向史学的转变。至此，通过西方学科分类的作用与中国传统学术的自我改造，史学最终摆脱了经学的羁绊，真正成了一门独立的近代化学科。

二、"中体西用"的教育思想与对西方历史的重视

事实上，西方的学术传入中国之后，对于延续了上千年的中国传统学术有很大的冲击，也经历了较长阶段的适应才被中国的知识分子接受并认同，在这个过程中，中国传统的士人首先以"西学中源"说对其予以解释，随后又提出了"中体西用"的学术应用方案。

"西学中源"产生于明末清初西学东渐时，这一时期的西学仅涵盖天文历算知识，在中国学者看来，纯属"艺学"范围。鸦片战争后，西学大规模传入中国，内容开始扩大，包括天文历算、算学、力学、光学、化学、电学等，清代学者张自牧在《瀛海论》中说道："今天下竟谈西学矣，蒙以为非西学也。天文历算，本盖天宣夜之术。彼国谈几何者，亦译借根方为东来法，畴人子弟略能知之……墨子云化微易，若龟为鹑，五合水火土，离然砾金腐水，离木同重体合类异，二体不合不类，化学也；均发均悬云云，重学也；临鉴立景云云，光学也；亢仓蜕地、谓水蜕水谓气，汽学也；经言地载神气，神气风霆，风霆流形，百物隶露生，电气之祖也，关尹石击石生光电，电缘气亦生可以为之……泰西智士从而推衍其绪，其精理名言，奇技淫巧，本不能出中国载籍之外。"③认为西方的近代光学、汽学、电学均为中国古籍中早就记载过的，所以西学来自中国古学，是中国祖传的学术，那么中国学习西学，所以"今欲制机器，测量万物，运用水火，诚不能不取资三角八线及化气电火诸艺术，然名之为西学，则儒者动以非类为羞，知其本出于中国之学，则儒者当以不知为耻，是在乎正

① 章太炎 . 今古文辩义［M］//章太炎政论选集：上册. 北京：中华书局，1977.
② 章太炎 . 订孔［M］//章太炎全集：第3册. 上海：上海人民出版社，1984：103.
③ 张自牧 . 瀛海论［M］//朱克敬 . 边事续钞：卷六. 1880；320-323.

其名而已"①。

19世纪80年代以后,"西学中源"的说法就更加流行了,很多学者均持这种观点,时人朱一新就说:"西人重学、化学、电学、光学之类,近人以为皆出《墨子》,其说近之。《关尹》《亢仓》《吕览》《淮南》《论衡》皆有之。《列子·汤问》有重学,《仲尼》有光学,皆与墨子说同。《抱朴子·金丹》言:合诸药及水银以成黄金,即化学之理;《黄白》言:云、雨、霜、雪以药为之,与真无异,即电学之理;西人亦自言,化学之法,本于炼丹术士;至机器,本中国旧有之物,近人考之茶详,或更欲附会于经典,则无谓也。"② 1891年,康有为在长兴万木草堂讲学,将所讲学术按照"儒学四门"分为四类,即义理之学、考据之学、经世之学和文字之学。"义理之学",包括孔学、佛学、周秦诸子、宋明学、泰西哲学;"考据之学",包括中国经学、史学、万国史学、地理学、数学、格致学;"经世之学",包括政治学原理、中国政治沿革得失、万国政治沿革得失、政治实用学、群学;"文字之学",包括中国辞章学、外国语言文字学。康有为这个学术系统,基本上以中国"儒学四门"为主,辅以自己知道的一些西学,如"泰西哲学""万国史学""数学"和"格致学""政治学原理""万国政治沿革得失""政治实用学"及"群学""外国语言文字学"等西方学科。康有为所采取的学术分科模式,是将西学纳入中国固有"儒学四门"的学术体系之中,也属于"西学中源"思想的体现。

将西学纳入中学"模范"之中的"西学中源"说,对于促进西学的最初输入是有利的,但一个严重的问题是:中国古学中尽管有近代"格致诸学"萌芽,包含了近代西学的许多原理,但中国古学并没有产生出近代意义上的学科门类,也没有产生出近代意义上的学科体系。况且,近代西学与中国传统学术毕竟属于两套不同的知识体系,中学并不能包容近代西方分科性的学术体系和知识系统。将近代西学纳入中学体系中,只不过是部分中国学者的主观愿望而已。实际上,很多赞同"西学中源"说的学者,也看到了中西学术体系的差异,认识到近代西学并非中国学术所能包容,况且近代西学与中国传统学术毕竟属于两套不同的知识体系,中学并不能包容近代西方分科性的学术体系和知识系统。因此一些较为先进的中国士人,提出了"中体西用"的说法。

---

① 张自牧. 瀛海论 [M] //朱克敬. 边事续钞:卷六. 1880:325.
② 朱一新. 无邪堂答问 [M]. 北京:中华书局,2000:169.

最早提出"中体西用"主张的是冯桂芬,他在《采西学议》中说道:"以中国之伦常名教为原本,辅以诸国富强之术。"① 而所谓"富强之术",说到底就是"历算之学"与"格物之理"所包括的几门学问:"如算学、重学、视学、光学、化学等,皆得格物至理;舆地书备列百国山川、扼塞、风土、物产,多中人所不及。"②

对"中体西用"说做系统阐述的是张之洞,他在《两湖、经心两书院改照学堂办法片》里正式使用了"中学为体、西学为用"的提法:"两书院分习之大指,皆以中学为体,西学为用,既免迂陋无用之讥,亦杜离经畔道之弊。"③ 在1898年刊刻的《劝学篇》中,张之洞对"中体西用"说做了系统阐述,其中内篇由九篇文章组成,主张恪守孔孟之道,遵奉三纲五常,以中学为本,外篇由十五篇文章组成,主张变通旧制,开阔眼界,学习西政和西艺,来达到富国强兵的目的,挽救危亡的命运。他在序中提出"内篇务本,以正人心外篇务通,以开风气"④。在论述"中体西用"时他说道:

> 一曰新旧兼学:"四书""五经"、中国史事、政书、地图为旧学,西政、西艺、西史为新学。旧学为体,新学为用,不使偏废。一曰政艺兼学:学校地理、度支赋税、武备律例、劝工通商,西政也;算绘、矿医、声光、化电,西艺也(西政之刑狱,立法最善;西艺之医,最于兵事有益;习武备者必宜讲求),才识远大而年长者宜西政,心思精敏而年少者宜西艺。⑤

可见,张之洞所谓的"中学为体"就是要把封建的圣道伦纪、典章文物,也就是四书五经、三纲五常放在最根本最重要的地位,"中国圣经贤传,无理不包",中学是立国的主体、一切学问的基础,必须放在学习的首位。而所谓的作为"西学为用"的西政、西艺、西史,即"学校地理、度支赋税、武备律例、劝工通商……算绘、矿医、声光、化电"等,则是"富强之术"。"体"是根本

---

① 冯桂芬. 采西学议 [M] //戊戌变法:一. 上海:上海人民出版社,1961:28.
② 冯桂芬. 采西学议 [M] //戊戌变法:一. 上海:上海人民出版社,1961:26.
③ 张之洞. 两湖、经心两书院改照学堂办法片 [M] //张文襄公全集. 北京:中国书店,1990.
④ 张之洞. 设学 [M]. 郑州:中州古籍出版社,1998:121.
⑤ 张之洞. 设学 [M]. 郑州:中州古籍出版社,1998:121.

原则，是立人立国之本，是精神的主导，"用"是具体方法，处于辅助地位，是立人立国之器，是应事的方术，张之洞认为，中学所包含的儒家思想及其伦理道德在本质上是优越于西学的，但是他又认识到西方的制造技术先进于中国。所以，张之洞是在用"体"和"用"来诠释中学和西学的关系，主张"中学为体，西学为用"的学术分科思想。

张之洞十分重视教育，在担任湖北、四川学政和陕西巡抚期间，曾经创办过湖北经心书院、四川尊经书院和山西令德书院，提倡实学，主张经世致用，注意破格选拔人才，并对传统教育的利弊进行整顿。甲午战争之后，张之洞逐步转变为洋务派，开始大规模地兴办洋务教育，并取得了一定的成效。从两广总督到湖广总督，张之洞先后在广东、湖北创办了一系列的洋务学堂。甲午战争失败以后，张之洞所开展的洋务教育的范围进一步扩大。调任湖广总督后，张之洞开办了一些著名书院，如广雅书院、两湖书院等，同时，他又从兴办军事武备学堂入手，陆续举办了方言、实业、师范等各种专门学堂，先后在军事教育、职业技术教育、外语教育、师范教育、外国留学及社会教育等方面取得了显著的成果。张之洞将他的"中体西用"思想运用到教育改革中，对时人产生了很大影响。

随着新式学堂的开设，西方的教育学科设置也被引入中国，在批判科举、改革书院的呼声中，中国学人开始运用西方的"分科立学"模式，提出了一些教育分科改革的方案，这些方案基本上都遵循"中体西用"的理念。近代著名的改良主义思想家何启和胡礼垣在《新政真诠》中，将"宏学校以育真才"列为七项改革之一，他们依据西方学校"分科立学"原则，将引入中国的"西学"及中国固有的学术糅合在一起，提出了建立20科新学制的方案，全面地涵盖了当时传入中国的西学各科目，是以西学为主要学习内容的分科方案。万国公法、地图数学、步天测海、格物化学等科目，属于"西学"中的数学、物理学、化学、法学、测量学的范围，而机器工务、建造工务、轮船建法、轮船驾驶、铁路建法、铁路办理、电线传法、电气制用、开矿理法、农务树畜、陆军练法、水师练法等科目，则属于"西学"中的实用部分，即"洋务"之学，相当于"西学"中的工科各学科。中国学术主要体现在中国文字、外国文字、中外律例、中外医道等科目上。由此可见，这种分科方式，依旧以"实用"作为西学的主要评价标准，体现着"中体西用"的思想。

甲午战争前后，随着西书翻译和出版的增多，西学得到了大规模传播，中国人对西学的理解也更深刻了。此时人们所理解的"西学"，已经不仅仅是以工艺制造为主的"洋务之学"，也不仅仅是以西方自然科学为主的"格致之学"，而是以西方社会科学为主的"西政"。郑观应在 1892 年所作的《西学》中，对洋务运动时期学习"西文""西艺"而忽视"西政""西学"的偏向提出严厉批评，他认为造船制器等西学，是皮毛之学。而梁启超则认为，所谓的"西艺"，指的是格致学及制造之术，而"西政"，则主要是指西方政治、历史和法学。梁启超在《上南皮张尚书论改书院课程书》中对此做了明确表达。在他看来，西方学校分科"条理极繁"，"而惟政治学院一门，于中国为最可行，而于今日为最有用：以公理（人与人相处所用谓之公理）、公法（国与国相交所用谓之公法，实亦公理也）为经，以希腊罗马古史为纬，以近政近事为用"①。他认为这是西方"政本之大法"，如果不研习西方的政治、历史等学术，而仅开设方言、算学、制造、武备等馆，研习西方的"洋务"之学，则无疑是本末倒置。由此可见，尽管郑观应、梁启超等人依然看重西学的功用，但随着对西方学术分科体系的认识和中国社会现状的深入思考，他们对于西学的认识也不断加深，西方的政治、历史、法律等社会科学开始引起他们的重视。

应该说明的是，"中体西用"这一思想的内涵是不断变化着的，尽管可以作为晚清时期中国士人阶层对中西文化的一种代表性认识，也随着人们对西方文化认识的变化而产生新的解读。总体上，这一思想强调以中国的伦理道德、"纲常名教"为体，以西方的格致之学及法政、历史诸学为用，以中国的"经世之学"为体，以西方的"政艺之学"为用。洋务运动前后的中国知识分子，主张以西学中的制器技艺为用，达到自强的目的，而到了戊戌变法前后，就开始主张以西方的政治历史作为参考，实现中国近代的政治革新了。因此，在这一时期"中体西用"思想的指导下，西方的历史学科开始被重视起来。

三、"七科之学"的建立与历史学的教材需求

随着西方学术的传播，中国知识分子对于西方的学术分科理念的认识越来越深入，许多人都对中西学术提出了分科的方案。1895 年，康有为在"公车上

---

① 梁启超. 上南皮张尚书论改书院课程书［M］//陈元晖，璩鑫圭，童富勇. 中国近代教育史资料汇编·教育思想. 上海：上海教育出版社，2007：235.

书"中，提出了改武科为艺科、分门立学的建议："凡天文、地矿、医律、光重、化电、机器、武备、驾驶，分立学堂，而测量、图绘、语言、文字皆学之。"① 1896 年，梁启超在《西学书目表》中，将当时翻译到中国的西书分为三大类：一是"西学"类，相当于自然科学门类；二是"西政"类，相当于后来的社会科学门类；三是"西教"类，主要是西方宗教书籍。其中，"西学"类包括算学、重学、电学、化学、声学、光学、汽学、天学、地学、全体学、动植物学、医学、图学 13 个门类，"西政"类包括史志、官制、学制、法律、农政、矿政、工政、商政、兵政、船政 10 个门类。其中涉及的学术门类包括数学、物理学、化学、天文学、地理学、动植物学、医学、生理学、历史学、政治学、教育学、法学、农学、经济学、军事学等。除此之外，还有一些学者将"学术不分科"列为教育改革的重要阻力，孙家鼐就曾经说道："京外同文方言各馆，西学所教亦有算学格致诸端，徒以志趣太卑，浅尝辄止，历年既久，成就甚稀，不立专门，终无心得也。"② 李端棻在《请推广学校折》中，也将学术不分科作为此前兴办洋务教育失败的原因之一："夫二十年来，都中设同文馆，各省立实学馆，广方言馆，水师武备学堂自强学堂，皆合中外学术相与讲习，所在而有。而臣顾谓教之之道未尽，何也？……格致制造诸学，非终审执业，聚众讲求，不能致精。今除湖北学堂外，其余诸馆，学业不分斋院，生徒不重专门，其未尽二也。"③

1896 年，孙家鼐在《议复开办京师大学堂折》中，为即将设立的京师大学堂确定了办学宗旨："中国京师并立大学，自应以中学为主，西学为辅；中学为体，西学为用；中学有未备者，以西学辅之，中学其失传者，以西学还之。以中学包罗西学，不能以西学凌驾中学，此是立学宗旨。日后分科设教，及推广各省，一切均应抱定此意。"④ 他仿效西方"学问宜分科"的原则，将京师大学堂分为十科："一曰天学科，算学附焉；二曰地学科，矿学附焉；三曰道学科，各教源流附焉；四曰政学科，西国政治及律例附焉；五曰文学科，各国语言文

---

① 康有为. 公车上书记 [M]. 上海：上海石印书局石印本.
② 孙家鼐. 议复开办京师大学堂折 [M]//戊戌变法：二. 上海：上海人民出版社，1961：427.
③ 李端棻. 请推广学校折 [M]//戊戌变法：二. 上海：上海人民出版社，1961：292.
④ 孙家鼎. 议复开办京师大学堂折 [M]//戊戌变法：二. 上海：上海人民出版社，1961：426.

字附焉；六曰武学科，水师附焉；七曰农学科，种植水利附焉；八曰工学科，制造格致各国附焉；九曰商学科，轮舟铁路电报附焉；十曰医学科，地产植物各化学附焉。"①

1896 年，胡聘之上书清廷，提出变通书院章程的主张，其中包括"六斋分科"的方案："宋胡瑗教授湖州，以经义、治事分为两斋，法最称善；宜仿其意分类为六：曰经学，经说、讲义、训诂附焉；曰史学，时务附焉；曰掌故之学，洋务、条约、税则附焉；曰舆地之学，测量、图绘附焉；曰算学，格致制造附焉；曰译学，各国制艺试帖未能尽革，每处留一书院课之已足。"② 将书院的课程分为六大类并分斋讲习，他认为，"以本朝会典律例为大宗，而附以各国条约等，则折冲搏姐亦于是储其选焉。舆地尤为今日之巫务，地球图说实综大要；其小各府州县，以土著之人随时考订其边界，要隘、水道、土宜，言之必能加详，再授以计里开方之法，绘图之说，选成善本，尤能补官书所未备。算学一门，凡天文、地理、格致、制造，无不以此为权舆。译学不独为通事传言，其平日并可翻译西学书籍以资考证"③。其中经学、史学仍为旧学，掌故、舆地、算学、译学则为西学，此后清末各级书院都以"六斋之学"作为主要的学习科目。

1901 年，张之洞、刘坤一在联名上奏的《筹议变通政治人才为先折》中，参考西方及日本大学的学科设置情况，提出了中国的大学"分科"方案，分设经学、史学、格致学、政治学、兵学、农学、工学"七科分学"："一经学，中国经学文学者皆属焉；二史学，中外史学地理学皆属焉；三格致学，中外天文学、外国物理学、化学、电学、光学皆属焉；四政治学，中外政治学、外国律法学、财政学、交涉学皆属焉；五兵学，外国战法学、军械学、经理学、军医学皆属焉；六农学；七工学，凡测算学、绘图学、道路、河渠、营垒、制造、军械火药等事皆属焉。"④

---

① 孙家鼎. 议复开办京师大学堂折［M］//戊戌变法：二. 上海：上海人民出版社，1961：427.
② 胡聘之，钱骏祥. 请变通书院章程折［M］//戊戌变法：二. 上海：上海人民出版社，1961：299.
③ 胡聘之，钱骏祥. 请变通书院章程折［M］//戊戌变法：二. 上海：上海人民出版社，1961：300.
④ 张之洞，刘坤一. 筹议变通政治人才为先折［Z］//张文襄公奏稿（卷三二），民国石印本.

　　1902 年，张百熙负责制定《钦定京师大学堂章程》《钦定高等学堂章程》等，在高等学堂和京师大学堂的学科设置上，提出了新的"七科分学"："政治科第一，文学科第二，格致科第三，农业科第四，工艺科第五，商务科第六，医术科第七。"① 这种学科分类方法与张之洞的"七科分学"不同，没有设置经学科，且专门设置了医术科，总体上更重视西学的内容。

　　1903 年，张之洞与荣庆、张百熙等人，"博考外国各项学堂课程门目，参酌变通"，制定了《奏定京师大学堂章程》《钦定高等学堂章程》，提出了新的大学分科方案——"八科分学"：

　　　　"一、经学科大学分十一门，各专一门，理学列为经学之一门。二、政法科大学分二门，各专一门。三、文学科大学分九门，各专一门。四、医科大学分二门，各专一门。五、格致科大学分六门，各专一门。六、农科大学分四门，各专一门。七、工科大学分九门，各专一门。八、商科大学分三门，各专一门。"② 其中，"经学科分十一门：周易学门、尚书学门、毛诗学门、春秋左转学门、春秋三转学门、周礼学门、仪礼学门、礼记学门、论语学门、孟子学门、理学门。政法科大学分二门：政治学门、法律学门。文学科大学分九门：中国史学门、万国史学门、中外地理学门、中国文学门、英国文学门、法国文学门、德国文学门、俄国文学门、日本国文学门。医科大学分二门：医学门、药学门。格致科大学分六门：算学门、星学门、物理学门、化学门、动植物学门、地质学门。农科大学分四门：农学门、农艺化学门、林学门、兽医学门。工科大学分九门：土木工学门、机器工学门、造船学门、造兵器学门、电气学门、建筑学门、应用化学门、火药学门、采矿及冶金学门。商科大学分三门：银行及保险学门、贸易及贩运学门、关税学门"③。

　　这一学术分科方式，将"经学"立为学术之本，又参考了日本大学的分科标准，"日本国大学止文、法、医、格致、农、工六门，其商学即以政法学科内

　　① 钦定学堂章程·钦定大学堂章程［Z］. 1902.
　　② 奏定学堂章程·大学堂附通儒院章程［Z］. 湖北学务处，1903.
　　③ 奏定学堂章程·大学堂附通儒院章程［Z］. 湖北学务处，1903.

之商法统之，不立专门。又文科大学内有汉学科，分经学专修、史学专修、文学专修三类。又有宗教学，附入文科大学之哲学科国文学科，汉学科史学科内。今中国特立经学一门，又特立商科一门，故为八门"①。尽管这种尊崇经学的学术分科方法带有一定程度的守旧性质，但"八科分学"的方案依然初步奠定了中国近代学术分科体系的基础。

1912年，蔡元培代表中华民国政府教育部将京师大学堂改为北京大学，1913年年初，教育部公布《大学令》《大学规程》，对大学所设置的学科及其门类做了原则性规定："大学以教授高深学术，养成硕学闳材，应国家需要为宗旨。"② 取消了"经学科"，分为文科、理科、法科、商科、医科、农科、工科七科，其中文科分为哲学、文学、历史学和地理学四门，包括中国哲学、中国哲学史、西洋哲学、西洋哲学史、宗教学、心理学、伦理学、论理学、认识论、社会学、印度哲学概论、教育学、中国文学、梵文学、英文学、法文学、德文学、俄文学、意大利文学、言语学、中国史及东洋史学、西洋史学、中国地理、世界地理、历史地理学、海洋学、博物学、地文学概论、地质学等科目；法科分为法律学、政治学和经济学三门；商科分为银行学、保险学、外国贸易学、领事学、关税仓库学、交通学六门；医科分为医药和药学；农科分为农学、农艺化学、林学、兽医学等；工科分为土木工学、机械工学、船用机关学、造船学、造兵学、电气工学、建筑工学、应用化学、火药学、采矿学、冶金学等。③这就从制度上，真正确立了中国近代化的学术分科体系，也标志着中国的学术终于摆脱了传统经学的束缚，开始走上近代化的学术模式。

"七科之学"的确立，从晚清到民国，经历了"四部之学"的拆分，"中体西用"学术思想的变迁，是中国学术近代化的重要标志，而伴随着新的学术分科体系的建立，历史学也从传统的经学中脱离出来，成为一门独立的学科。学术分科体系的建立，改变了中国传统的学科设置，而学科的重新设置，又需要通过教育内容的改革才能更完整地体现。教科书的改革是学术体系转型的产物，同时又是学术体得以改革的物质保证，因此教育内容的改革必须以教科书的改革为前提。这就导致了在学校教育和社会教育中，都开始按照新的学术体系

---

① 奏定学堂章程·大学堂附通儒院章程［Z］. 湖北学务处，1903.
② 教育部公布大学令［J］. 教育杂志，1913，4（10）.
③ 教育部公布大学规程［J］. 教育杂志，1913，5（1）.

设置课程。在近代"七科之学"的学术体系变迁的背景之下,历史学成为独立的学科,也成为教育改革中不可或缺的重要环节。对历史教育的需求催生了对历史教材的需求,对西方知识的需求又促进了西方译著的发展。在近代学术分科体系的影响下,各级学校纷纷设立历史学科,无论是在新式学堂还是大学的学科设置中,历史学都占有一席之地,而且这一时期的历史课程,不再是传统的中国史学,西洋史、万国史、东洋史都被列入学科范畴,于是,对历史教材的需求就成为各级学校亟待解决的问题。

而晚清中国知识分子对于外国的历史知识尚属了解阶段,并没有能力自己编写外国历史教科书,于是,借由外国传教士、留学生等群体选择译介的外国历史书籍就顺应时代的需求,被各类学校审定为教科书使用了。

第二章

晚清汉译历史教科书的发展过程

晚清汉译历史教科书的发展，从第一次鸦片战争之后直到 20 世纪初期，近半个世纪的时间里，大致经历了从译自欧美到译自日本的过程。伴随着教会学校、新式学堂等教育机构的改革，其内容侧重点与译介群体也不尽相同，从满足教会学校的教材需求，到为国人的近代改良运动提供思想指导，再到作为近代教育改革的重要载体，晚清汉译历史教科书这一特殊时代背景下出现的产物，在中国社会的不同阶段，承担了不同的角色。可以说，作为近代社会的诞生物，汉译历史教科书的成长也见证了中国社会的发展和中国近代教育改革、史学发展的历程。

第一节　教会学校与汉译历史教科书的出现

鸦片战争之后，清政府与英法美等国签订了一系列不平等条约，大量的外国传教士来到中国，通过办学校、开医院、赈济灾民的方式赢取平民的信任，通过办报刊、开书局、译西书的方式启迪知识分子阶层。教会学校最早开启了近代化的历史教学，引进外国历史知识的讲授，并且成立了专门的教科书编纂机构，最早的汉译历史教科书就来源于此。

一、"历史教科书"的出现

拥入中国的西方传教士们企图以基督教为武器征服中国，传播上帝的福音。然而当他们踏上中国的土地之后，发现科举制下的中国传统教育，根本不适宜让他们更好地传播教义，中国百姓长期尊奉的"学而优则仕"思想仍然在教育中占据主流。在这些传教士看来，中国传统的教育在本质上是从属于科举考试的儒学教育，在漫长的发展过程中遮蔽了中国人的心灵，阻碍了所谓"上帝福音"的传播。曾主持过马礼逊学堂的美国传教士布朗评价中国的科举教育，"一些最基本的科学事实极少介绍到教科书中来，更说不上成为专门的学科"，这种教育的目的"不是使人的个性得到充分和自由的发展"，而是"培养一批勤勤恳恳而又墨守成规的奴仆"，"最令人遗憾的是这种教育过程对民族心灵的影响，它不仅使人们得不到最为需要也最有用的知识，而且将老老少少一心向学的人的注意力，限制在那些充斥着深奥的玄想、梦呓般的废话和偶尔有些实用的智慧的书籍之中"①。同时，他们对中国传统教育中的"崇经"思想颇为不解，传教士林乐知就曾说过："外国视古昔为孩提，视今时如成人；中国以古初为无如，以今时为不及……此为儒教所结之果，儒教以孔子为至圣，乃其自述生平，一则曰述而不作，再则曰信而好古，此可见孔子之训人，以信古、复古、效法古人为宗旨，而不知先王之道，宜于古未必宜于今。今之时势，非先王之时势矣。中国士人何食古不化若斯哉？"②

因此，传教士在华创办的教会学校，以西方近代资产阶级的教育思想为指导，也是西方近代教育模式在中国的尝试和翻版。在教育对象上，教会学校强调每个人都有上帝赋予的受教育权利，打破了士人对教育的垄断，拓展了教育对象；在教育内容上，教会学校以西方近代科学知识为教育内容，重视生产技术和实用知识的传授，教学内容与社会需要相结合；在教育目标上，教会学校教育除了宗教道德教育外，还有以科学技术和逻辑推理为主的智育教育，因此，历史教育作为教会学校重要的教学科目，得以开展起来。

英国传教士伯特·马礼逊与其助手米怜于19世纪初期在马六甲设立了英华书院，鸦片战争后迁至香港，又名"马礼逊学堂"，成为中国境内第一所正规的教会学校。为了满足西人学习中文及中国人学习西学的需求，该校聘请西人和华人授课，开设了"中国语之书籍"的华语课程和英语、地理、历史、算数等西学课程。其中，除西学课程中单独设立的世界史课以外，华语课程还教授一些涉及中国历史知识的国文经典，如马礼逊学堂的最高年级——"第四班"设

① Chinese Repository Volume11. p549.
② 林乐知. 全地五大洲女俗通考［M］. 光绪二十九年石刻本：54.

置了完善的历史课程，除英文科单设的历史科外，中文科以讲授"四书"、《易经》《诗经》《书经》等经典为主。这一时期设立的其他教会学校如宁波女塾、徐汇公学等开设的历史课程也与马礼逊学堂类似，历史课程的设置主要是在世界史方面，且由于授课对象主要以幼童为主，所用教材为《圣经》等宗教性书籍。但值得注意的是，这一时期创立教会学校的传教士们，为了便于传教，大多还参与创办报刊、译书局等，从事西学东渐的文化活动，因此，相关的历史译著往往会被教师作为教学参考来使用。

19世纪60年代以后，晚清教会学校的历史教育得以进一步发展，逐渐形成了涵盖初等、中等历史教育的课程体系，如登州文会馆正斋在第二学年开设"万国通鉴"、第五学年开设"罗马""二一史约编"等历史课；1881年福州的鹤龄英华书院正科二、三、四学年分别开设史论正、中学历史、西国史、古今大家、历代名人书札奏议、史记菁华录等历史课，正科班第三学年即要求学习"西国史"。① 1884年美国传教士成立镇江女塾，学制长达12年，在其功课简表中，二三年级就有"读故事书"，内容包括"亨利实录"等历史知识，四年级开始教授"泰西通俗演义"，八年级开始，历史课内容既有中国历史又有外国历史，中国历史学习"《左传》摘要"，外国历史学习"大美国史记"，在第十个学年开设"万国通史"课，第十一年有"万国通鉴""万国通史"，第十二学年有"读泰西新史"等历史课程。② 美国公理会传教士谢卫楼1886年在通州创办了潞河中斋，1893年改名为潞河书院，在课程设置上也有"学西国纲鉴、算法与格致各书"③ 的要求，第一年的学习内容中就有"西国史记"。其他教会学校如上海英文专科学校、上海圣芳济学堂、上海中西书院等也专设有历史课程。

1877年，在上海举行的来华传教士第一次大会上，在讨论教会学校的课程问题时，基督教传教士率先使用了"教科书"的概念："清同治光绪年间，基督教会多附设学堂传教，光绪二年（1877）举行传教士大会时，教士之主持教育者……编教科书，有算学、泰西历史、地理、宗教、伦理等科，以供教会学校

① 福州鹤龄英华书院章程（节选）［M］//陈谷嘉，邓洪波. 中国书院史资料：下. 杭州：浙江教育出版社，1998：2102.

② 朱有瓛. 中国近代学制史料：第4辑［M］. 上海：华东师范大学出版社，1993：342-343.

③ 吴义雄. 谢卫楼与晚清西学输入［J］. 中山大学学报（社会科学版），2007（5）.

之用，间以赠各地传教区之私塾。教科书之名自是始于我国矣。"①

但在晚清的书目集成中，如徐维则的《东西学书目》、顾燮光的《译书经眼录》以及江南制造局译书书目、同文馆所译西书等书目中，均未见到"教科书"一词。由此可见，19世纪七八十年代，中国人应该还没有产生清晰的"教科书"概念，即使这一时期已经有了作为历史教材读物的书籍出现，也并没有用到"教科书"这一概念，而是用了其他相近的词汇，"如'功课''课业''课本''教材''课程''读本'等。传统社会中使用较多的是'功课'和'课业'等词，它们包含了较为丰富的教育学概念，比如'功课'是教师施教和学生学习内容的总称，也专指授课之后的作业；'课业'包含了功课和学业等含义。'课本'和'教材'等词，在使用上接近于俗语和泛称；'读本'一词的意义宽泛于正式教学用书；而'课程'一词更多地表达了教学科目和进程的含义。在'教科书'一词出现之前，这些词语已在各种官私文献中得到使用"②。

1897年，南洋公学外院成立，使用的教材中出现了《笔算教科书》《物算教科书》《本国初中地理教科书》③，这是可考的"教科书"一词第一次在中国的学校教材中出现。1898年，康有为在上清帝的一份奏折中讨论了"中学小学所读之书"④；同年盛宣怀在其奏折中介绍日本学校规则及"授读之书"⑤；清政府的总理衙门在1898年上清帝的奏折中称梁启超在湖南时务学堂编有各种"课程之书"。1901年年初，刘坤一、张之洞在其著名的《江楚会奏变法三折》中指出，统一的"教科之书"是西洋学校教学的一大优点⑥。同年5月，罗振玉在其主办的《教育世界·第一号》中说道，该杂志将介绍日本各种"教科书"，在后续刊发的文章中，他大量译介日本各级学校令，介绍日本小学"教科所用图书"和中学"教科书"，并连续登载了清政府出洋学生总监督夏谐复的长

---

① 中华民国教育部. 第一次中国教育年鉴·教育杂录：教科书之发刊概况［M］. 上海：上海开明书店，1934.
② 毕苑. 中国近代教科书研究［D］. 北京：北京师范大学，2004：9.
③ 中华民国教育部. 第一次中国教育年鉴·教育杂录：教科书之发刊概况［M］. 上海：上海开明书店，1934：116.
④ 康有为. 请饬各省改书院淫词为学堂折［M］//汤志钧，陈祖恩. 中国近代教育史资料汇编：戊戌时期教育. 上海：上海教育出版社，1993：54.
⑤ 盛宣怀. 筹集商捐开办南洋公学折［M］//舒新城. 中国近代教育史资料. 北京：人民教育出版社，1981：9.
⑥ 刘坤一，张之洞. 江楚会奏变法三折［M］//沈云龙. 近代中国史料丛刊续编. 台北：文海出版社，1974.

文，文章明确定义道："教科者，教育之标目；教科图书者，教育之材料。"①
1904 年 1 月 13 日，清政府颁布《奏定学堂章程》，在《奏定学务纲要》中，对
"教科书"的编纂使用做了详细的规定。② 与其他科目教科书一样，"历史教科
书"被限定为晚清学校历史教学的专用教材。至此，近代意义上的"历史教科
书"一词才获得了近代国人的认可。民国以后，各类政府文件统一使用这个概
念，民间也同时接受其为正式用语。此后，"历史教科书"一直作为正式的通用
词在中国被使用。

二、"益智书会"的成立

19 世纪 60 年代以后，随着来华传教士的增多，教会学校不断发展，到 1877
年前后，各地的教会学校已达 347 所，在校学生人数已达 5917 人，但因为当时
的教会学校缺乏一定的规模，也无共同的政策，其维持完全视各教会的实际需
要及财力而定，尽管各教会学校之间的联系加强，但仍处于各自为政的状态，
教科书多为各校传教士自己编译，缺乏统一的课程标准和教科书。于是，在
1877 年召开的传教士大会上，就成立了由丁韪良、韦廉臣、狄考文、林乐知、
黎力基和傅兰雅等 7 名传教士组成的 School and Textbook Series Committee，译为
"学校与教科书委员会"，即"益智书会"③，用以统一全国教会学校的教科书，
"以西学各科教材无适用书籍，议决组织'学堂教科书委员会'"④。

作为最早提出"历史教科书"这一概念，并由教会学校的教材需求而产生
的"益智书会"，在晚清时期的中国，最早承担起了专职编译历史教科书的任
务，并极大地推动了历史教科书的发展和普及。"益智书会"的成立，结束了教
会学校用外国史著充当历史教材的局面，使得历史教科书走上了专业化发展的
道路。尽管"益智书会"的成员并非专业的教科书编写人员，且多为传教士，
担负着在历史教学中传播基督教义的任务，他们编写的历史教科书无论从体例

---

① 罗振玉 . 教育世界序例 [J]. 教育世界，1901（1）.
② 奏定学堂章程 [M] //璩鑫圭，唐良炎 . 中国近代教育史资料汇编·学制演变 . 上海：
  上海教育出版社，1991：291—523.
③ "益智书会"之名源于 1834 年由在广州的英美传教士及部分商人组成的一个翻译出版
  机构"中国益智会"（The Society of Diffusion of Useful knowledge in China），直译为"在
  华实用知识传播"。
④ 中华民国教育部 . 第一次中国教育年鉴·教育杂录：教科书之发刊概况 [M]. 上海：
  上海开明书店，1934.

还是思想上都不能被称为规范，但"益智书会"时期编写和译介的历史教科书，仍然在内容上很大程度地满足了当时中国学人对外国历史尤其是西方历史的知识需求。

根据韦廉臣 1890 年在第二次传教士大会上所做《学校教科书委员会的报告》①，我们可以看出，"益智书会"成立以后所做的工作主要有三项：第一，确定编辑教科书的内容并付诸实施；第二，确定编辑原则；第三，统一术语译名。关于编辑教科书的内容，该委员会首先编写了两套中文教材，即初级教材和高级教材，其中就包括"古代史纲要""现代史纲要""中国史""英国史""美国史"等科目。委员会将这些书目印发给各传教士，由传教士个人自愿承担某个项目，然后将书籍副本或编写设想交由委员会审定。至于编写原则，韦廉臣在报告中也做了介绍，在说到教科书的选择时，"不是译作而是原作，包括特定作品。请你比较本科目某些外国最好的著作，选择一本最适合的做基础，然后把你对中国的文字、民族语言以及风俗习惯的了解与手头的工作结合起来，以便编写出将对中华民族产生强大影响的书籍"②。规定了教科书编写必须用中文，而且是编写，不是译作。语言要简洁明了、通俗易懂，要结合中国的风俗，符合中国人的阅读习惯，使中国人易于接受。这一原则的确立，对于促进西方教科书传入中国，以及汉译历史教科书的出现，有着重要的推动作用。

"益智书会"于 1890 年被"中华教育会"所取代，在其成立后的 14 年时间内，该委员会自行编辑出版书籍共有 50 种、74 册，还审定合乎学校使用之书 48 种、115 册。这些书籍的编辑与出版，不仅顺应了教会学校发展的需要，而且正式揭开了近代教科书发展的帷幕。这一时期的教科书注意到中小学教学的需要，在形式上有了图说一类的课本，在内容上也开始着手将科学名词规范化和科学知识条理化。对这一历史意义，程湘帆先生在《中华基督教教育会成立之经过》一文中评价道："这委员会颇能供给当时的需要，所编译的教科书为量也不少。中间大半属自然科学、算学、西洋历史、地理、宗教、伦理等科。用现在的眼光考量起来，这些书籍的价值，似乎有限，但在 50 年前，实为创作。我国新学的起端在这里。讲到委员会事业的目的，不过为了满足当时教会学校的需求罢

---

① 　陈学恂. 中国近代教育史教学参考资料［M］. 北京：人民教育出版社，1987：86.
② 　陈学恂. 中国近代教育史教学参考资料［M］. 北京：人民教育出版社，1987：86.

了，但是间接贡献于我国教育和新文化的却是很大。"①

根据"益智书会"荣誉总编辑傅兰雅所作《益智书会书目》② 的统计，该委员会编写并出版的历史教科书主要有9部：

表1 "益智书会"编译历史教科书

书名	编译者	册数	出版社
《圣会史记》	郭显德牧师（H. Corbett）	2	不详
《大英国志》	慕维廉牧师	2	伦敦圣教书会
《欧洲史略》	费曼博士（E. A. Freeman）著 艾约瑟博士译	1	麦克米伦公司
《希腊志略》	费飞（C. A. Fyffe）著 艾约瑟博士译	1	麦克米伦公司
《罗马志略》	克莱顿（M. Creighton）著 艾约瑟博士译	1	麦克米伦公司
《俄史辑译》	阚斐迪牧师（F. R Galpin）	4	不详
《俄国志略》	作者不详	1	学识斋
《联邦志略》	裨治文博士著 蔚利高（Myron C. Wilcox）译	1	墨海书馆
《万国通鉴》	谢卫楼	6	盛化堂

其中，除了《圣会史记》与《万国通鉴》之外，其余均是翻译自英文原著史书，有的是直接翻译过来，作为教科书的，如《欧洲史略》《希腊志略》，有的则是在原著基础上改编而成，并依据中国人的表达习惯进行了变通，如《大英国志》，"依据的原著主要是 Milner 的《英国史》……此书的论述都不免宗教色彩。译本好些地方都依据《钱伯斯百科全书》进行了增补。作为教科书，此书可给予年轻人以英国史的正当观念，然而，像许多翻译为中文的书一样，必须有教师对其中包含的外国典故等加以讲解和说明，方能使对西方国家几乎一

---

① 陈学恂. 中国近代教育史教学参考资料［M］. 北京：人民教育出版社，1987：103.

② 原文为英文：Catalogue of Books, WallCharts, Maps, &cc., published or adopted by the Educational Association of China, Edited by John Fryer, 1894. 该书附载于傅兰雅编辑的 Educational Directory of China（Shanghai, 1895）之后。

无所知的中国人所理解。其中，宗教改革运动占有相当的篇幅。书中的专名大都依据前福建巡抚出版的一部地理书《瀛寰志略》"①。

"益智书会"编写和出版的历史教科书，很快就成为晚清教会学校的历史教科书，被推广和使用。1890 年，第二次在华传教士大会在上海召开。在这次会议上，将原"School and Textbook Series Committee"（学校教科书委员会）改为"The Educational Association of China"（中华教育会），中文名仍沿用"益智书会"，与会的 445 名传教士中有 37 人参加了这一新组织，成为首批会员，其中有许多职业教会教育家。这次会议确定了该会的基本宗旨："第一，编辑适用的教科书，以适应教会学校的需求；第二，谋求教授上的互助；第三，探求及解决中国的一般教育问题。"② 改革后的"益智书会"，尽管在审定科学与史地名词及编译各种教科书等项工作上都有了较明显的进展，但由于这些工作主要是由西方传教士承担并主要是为教会学校服务的，随着洋务运动的开始，国人自办的新式学堂逐渐兴起，因此它对清末教育的影响力逐渐降低。但不可否认的是，为了满足中国新式学堂的需要，受到"益智书会"编译历史教科书的影响，19 世纪末 20 世纪初的中国，掀起了一股汉译历史教科书的浪潮。

三、教会学校的汉译历史教科书

中国有着悠久深厚的史学传统，"以史为镜"的观念深入人心，尤其是在知识分子阶层，史学著作的社会功用可以直接作用于统治阶级上层，从而影响整个国家的发展轨迹。由"益智书会"编译并在晚清教会学校中广泛使用的汉译历史教科书中，有几部对近代社会产生了重要的影响：

《大英国志》是英国传教士慕维廉根据同时代的英国历史学家托马斯·米尔纳（Thomas Milner）的原著《英格兰史》（*History of England*）译介而成，该书是一部描述从部落时代到克里米亚战争典型的英国编年史，最早由伦敦的 Religious Tract Society 出版。《大英国志》于 1856 年由墨海书馆刻印，共两册八卷。从内容上看，《大英国志》是一部以时间为序记载的王朝更迭史，共八卷。卷一"开国纪原、英降罗马纪"，卷二"英萨索尼朝"，卷三"英诺曼朝"，卷四"北

---

① 傅兰雅. 益智书会书目［M］//王扬宗. 近代科学在中国的传播. 济南：山东教育出版社，2009：630.

② 王建军. 中国近代教科书发展研究［M］. 广州：广东教育出版社，1996：60.

蓝大曰奈朝",卷五"都铎尔朝",卷六"斯丢亚而的朝",卷七"北仑瑞克朝",据慕维廉的序介绍,前七卷译自托马斯·米尔纳的《英格兰史》,而卷八则由关于职官、宗教和地理等八种"志略"组成,资料来自 *Chamber's Information for the People* 一书。

这是第一部由英国学者编译的反映英国朝代兴废的历史,将有关英国历史的最新的、最准确的第一手资料带给了中国读者,使中国人第一次全面地了解了英国的政体演变、历史沿革和文化成就。特别是其中较早和较准确地向中国人系统介绍了英国的议会制度。该书通过对英国的科技、地理发现的成果、诗歌、绘画、雕刻等文化成就的介绍,让中国人了解了英国"长技"的由来。书中记载的资本主义的政体与军事、经济、文化发展的密切关系,大大拓展了中国人的视界。王韬称该书"自创至今,原本具备,于一邦之制度事实,有所考证。中国史册中所必采"①。1896 年梁启超在《读西学书法》中在推荐西国历史的主要著作时特别推荐了《大英国志》,1897 年唐才常的《史学论略》中也将该书列为"通西史"的重要文献②,1899 年徐维则《东西学书录》中称此书"首列维多利亚世系表,与《英兴记》所载足以互勘。其议院、教堂、地理等图尚明爽可观"③。

《欧洲史略》《希腊志略》《罗马志略》这三部历史教科书均是由传教士艾约瑟编译的,是最早译介入中国的西方古典史学著作。西方古典史学即古希腊罗马史学,开始于古希腊的神话与史诗,它所形成的史学传统对西方史学产生了深远影响。作为在西方有着重要地位的史学流派,在传教士兴办的教会学校中具有普及性意义。傅兰雅在介绍《希腊志略》时说:"天下之大,郡国之多,不乏史乘,岂鲜志乘,何独取重夫希腊?希腊,古族也。制度文为治化,技艺为西国之祖,所以嘉惠欧洲者深矣。"④ 艾约瑟在《欧洲史略》中也说道:"凡欧洲诸国之史书内,率皆以罗马一国为中键,缘欧史中,凡古之诸国,皆依次述其如何渐尽属于罗马,而今之诸国,则皆依次述罗马如何渐就衰微……希腊史自出机杼,立国又较先于罗马,故其史备述该国如何兴盛。"⑤ 希腊、罗马在

---

① 王韬. 普法战纪 [M]. 香港中华印务总局,1873.
② 湖南哲学社会科学研究所. 唐才常集 [M]. 北京:中华书局,1980:41.
③ 徐维则. 东西学书录 [M]. 清光绪二十五年(1899)石印本.
④ 傅兰雅. 西学启蒙十六种说 [J]. 格致汇编,1891(夏季号).
⑤ 欧洲史略 [M]. 光绪戊戌年(1898)石印本,上海盈记书庄藏版.

欧洲的地位源于其悠久的历史，两国的历史著作记载了重大事件，并使两国的文化得以流传。这三部汉译史书介绍了希腊、罗马和欧洲各国的发展历史，还对希腊史、罗马史在欧洲的地位做出了评价。例如《欧洲史略》中就评价希腊史"其较胜于他史者，凡他国史中，所载明示我辈之诸义理，皆已节略见于希腊史内。学者果能习熟希腊一史，则欧洲诸史之义理，皆易明晰"①。欧洲他国史"散如纲目"，希腊制度学业之所以诸国崇尚之，在于文学、工艺、国制、民风"创而不因"。②

《希腊志略》是艾约瑟根据英国历史学家查尔斯·艾伦·费飞的 *History of Greece* 一书编译而成的，主要叙述了希腊民族起源至公元前 30 年罗马征服希腊的历史。《罗马志略》参考的原著则是英国历史学家、圣公会主教门德尔·克莱顿所著的 *History of Rome*，该书记述了公元前 753 年罗马城始建至 1453 年奥斯曼土耳其攻占君士坦丁堡的历史。艾约瑟在编译两书时，为便于中国读者阅读和理解，分别增补了希腊与中国年代对照表、罗马与中国年代对照表。此外，他还为《希腊志略》增添了 5 幅"自春秋至战国时希腊地图"，为《罗马志略》增添了 10 幅"中国西周末时意大利地全图"。

这三部西方古典史学被译介入中国以后，引起了晚清先进知识分子的注意，曾多次再版，先后出现了 1896 年上海著易堂书局本、1897 年湖南新学书局刻本、1898 年上海盈记书庄本、1902 年点石斋印书局印本等。李鸿章尊称艾约瑟为儒者，称赞"艾君之妙笔与赫君（总税务司赫德）之盛心，并足不朽矣"。唐才常在 1897 年《湘学新报》第 1 期上发表文章《史学第一》，认为艾约瑟翻译的《希腊志略》《罗马志略》《欧洲史略》是通西史的重要参考书目，并对这三部史书做了书目提要；梁启超评价这三部书为"古史之佳者"，《欧洲史略》"不以国分而以事纪"，在体例上超过了《万国史记》和《万国通鉴》，他还认为"了解希腊、罗马，并欧洲古时声明文物之国，今泰西政事、艺学，不可以不读《希腊志略》《罗马志略》"③。1897 年，梁启超给好友刘光贲的信中说："日欲兴学校，当以仿西人政治学院之意为最善，其为学也，以公理公法为经，以希腊罗马古史为纬，以近政近事为用。"④ 维新派主办的时务学堂将《希腊志

---

① 欧洲史略［M］. 光绪戊戌年（1898 年）石印本，上海盈记书庄藏版.
② 欧洲史略［M］. 光绪戊戌年（1898 年）石印本，上海盈记书庄藏版.
③ 梁启超. 西学书目表［M］//饮冰室合集. 北京：北京大学出版社，2005.
④ 梁启超. 饮冰室合集·文集三［M］. 北京：北京大学出版社，2005：13.

略》《罗马志略》和《欧洲史略》列为必读的"专精之书"。叶瀚在他1897年刊刻的所著《初学读书要略》一书中，明确强调"西史宜先读西学启蒙十六种之《罗马志略》，可知远西政学之渊源……反思己族不兴之由"①。

《联邦志略》原名为《美理哥合国志略》，作者为在华传教士裨治文，是近代第一部介绍美国地理、历史和政情的中文专著，对鸦片战争前后中国人了解和学习美国，有着非常重要的作用。该书最早于1838年在新加坡出版，1844年在香港地区第二次出版，更名为"亚美利格合省国志略"，1862年经"益智书会"传教士蔚利高重新修订之后在上海墨海书馆再版，这次再版增加了许多地图和统计表，扩充为两卷，易名为"联邦志略"。该书内容分为四个部分：第一部分介绍了美洲的发现，第二部分介绍了美国的早期历史、独立战争和制宪会议等，第三部分介绍了美国的地理位置、主要城市、物产商业和土著居民等，第四部分介绍了美国的山川河流、自然风光、司法制度、军事外交、商业贸易和婚丧习俗等。裨治文撰写该书的主要目的，自称是向中国人介绍美国的先进文明，以启迪中国民智："叹华人不好远游，至我西国之光采规模杳无闻见，毫不知海外更有九州或者上帝之启，予心乎将使宣布播之，联四海为一家也。不揣固陋，创为汉字地球图及美理哥合省国全图，又将事迹风俗分类略书。"② 裨治文在这部书中，用了较大的篇幅介绍美国宪法和三权分立制度："为审官则不能会议制例，会议制例官亦不能兼摄审问。……国内刑狱事，如察院审判不公，统领亦可更正之。"③

晚清时期，美国还只有100多年殖民地的历史，在世界史上并不瞩目，故在明末清初来华耶稣会士的著作中，鲜有美国的记载。因此，《联邦志略》被中国知识分子视为了解美国的最主要的资料，备受当时中国知识界的推崇，对我国近代知识分子产生了较大的影响。魏源作《海国图志》，其美国部分，便主要取自该书。除了成为《海国图志》的重要资料来源外，《联邦志略》对魏源的思想也起了一定的启迪作用。魏源在《海国图志》的"外大西洋墨利加洲总叙"中介绍美国时赞扬了美国的独立运动、民主制度和外交政策：

①　叶瀚．初学读书要略［M］．仁和叶氏刊，1897.
②　裨治文．美理哥国志略［M］//王锡祺．小方壶斋舆地丛抄．上海：上海著译堂印行，1891.
③　裨治文．美理哥国志略［M］//王锡祺．小方壶斋舆地丛抄．上海：上海著译堂印行，1891.

　　呜呼，弥利坚国，非有雄才枭杰之王也，涣散二十七部落，涣散数十万黔首，愤于无道之虎狼英吉利，同仇一倡，不约成城，坚壁清野，绝其饷道，逐走强敌，尽复故疆，可不谓武乎！创开北墨利加者佛兰西，而英夷横攘之，愤逐英夷者弥利坚，而佛兰西助之，故弥与佛世比而仇英夷，英夷遂不敢报复，远交近攻，可不谓智乎？二十七部首，分东西二路，而公举一大酋总摄之，匪惟不世及，且不四载即受代，一变古今官家之局，而人心翕然，可不谓公乎！议事听讼，选官举贤，皆自下始，众可可之，众否否之，众好好之，众恶恶之，三占从二，舍独洵同。即在下预议之人，亦先由公举，可不谓周乎！中国以茶叶大黄岁数百万济外夷之命，英夷乃以鸦片岁数千万竭中国之脂，惟弥利坚国邻南洲，金矿充溢，故以货易货外，尚岁运金银百数十万以裨中国之币，可不谓富乎？富且强，不横凌小国，不桀骜中国，且遇义愤，请效施驱。可不谓谊乎？①

　　梁廷枏的《合省国说》和徐继畬的《瀛环志略》，也都大量征引和参考了《联邦志略》的有关内容，并对美国的民主制度大加称颂。

　　"益智书会"编译的这几部历史译著，不仅作为晚清教会学校的历史教科书，满足了教会学校学生对西方历史知识的需求，还对晚清社会的改良思潮有着重要的推动作用。这些汉译历史教科书中所蕴含的丰富的西方国家历史变革以及所传递的进化观、民主思想等，给了一些思想比较敏锐的知识分子以启迪。

　　由"益智书会"编译、供教会学校使用的历史教科书，是晚清出现的最早的汉译历史教科书，为中国人学习西方历史知识开辟了一个新的渠道。尽管在此之前，中国就有京师同文馆、江南制造局翻译馆等官办翻译机构，进行外国书籍的翻译，供国人阅读，但"益智书会"专门译介西方史著作为历史教科书，在近代历史教育史上，可谓开先河之举。作为将汉译历史教科书引入中国的教会学校，不仅仅为国人提供了学习西方历史知识的文本载体，同时还作为晚清学制改革的样本，促进了中国教育的近代化。

　　随着洋务运动的深化，晚清新式学堂开始大量出现，中国的历史教育进入

---

① 　魏源. 海国图志［M］. 平泾固道署重刊，1876.

新的发展阶段。官办的学堂中也开始广泛地编译和使用汉译历史教科书，晚清汉译历史教科书得到了进一步发展。

第二节　新式学堂的汉译历史教科书

洋务运动的兴起促进了晚清新式学堂的建立，但因外国历史课程开设的时间较晚，因此汉译历史教科书在这些新式学堂的出现多是在 19 世纪后期。洋务运动期间创办的学堂，最初主要是为了学习西方制造坚船利炮，因此开设的课程都偏重于算学、化学、物理等自然科学的内容，但大多洋务学堂都开设了外国历史课程。维新派创办的学校，以鼓吹变法理论、改良社会制度、培养政治改革的人才为目的，设置了更加细化的外国历史课程。1887 年 10 月，总理衙门向慈禧太后上奏建议将算学纳入乡试取士之中，"俟乡试之年，按册咨取赴总理衙门，试以格物测算及机器制造、水陆军法、船炮水雷，或公法条约、各国史事诸题，择其明通者，录送顺天乡试"①。将"各国史事"纳入考核内容与范围，各学堂才开始逐渐将外国历史列入课程学习中。

一、洋务学堂的历史课程

1862 年，洋务派创办了京师同文馆，即中国第一所官办的新式学堂。不过其最初的宗旨主要在于培养翻译人才，所以课程方面，只限于外国语言文字，并不添设其他科学课程。吴宣易在《京师同文馆略史》中说道："最初创办同文馆的目的，既然是养成翻译人才，所以课程方面，只限于外国语言文字；同时也不抛弃汉文，另请中国教师讲授中文。英、法、俄各文馆也各请外国教师一人，言明只准学习语言文字，不准传教。其他的科学当然也不添设，所以这个时期的课程，极其简单。"② 直至 1867 年，大学士倭仁上奏称："立国之道，尚礼义不尚权谋；根本之图，在人心不在技艺。今求一艺之末，而又奉夷人为师，

---

① 总理衙门奏会议算学取士事［M］//陈学恂．中国近代教育史教学参考资料：上．1987：224.

② 丁韪良．同文馆记［M］//陈元晖，高时良，黄仁贤．中国近代教育史资料汇编·洋务运动时期教育．上海：上海教育出版社，2007：161.

无论夷人诡谲，未必传其精巧；即使教者诚教，学者诚学，所成就者不过术数之士，古今来未闻有恃术数而能起衰振弱者也。"① 算学馆成立以后，同文馆的课程才日渐扩充，成了综合性的学堂。根据其课程安排，学生除要学习翻译技能之外，还需学习数学、化学、天文、物理、世界历史、地理等内容，在第三学年要求"讲各国地理，读各国史略，翻译选编"。② 除此之外，同文馆开设的"万国公法""富国策"等课程中，也包含着许多外国历史知识的内容。

1863 年在上海开办的广方言馆，最初是由李鸿章基于京师同文馆的开办情况奏请开设的：

> 京师同文馆之设实为良法，行之既久，必有正人君子、奇尤异敏之士出乎其中，然后尽得西人之要领，而思所以驾驭之，绥靖边陲之原本，实在于此。惟是洋人总汇之地，以上海、广东两口为最，种类较多，书籍较富，见闻较广。语言文字之粗者，一教习已足，其精者务在博采周咨，集思广益，非求之上海、广东不可。故行之他处，犹一齐人傅之说也；行之上海、广东，更置之庄岳之间之说也。臣拟请仿照同文馆之例，于上海添设外国语言文字学馆，选近郡年十四以下、资禀颖悟、根器端静之文童，聘西人教习；兼聘内地品学兼优之举贡生员，课以经史文义。学成之后，送省督抚考验，作为该县附学生，准其应试。③

设立之初，规定："每月初一、十五既课试西学，初八、二十四等日又间考经史时文，恐其用志既纷，转荒本业，似与第二条专门肄习之法，稍有未符，只可姑悬此格，以待能者，不必尽人而绳之。"④ 到了 1898 年，广方言馆也开始有了外国历史课程。据张君劢回忆，他十二岁年入馆学习，一周中"四天读英

① 吴宣易. 京师同文馆略史［M］//陈元晖，高时良，黄仁贤. 中国近代教育史资料汇编·洋务运动时期教育. 上海：上海教育出版社，2007：161.
② 毕乃德. 同文馆考［M］//陈元晖，高时良，黄仁贤. 中国近代教育史资料汇编·洋务运动时期教育. 上海：上海教育出版社，2007：167.
③ 李鸿章. 请设外国语言文字学馆折［M］//陈元晖，高时良，黄仁贤. 中国近代教育史资料汇编·洋务运动时期教育. 上海：上海教育出版社，2007：183.
④ 曾国藩. 批广方言馆章程文［M］//陈元晖，高时良，黄仁贤. 中国近代教育史资料汇编·洋务运动时期教育. 上海：上海教育出版社，2007：203.

文，三天读国文……包括了数学、化学、物理、外国历史等都属于英文"①。

　　除了上述这两个具备外国语专门学校性质的学堂之外，洋务运动中的一些地方学堂也开设了外国历史课程。例如，1873 年奏建的陕西味经书院，其章程中规定了明确的读书分类，指出 "《书经》《春秋》、历代正史、《通鉴纲目》《九朝东华录》等书，为史学类，须兼设外洋各国之史，审其兴衰治乱，与中国相印证"②。并要求学生 "应对今日之变，需研习外国史事，与本国之事融会贯通……宜于古今治乱兴衰之迹，深求其故，了然于心，而于外洋各国立国之本末，亦兼综条贯，则遇事自分晓，不难立断，而措置从容，无不中节矣"③。

　　1895 年，盛宣怀创办天津中西学堂，学堂分头等学堂与二等学堂，头等学堂相当于大学本科，学制四年，二等学堂相当于预科，学制也是四年。头等学堂第一年即有 "各国史鉴" 课程，二等学堂将 "各国史鉴" 功课放在第三年和第四年学习。④

　　1901 年，山东巡抚袁世凯奉上谕积极筹办山东大学堂，拟定试办章程四项，他认为小学、中学尚未完备，只得就大学堂内区分三等："一备斋，习浅近各学；一正斋，略如各府厅直隶州之中学堂；一专斋，习专门学。"大学堂只应设专斋，但由于没有生源，因此暂只设大学堂之名，而习备斋、正斋之课。"其备正各斋教法，以 "四书" "五经" 为体，以历代史鉴及中外政治、艺学为用。"在课程设置上，备斋两年，除学习中国经史外，并授以外国语言文字、史志、地舆等浅近之学。正斋四年，授普通学，分政、艺两门。其中 "政学一门，分为三科：一、中国经学，二、中外史学，三、中外治法学"。相当于大学教育的专斋以两年至四年为毕业之限，共分十门，分别为中国经学、中外史学、中外政治学、方言学、商学等。从中可见无论是备斋、正斋还是专斋，袁世凯都要求各级学校均需开设外国史课程。他强调指出，山东省囿于风气保守，"究于各

① 张君劢. 我的学生时代［M］//陈学恂. 中国近代教育史教学参考资料：上. 北京：人民教育出版社，1987：58.
② 刘光蕡. 味经创设时务斋章程［M］//邓洪波. 中国书院章程. 长沙：湖南大学出版社，2000：265.
③ 刘光蕡. 时务斋学规［M］//陈学恂. 中国近代教育史教学参考资料. 北京：人民教育出版社，1987：262.
④ 盛宣怀. 拟设天津中西学堂章程禀（附章程、功课）［M］//舒新城. 中国近代教育史资料. 北京：人民教育出版社，1961：141.

国政治、艺学，素鲜讲求"，"拟取各国史鉴、政治、艺学各书，先就通行者选择精本，用活字铅板多多排印，分发各属，俾士子购取肄习，藉拓见闻"。① 在该奏折后列出的课程表中，又具体规定，备斋第二年学习"泰西百年新史"，正斋第二年设"泰西古史""泰西近史"。②

　　在晚清洋务学堂的历史课程中，中国历史并没有从经学中独立出来，这与洋务派"中学为体，西学为用"的改革思想不无关系，中国历史依附于经学，儒家的纲常名教依旧被作为巩固封建统治的工具，历史教育也没有摆脱伦理教化的婢女地位。然而值得注意的是，洋务派作为中国长期闭关锁国之后首次与西方文化主动接触的派别，在改革的初期就已经涉及教育层面，将关注点放在了为中国培养"新式"人才上，这在客观上促进了中国教育的近代化。此外，洋务学堂中，除了一些专门性的技术类学堂和武备学堂，如福建船政学堂、天津水师学堂、江南陆师学堂、湖北武备学堂等，因为专业性更强，只学习西方制造坚船利炮，从而开设的课程相对单一以外，大多数以普及自然科学与人文科学知识为目标的洋务学堂，均程度不一地开设了外国史地课程。将"开眼看世界"的范围扩大到不仅仅学习西方的制器技艺，还学习西方的政治改良和历史变革，将外国历史课程纳入学校课程体系，使得外国历史教学在学校教育中占有一席之地，这就比梁启超笔下旧式科举制度导致"外国之名形不识……其能稍通古今者，郡邑或不得一人，其能通达中外博达政教之故，及有专门之学者益更寡矣。以彼人才，至愚极陋如此，而当官任政如彼，而以当泰西十六之强国，万亿之新学新艺，其为所凌弱宰割，拱手受缚，乃其固然也"③ 的情况有了很大进步。洋务学堂"悉各国情形"的教育目标，必须利用外国历史课程的教育功能，这就使得教科书的使用更广泛起来。

二、维新派学堂的历史课程

　　19 世纪 70 年代，中国的民族资产阶级作为新兴的政治力量开始登上中国的

① 袁世凯. 奏办山东大学堂折［M］//陈学恂. 中国近代教育史教学参考资料. 北京：人民教育出版社，1987：611-614.

② 袁世凯. 奏办山东大学堂折［M］//陈学恂. 中国近代教育史教学参考资料. 北京：人民教育出版社，1987：629.

③ 梁启超. 公车上书请变通科举折［M］//舒新城. 中国近代教育史资料：上. 北京：人民教育出版社，1961：40.

历史舞台。维新派作为新时期的改革力量，开始进一步探索中国救亡图存的道路。甲午战争中，中国败于"蕞尔小国"日本，标志着洋务运动在中国的失败，这引起了全社会的震动，许多有识之士开始思考，中国落后的原因并不在于制器技艺的落后，而是在于制度的腐朽和人才的缺失。陈天华在《猛回头》中说道："其人概不读书，愚蠢极了，所以受制于人。你看中国的人，有本领有知识的有几个，就是号称读书的人，除了且夫若曰几个字外，还晓得什么！那欧美各国以及日本，每人到了六岁，无论男女都要进学堂，所学的无非是天文、舆地、伦理、化学、物理、算学、图画、音乐，一切有用的学问，习了十余年。还有那陆军、海军、文科、农科、医科、师范各种专门学问。他的极下等人，其学问胜过我国的翰林进士……第五要，兴学堂，教育普及……中国此时尚不广兴学堂，真是无从救了。"① 梁启超也说："世界之运，由乱而进于平；胜败之原，由力而趋于智。故言自强于今日，以开民智为第一义。智恶乎开？开于学。学恶乎立？立于教。"② 他认为洋务学堂的课程内容无法培养出社会真正需要的人才：

> 今之同文馆、广方言馆、水师学堂、武备学堂、自强学堂、实学馆之类，其不能得异才何也？言艺之事多，言政与教之事少。其所谓艺者，又不过语言文字之浅，兵学之末，不务其大，不揣其本，即尽其道，所成已无几矣。又其受病之根有三：一曰科举之制不改，就学乏才也；二曰师范学堂不立，教习非人也；三曰专门之业不分，致精无自也。③

在这样的社会背景下，康有为与梁启超等维新派开始建立新式学堂来培养人才。这一时期较为著名的维新学堂是康有为创办的万木草堂和梁启超主持的时务学堂。

万木草堂原名长兴学舍，位于广州长兴里卫边街。1888 年，康有为上书光绪帝请求变法，上书无果回到广州之后，康有为感到必须广泛培养维新改革的

---

① 陈天华. 猛回头［M］//舒新城. 中国近代教育史资料：下. 北京：人民教育出版社，1961：1019.

② 梁启超. 变法通议［M］//饮冰室合集·文集一. 北京：中华书局，1989：10.

③ 梁启超. 变法通议［M］//饮冰室合集·文集一. 北京：中华书局，1989：19.

人才，才有可能实现变法自强，于是他于1891年创设了万木草堂。

不同于洋务学堂以西方技艺为主要教学内容，万木草堂对西方学说的教学更多地涉及人文社科方面，康有为亲自手定了《长兴学记》作为学规，分为"学纲、学科、科外学科"三个方面。"学纲"以"志于道，据于德，依于仁，游于艺"① 四言为纲，在"学科"中将课程分为四类：

> 一、义理之学：孔学、佛学、周秦诸子学、宋明学、泰西哲学。二、考据之学：中国经学史学、万国史学、地理学、数学、格致学。三、经世之学：政治原理学、中国政治沿革得失、万国政治沿革得失、政治应用学、群学。四、文字之学：中国辞章学、外国语文字学。②

可见，万木草堂的课程设置中，专门的历史课程内容丰富，涉及中外古今的历史知识。万木草堂的历史教学内容不同于以往学校中将经学与史学一体化的方式，也脱离了空洞的四书五经和八股之学的窠臼，更重要的是学习西学，如西方哲学、西方历史学、各国政治变革得失等，这就提升了洋务学堂时期地主阶级知识分子学习西方学说的思想层次。

除了教学内容上的细化，万木草堂历史课程的教学方法亦有创新，注重实用性教学和自学。在万木草堂，除了康有为主讲一些课程之外，他还要求学生自己上台读书，并应用"习礼"的教学方法，"朔月、月半，行相揖之仪，以鼓为节。考钟磬、吹管、抚琴……以管和之。礼毕投壶，论学而散"③。学生们除了自学部分历史知识以外，还需要协助康有为编写书籍来训练自己的写作能力，"吾侪坐是获所启发，各斐然有述作之志"④。梁启超的弟弟梁启勋在《"万木草堂"回忆》中写道："在万木草堂我们除听讲外，主要是靠自己读书、写笔记。当时入草堂，第一部书就是读《公羊传》，同时读一部《春秋繁露》。除读中国古书外，还要读很多西洋的书。如江南制造局关于声、光、化、电等科学译述

---

① 马洪林．康有为［M］//陈旭麓．中国近代史丛书．上海：上海人民出版社，1986：54.
② 王明德．百年家族：康有为、康广仁、康同璧［M］．石家庄：河北教育出版社，2003：62.
③ 康有为．长兴学记［M］．陈汉才，校注．广州：广东高等教育出版社，1991：62.
④ 梁启超．康有为七十寿言［M］//饮冰室合集·文集六．北京：中华书局，1989：28.

百数十种，皆所应读。容闳、严复诸留学先辈的译本及外国传教士傅兰雅、李提摩太等的译本皆读……在万木草堂我们除自己用功读书之外，还有一种特殊工作即编书，这是协助先生著述的工作。譬如康先生要写一部《孔子改制考》，由他指定一二十个同学，把上自秦汉，下至宋代各学者的著述，从头检阅。凡有关于孔子改制的言论，简单录出。"①

万木草堂历时八年，至戊戌变法后被清政府查封，但依旧培养了众多人才，为维新运动造就了一批骨干力量，在社会上产生了很大的影响，时人评价道："九流混混谁其派，万木森森一草堂。但有群伦尊北海，更无三顾起南阳。"②

1897年，维新变法的拥护者蒋德钧提议创办时务学堂，将校舍定在长沙小东街上，由熊希龄担任总提调，主持行政事务，聘请梁启超为中文总教习，留学归国的钢铁专家、上海江南制造局提调兼南洋公学教授李维格为西文总教习。

梁启超仿照《长兴学记》为时务学堂拟定了《时务学堂学约》，内容分为"立志、养心、治身、读书、穷理、学文、乐群、摄生、经世、传教"③ 十个部分，强调学生应该以天下为己任，学以致用。梁启超还制定了《时务学堂功课详细章程》，在这一章程中对学堂的课程做了规定，分为溥通学与专门学两大部分，前者包括经学、诸子学、公理学、中外史志及格算诸学之粗浅者，后者分为公法学、掌故学、格算学，在溥通学与专门学中，都有历史课程的设置。根据《第一年读书分月课程表》，时务学堂设置的历史课程如下④：

① 康有为.长兴学记［M］.陈汉才，校注.广州：广东高等教育出版社，1991：103-104.
② 康有为.长兴学记［M］.陈汉才，校注.广州：广东高等教育出版社，1991：105.
③ 陈元晖，汤志钧，陈祖恩，等.中国近代教育史资料汇编·戊戌时期教育［M］.上海：上海教育出版社，2007：336.
④ 陈元晖，汤志钧，陈祖恩，等.中国近代教育史资料汇编·戊戌时期教育［M］.上海：上海教育出版社，2007：344-439.

表 2　时务学堂"第一年读书分月课程表"

	专精之书	涉猎之书	
第一月	《礼记·学记篇》《礼记·少仪篇》《管子·弟子职篇》《孟子》《春秋公羊传》	《宋元学案》《朱子语类》《史记·儒林列传》	
第二月	《春秋公羊传》《公理学》	《春秋繁露》《谷梁传》《万国史记》《时务报》	
第三月	《春秋公羊传》《礼运》《大学》	《春秋谷梁传》《公法诸书》《万国史记》《日本国志》	
第四月	《春秋公羊传》《中庸》《礼运》《大学》	《白虎通》《日本国志》《泰西新史揽要》	
第五月	《论语》	《四库提要子部》《日本国志》	
第六月	《周礼》《荀子》	周秦诸子任意涉猎	
第七月	《荀子》《墨子》		
第七月	《周礼》	凡治某门者，即任意涉猎本门之书	掌故学
第八月	《墨子》《日本国志》		
第九月	《管子》《日本国志》		
第十月	《老子》《庄子》《列子》《希腊史略》《罗马志略》		公法学
第十一月	《吕氏春秋》《淮南子》《欧洲史略》		
第十二月	《左氏春秋》		

可见，时务学堂的历史课程设置，较为详细，分为通识类和专门类，并涉及许多汉译历史教科书，梁启超试图通过这种较为全面的历史教育，提高学生的思想认识，更好地为社会的变革做贡献。

除了万木草堂与时务学堂之外，维新派新式学堂还有谭嗣同创办的浏阳算学馆、张元济等人创办的北京通艺学堂、邹伯健等人创办的广州时敏学堂等，这些学堂均有详细的章程，也都开设了外国历史课程，并制定校规确保历史教学的内容与方法，为维新运动培养人才。例如，谭嗣同就在浏阳算学馆的章程中规定："肄业生每日除学算外，所余时刻尚多，应时常温习经史，阅看各国史书、古今政事、中外交涉……"①《通艺学堂章程》中设置课程的种类也包括外国历史："初次学期功课，除英国语言文法，来这均所应习外，初分为两门：一曰文学，一曰艺术。文学门：舆地志、泰西近史……泰西要学名论甚多。"②

维新派学堂的办学宗旨是培养政治维新的人才，因此教学内容上必然不同于洋务学堂的重西学技艺，而是突破了洋务学堂的课程局限，将关注点转入西方的历史与政治变革，梁启超认为："中国向于西学，仅袭皮毛，震其技艺之片长，忽其政本之大法……今日之学校，当以政学为主义，以艺学为附庸……政学之用较广，艺学之用较狭。"③ 西方政治与历史课程的设置，是维新派学堂之于洋务派学堂的进步所在，这种向西方学习的内容突破了洋务派的视野，外国历史课程的系统性学习与介绍，为效仿西方资本主义进行变法提供了借鉴，对培养这一时期的政治改革人才具有积极的意义。维新派学堂的历史教学对于当时国人的思想解放和政治变革有着重要的作用，有力地冲击了封建的教育理论基础，但维新派的历史教育理论并未与近代西方的教育理论结合起来，在中国历史的教学中，依旧注重儒家经典的"德育"作用，所以，尽管维新派学堂在西方历史教学的课程结构和内容上做了改良，却并未从根本上将中国的历史教育彻底推向近代化。

三、传统书院的西化改制

中国的传统书院，作为古代讲学授业的主要场所，诞生于唐代，经过宋元明三代的发展，在清代前期达到了鼎盛，不仅成为国家教育事业的重镇，更是遍及全国。其分布之广泛、数量之庞大，为前代所未有。加之教学制度的完善与学术成就的突出，在清代前期的国民教育方面发挥着十分重要的作用。而到了嘉道年间，随着清政府统治的日益腐败，书院也逐渐积弊丛生，管理趋于混乱，师资水平也大不如前。鸦片战争之后，国家内忧外患加重，社会危机加重，

---

① 谭嗣同. 浏阳兴算记 [M] //陈学恂. 中国近代教育史教学参考资料. 北京：人民教育出版社，1987：378.

② 通艺学堂章程 [M] //陈学恂. 中国近代教育史教学参考资料. 北京：人民教育出版社，1987：387.

③ 梁启超. 与林迪臣太守论浙中学堂课程应提倡实学书 [M] //舒新城. 中国近代教育史资料：下. 北京：人民教育出版社，1961：935.

靠着国家拨款和士绅赞助维持发展的书院，无法再得到经济援助，逐渐难以负担各项开支，一再衰落。随着晚清社会改良运动的兴起，书院作为中国传统教育的重要机构，如果不能适应时代改良的需求，势必会被淘汰。于是，传统的旧式书院纷纷改为新式学堂，以西学为主要学习内容，以培养实用型人才为目标，开始摆脱传统以科举为目标的教学模式。

事实上，洋务运动中创办的许多新式学堂，都是以旧式书院为基础改建的，如上文提过的上海广方言馆、福州船政学堂、广东水陆师学堂、武昌算术学堂等。还有一些教会学校也是在书院基础上设立的，如由英国驻沪领事麦华陀与传教士傅兰雅等人创办的上海格致书院。还有一些进步官僚和士绅改建的新式学堂，如 1828 年由上海巡道陈銮在原敬业书院的基础上设立的蕊珠书院和 1876 年由巡道冯骏光创建的求志书院；1864 年，时任上海道台丁日昌倡议兴办了龙门书院，中西兼学；1878 年，士绅张焕纶和邵友濂仿照西方小学的教学制度，创办了正蒙书院"洋文馆"，聘请通晓西文的教师教授英文、法文，后更名为梅溪书院。

戊戌变法期间，山西巡抚胡聘之上奏光绪帝，详陈旧式书院的弊端：

> 查近书院之弊，或空谈讲学，或溺志词章，既皆无裨实用，其下者专摹贴括，注意膏奖，志趣阜陋，安望有所成就。宜将原设之额，大加裁汰，每月诗文等课，酌量并减，然后综核经费，更定章程，延硕学通儒，为之教授。研究经义，以穷其理，博综史事，以观其变。由是参考时务，兼习算学，凡天文、地舆、农务、兵事，与夫一切有用之学，统归格致之中，分门探讨，务臻其奥。此外水师、武备、船炮、器械，及工技制造等类，尽可另立学堂，交资互益，以儒学书院会众理以絜其纲维，而以各项学堂操众事以效其职业，必贯通所有宰属，然后本末不嫌于倒置，体用不至于乖违。①

同时，礼部也上奏《议复整顿各省书院折》："现拟整顿书院，采西学之长

---

① 麦仲华．皇朝经世文新编：卷 5 ［M］．上海：上海大同译书局刊本，清光绪二十四年．

而仍以中学为根柢，体用兼备，洵足以储远大之材。"① 康有为也上书光绪帝，称旧式书院"用非所学，学非所用，空疏愚陋，谬种相传"②，因此"奏为请改直省书院为中学堂，乡邑淫祠为小学堂，令小民六岁皆入学，以广教育，以成人才……而大学堂经济常科皆须小学、中学之升擢，而中学、小学直省无之，莫若因省府州县乡邑公私现有之书院、义学、社学、学塾，皆改为兼习中西之学校，省会之大书院改为高等学，府州县之书院为中等学，义学、社学为小学"③。还有翰林院侍讲学士秦绶章的《请整顿各省书院预储人才折》以及梁启超的《上南皮张尚书论改书院课程书》等，纷纷奏请改革旧式书院为新式学堂。

光绪帝光绪二十四年（1898）五月颁布谕旨："即将各省府厅州县现有之大小书院，一律改为兼习中学、西学之学校，至于学校等级，自应以省会之大书院为高等学，郡城之书院为中等学，州县之书院为小学。"④ 这就正式开启了将书院改为新式学堂的进程。随着戊戌变法的失败，这一进程也逐渐减慢。而随着1901年清末新政的实行，书院改为学堂的进程又一次重新启动，慈禧太后重新颁布了书院改制的诏令：

> 除京师已设大学堂，应行切实整顿外，著各省所有书院，于省城均改设大学堂，各府及直隶州均改设中学堂，各州县均改设小学堂，并多设蒙养学堂。其教法当以四书五经纲常大义为主，以历代史鉴及中外政治艺学为辅，务使心术纯正，文行交修，博通时务，讲求实学，庶几植基立本，成德达材，用副朕图治作人之至意。著各该督抚学政，切实通饬，认真兴办。所有礼延师长，妥定教规，及学生毕业，应如何选举鼓励，一切详细章程，著政务处咨行各省悉心酌议，会同礼部复核具奏，将此通谕知之。⑤

---

① 王树敏，王延熙. 皇朝道咸同光奏议：卷7［M］. 上海久敬斋石印本，清光绪二十八年.
② 康有为. 上清帝第二书［M］//中国史学会. 中国近代史资料丛刊·戊戌变法：第2册. 上海：上海人民出版社，1957：148.
③ 陈谷嘉，邓洪波. 中国书院史资料：下［M］. 杭州：浙江教育出版社，1998：2466.
④ 光绪二十四年五月二十二日上谕［M］//中国史学会. 中国近代史资料丛刊·戊戌变法：第2册. 上海：上海人民出版社，1957：34.
⑤ 光绪二十七年八月初二日上谕［M］//大清新法令1901—1911：第1卷. 北京：商务印书馆，2010：9.

之后，全国的大小书院纷纷改制成为新式学堂，直至 1905 年科举制废除，旧式书院正式退出了历史舞台。

传统书院改为新式学堂，最主要的一项工作即为"西学化"，包括教学制度与教学内容两个主要方面。教学制度上，大多书院都仿照西方学校的管理模式，聘请洋人充当教习，从书院改制到 1908 年基本完成，这期间，各级书院聘请的洋人教习达 500 余人，聘请这些洋人教习，对于解决新式学堂师资缺乏的问题是非常必要的。除此之外，改中学之旧，立西学之新，是晚清书院改制为新式学堂的核心内容。1865 年，广东巡抚郭嵩焘在学海堂增设数学课，这是书院增设西学的尝试，到 19 世纪 90 年代，书院添设西学课程逐步成为共识。

在传统书院的西化改制中，最重要的部分即为西学化的课程改革，这是新的教育准则对原有的教育进行的内部改造，是为适应近代社会对新式人才的需要而进行的。而在课程改革的过程中，历史学科作为西学的重要组成部分，引起了人们的重视，成为书院改制的重要成果。以上海龙门书院为例，1887 年，孙锵鸣主讲龙门书院，开始趋新学西，购置了大量西方历史书籍。据统计，龙门书院存有西学书目计 340 种，其中西史书籍约占四成，当时的学生姚明辉回忆道："斯时，院内群处三四十人，长者四五十岁，幼者一二十岁，长者领导，幼者服从，据旧学之基础，展新学之钻研。"① 而龙门书院的课程规定："视地方情形，尚可加外国语、西史、农业、商业、手工之一科目或数科目。其加数科目者，系就各学生所长，各专课一科目。"② 贵州候补道罗应旒奏请经世书院弃时文、诗赋之学，设政事、史学、辞令各门，聘西学教习。1896 年 10 月，秦绶章奏请"整顿书院预储人才"，提出定课程、重师道、核经费，课程分为经学、史学、掌故、地舆、算学、格致六类，经礼部覆议，准其所请并"通行各省督抚学政，参酌采取，以扩旧规而收实效"③。1895 年，刘光蕡在陕西味经书院增设时务斋，课程包括各国史、西洋文字、各国政治、兵事、算学等，他在《味经创设时务斋章程》中，将书院所要学习的中西科目分为五类：道学类、史学类、经济类、训诂类和诸艺类。而作为书院改制数量最大的河北省，时任直隶总督袁世凯不惜花重金聘请洋教习，1904 年全国聘用的 218 名洋教习中，有

① 姚明辉．上海的书院［M］//上海市文史馆资料工作委员会．上海地方史资料（四）．上海：上海人民出版社，1986：17.
② 沈恩孚．上海龙门书院纪略［J］．人文月刊，1937（9）：2.
③ 高时良．洋务运动时期教育［M］．上海：上海教育出版社，1992：698.

85 名在直隶工作，主要教授西文、西方自然科学与西方政事历史类课程。

随着传统书院的西化改制完成，晚清时期的中国已经出现了大量新式学堂，这些学堂的教学水平，以小学、中学、师范阶段为主，随着新式学堂的增多，西方历史课程的开设越加广泛。新式学堂作为晚清中国社会改革背景下推动教育近代化的产物，将外国历史纳入了教学体系。鸦片战争与甲午战争的失败，让中国人不得不注意对其他各国历史与政治的了解，作为"开眼看世界"的重要内容，对外国历史的学习有利于人们对"夷情"的认识，对世界历史的重视，也为中国人寻求改革自救提供了理论与案例参考。

四、国人自译历史教科书的出现

晚清学堂中的外国历史课程，不同于数理化等自然科学课程，有大量的书籍可作为参考，洋务运动兴起后，京师同文馆和江南制造局等翻译机构以实用为原则，大量翻译了声光化电等自然科学类书籍，偏重译介格致、机械军事、算学、化学、生物、解剖、天文等知识。而对于西方历史类的书籍则译介较少，除了教会学校编译的教科书以外，一些在社会上流传较广的汉译历史书也逐渐被用来作为教科书使用。同时，随着新式学堂的增多和对外国历史重视程度的加强，对于历史教科书的选择也逐渐趋于多元化，于是，除了将教会学校的部分译著作为参考之外，由国人自己翻译的史著也被作为新式学堂的教学用书使用了。

作为晚清由官方创办的第一所新式外国语学堂，京师同文馆为清政府培养了大量翻译人才。同文馆设立之初，奕䜣就在《筹办事务始末》中说："与外国交涉事件，必先识其性情，今语言不通，文字难辨，一切隔膜，安望其能妥协……欲悉各国情形，必先谙其语言文字，方不受人欺蒙。"① 因为当时中国很少有通晓外国语言文字之人，因此同文馆起初聘请的都是西方教习，随着翻译人才的逐渐养成，1876 年，京师同文馆设立了印书处，成为中国官方第一个译书机构，直到 19 世纪 90 年代，译介西书一直是同文馆印书处的主要工作，对引进西学做出了重要贡献。同文馆的译书侧重政法、外交、外国史地等，根据丁韪良在《同文馆记》中的统计，同文馆师生译著出版的西学书籍共有 35 种，包括法学、经济学、历史、物理、化学、数学、天文学、生理学、外交等领域。

---

① 赵旻 . 京师同文馆的发展历史及其贡献 ［J］. 中国文化研究，2000（3）：68.

其中共有两部历史类书籍，即《各国史略》与《俄国史略》，这两部由同文馆学生与教习共同翻译的西方历史类书籍，不仅被同文馆作为历史教材使用，还被其他新式学堂作为外国历史课程的主要参考。

《各国史略》作为同文馆开设的外国历史课程教材，又名《世界史纲》，英文名为 *Outline of the World's History*（另有说法为 *Universal History*）。这部书是由同文馆的学生杨枢、长秀在英文教授柯理士先生（Mr. J. P. Cowles）的指导下完成的。《俄国史略》则是由俄文馆的学生在俄文教习夏干（Herr Hagen）的指导下翻译完成的，又名《俄国史》（*History of Russia*）。这两部书因为未经出版，目前全文已经散佚，仅在梁启超的《西学书目表附卷·近译未印书》和徐维则的《增版东西学书录》中被收录了书名，标注为"未出"。①

除了同文馆以外，这一时期还有一个重要的官办译书机构——江南制造局翻译馆，根据傅兰雅所著的《江南制造总局翻译西书事略》，洋务运动期间活跃的两位科学家徐寿与华蘅芳在接触了西学之后，对西学的价值及其对于国家的意义有了较为深刻的认识，于是他们"亦欲广西学于国中，使士大夫得而讲求之"②。据傅兰雅的统计，到 1880 年该馆已刊书 98 种共 235 本，还有已译未刊书 45 种共 124 本，其中"国史"类共 5 部，并未出版刊发，主要有《四裔编年表》《埏纺外史》《俄国新志》《法国新志》。另外，还有两部被列为"时事类"的历史著作《列国岁计政要》和《西国近事汇编》，成为清末官僚士大夫了解西方近现代历史的重要读物。

《列国岁计政要》原书是英国麦丁富得力（Martin）所著的 *The Statesman's Yearbook*，该书由林乐知口译、郑昌棪笔述，于 1878 年出版。该书共 12 卷，分论五大洲各主要国家概况，述其政治制度、工商业、教育、财政收支、军力、疆域、人口等各方面的基本情况，基本材料来自英国驻各国使领馆收集的材料，相当于近代各洲国家的国情、国力报告书。郑昌棪在译序中说道：

> 计地球有五大洲，小岛无虑数千，陆地五十余兆方里，而欧人已奄有十之八，外海大洋轮帆如织，皆欧人舟，炮船无国不到，水师巡防按期更

① 徐维则. 增版东西学书录［M］//王韬，顾燮光，等. 近代译书目. 北京：北京图书馆出版社，2003：41.

② 傅兰雅. 江南制造总局翻译西书事略［J］. 格致汇编，第 3 年第 5 卷.

替，兵力之强，实原农商工之饶利……富为强国之本务，国未富而先求强，犹羸马而与骐骥争力，未有不中蹶者也。①

译者试图通过该书的译介，让国人对其他国家的实际情况有所认识。康有为评价该书为"记各国政俗最详者"②，将其列为万木学堂的课外读物。

《西国近事汇编》（*Summary of Foreign Events，Quarterly*）是第一份记录国际时事的连续出版物，自 1873 年到 1899 年连续按季出版，主要采择外国各大媒体有关国际时政的报道，采录的报刊包括《泰晤士报》《每日电讯》《卫报》及英国格致报、英国化学报、英国官报、美国官报、美国格致报等，"凡各国交涉和战、政治法律、文学之事，靡不具载"③。梁启超评价道："欲知近今各国情状，则制造局所译《西国近事汇编》最可读，为其翻译西报，事实颇多，自同治癸酉起译至今。"④ 他也在时务学堂的"专门学"课程的"涉猎之书"中列入该刊。

国人自译历史教科书的出现，不仅是由于新式学堂的大量出现导致对于历史教科书的需求陡增，而且是由于先进的知识分子们已经认识到，相比传教士译介的西方历史教科书，由国人自己选择、自己编译的史著更适用于晚清社会对于教育内容和人才培养的需求。在《读西学书法》一文中，梁启超介绍了一些西学入门书籍，而且把同类书的优劣做简要的评述，他列出的通史类著作有《万国史记》和《万国通鉴》，梁启超认为美国传教士谢卫楼所译的《万国通鉴》是"教会所译之书，不可尽信"⑤。在《西学启蒙十六种》中，他又说传教士艾约瑟编译的《欧洲史略》一书体例不错，可惜译文太差⑥；美国传教士林

---

① 林乐知，郑昌棪 . 列国岁计政要·译序 [M] //西学军政全书十二种 . 清光绪石印本 .

② 康有为 . 桂学答问 [M] //康有为全集 . 上海：上海古籍出版社，1990：62.

③ 徐维则 . 增版东西学书录 [M] //王韬，顾燮光，等 . 近代译书目 . 北京：北京图书馆出版社，2003：51.

④ 梁启超 . 读西学书法 [M] //中西学门径书七种 . 上海：上海大同译书局 1897 年石印本：9.

⑤ 梁启超 . 读西学书法 [M] //中西学门径书七种 . 上海：上海大同译书局 1897 年石印本：12.

⑥ 梁启超 . 西学启蒙十六种 [M] //中西学门径书七种 . 上海：上海大同译书局 1897 年石印本：17.

乐知所译的《四裔编年表》①便于翻阅，但是"舛错颇多"。世界历史知识在晚清走入中国的学校课堂，是人们对西学认识深化的结果，在洋务运动失败之后，人们头脑中的"西学"概念，已经不仅仅指枪炮器械、声光化电等，还包含了西政、西史等内容。既然外国历史已经引起了人们的重视，那么对于历史教科书的选择就必须有所取舍，要选择那些有利于让人们了解西方历史与政体的书籍，同时，官办翻译机构的出现又为国人自译历史教科书提供了条件，在这样的背景下，自译历史教科书就出现了。

第三节 "癸卯学制"与汉译历史教科书的繁荣

1898年6月11日，光绪皇帝采纳维新派的要求，颁布《定国是诏》，宣布以维新变法为基本国策。就在这份被梁启超誉为"四千年拨旧开新之大举"的变法宣言诏书中，下达了百日维新的第一项改革政令："京师大学堂为各行省之倡，尤应首先举办。"②之后短短两个月，京师大学堂就进入了制定章程、任命管学大臣和选址招生的具体实行阶段。维新变法失败后，京师大学堂被称为"培植人才之地，仍予保留"③，成为维新变法仅存的成果。维新变法虽然失败了，但封建专制教育思想受到冲击，废科举、兴学校、学西学等思想深入人心。于是，兴办教育，建立新式学堂已成为不可抗拒的历史潮流。1900年以后，慈禧太后不得不悄悄拾起维新派的部分主张和建议，陆续颁布各项章程，推行一系列改革。在各界主张教育改革的呼声中，中国开始正式效仿西方进行教育改革。

一、新学制下的外国历史课程设置

"癸卯学制"包括《学务纲要》《大学堂章程》《通儒院章程》《高等学堂章程》《中学堂章程》《高等小学堂章程》《初等小学堂章程》《蒙养院家庭教育

---

① 林乐知. 四裔编年表［M］. 江南制造局印本，1897.
② 清实录·德宗景皇帝实录：卷418［M］. 北京：中华书局，1987：482.
③ 清实录·德宗景皇帝实录：卷427［M］. 北京：中华书局，1987：603.

法章程》《优级师范学堂章程》《初级师范学堂章程》《实习教员讲习所章程》《高等农工商实业学堂章程》《实业补习普通学堂章程》《艺徒学堂章程》《译学馆章程》《进士馆章程》《各学堂管理通则》《实业学堂通则》《任用教员章程》《各学堂考试章程》《各学堂奖励章程》等，包括从小学到大学的完整体系，其宗旨在于"无论何等学堂，均以忠孝为本，以中国经史之学为基。律学生心术壹归于纯正，而后以西学渝其智识，练其艺能，务期他日成才，各适实用，以仰副国家造就通才、慎防流弊之意"①。同时，在培养宗旨上，《奏定学堂章程》规定："略举古来圣主贤君重大美善之事，俾知中国文化所由来及本朝列圣德政，以养国民忠爱之本源"②，"多讲本朝仁政，俾知历圣德泽之深厚，以养成国民自强之志气，忠爱之性情"③，"专举历代帝王之大事，陈述本朝列圣之善政德泽……使得省悟强弱兴亡之故，以振发国民之志气"④。尽管"癸卯学制"中，所构建的历史教育的主要目标是培养学生忠君爱国的思想，但外国历史课程仍然被予以重视。其制定者张之洞在《劝学篇》中就说："中学为内学，西学为外学，中学治身心，西学应世事……今日学者，必先通经以明我国先贤先师立教之旨，考史以识我中国历代之治乱，九州之风土，涉猎子、集以通我中国之学术文章，然后择西学之可以补吾闻者用之，西学之可以起吾疾者取之，斯有其益而无其害。"⑤

"癸卯学制"将整个学制分为三段七级。第一阶段为初等教育，又分为蒙学堂、初等小学堂及高等小学堂 4 年。第二阶段为中等教育，中学堂第三阶段为高等教育，设高等学堂或大学预科。历史课程的课时安排比重较大，而外国历史课程主要是在中等教育阶段开设。根据《奏定中学堂章程》与《学部奏变通中学堂课程分为文科实科折》，中学堂从第二年开始直至第五年分别开设"亚洲

---

① 重订学堂章程折［M］//舒新城.中国近代教育史资料：上.北京：人民教育出版社，1961：197.
② 奏定初等小学堂章程［M］//舒新城.中国近代教育史资料：上.北京：人民教育出版社，1961：420.
③ 奏定高等小学堂章程［M］//舒新城.中国近代教育史资料：上.北京：人民教育出版社，1961：436.
④ 奏定中学堂章程［M］//舒新城.中国近代教育史资料：上.北京：人民教育出版社，1961：509.
⑤ 张之洞.劝学篇［M］.上海：上海书店出版社，2002：22.

各国史""东西洋各国史""外国历史"等课程,"先讲中国史,次讲亚洲各国史,次讲欧洲、美洲史"①。之后,各地的官立中学、公立中学和私立中学都参照其框架设置外国历史课程,如1906年上海私立浦东中学规定第一、二学年开设"本国历史",第三、四学年开设"外国历史";1908年温州府官立中学堂就规定第一到第三学年开设"中史",第四第五学年开设"外史"。②

《奏定大学堂章程》则将大学堂分为八类,其中文学科大学分为中国史学门、万国史学门、中外地理学门、中国文学门、英国文学门、法国义学门、俄国文学门、德国文学门、日本国文学门,除此之外,其他学科大学亦有外国历史类课程,如经学科大学的世界史、西国史、西国法制史、比较法制史、中外教育史、外国科学史,以及政法科大学的各国近世外交史、各国政治史、外交史、世界史等。其中万国史学门的具体课程为③:

表3　《奏定大学堂章程》规定的万国史课程

主课	补助课
史学研究法	御批历代通鉴辑览
泰西各国史	中国古今历代法制史
亚洲各国史	万国地理
西国外交史	外国语文英法俄德日选习其一
年代学	

1901年年底,清政府下令将原京师同文馆并入大学堂,并在随后将同文馆改为翻译科。1903年,将翻译科扩大,改设京师大学堂译学馆,并制定了《奏定译学馆章程》。译学馆的设立,是为了储备翻译外交人才,因此在课程安排上,外文是最主要的课程,此外,每位学生都必须具备普通学识,故除英、法、俄、德、日五门主要外国文外,还设置了普通学九门,分别为人伦道德、中国

---

① 重订学堂章程折 [M] //舒新城. 中国近代教育史资料:上. 北京:人民教育出版社,1961:198.
② 江山野. 世界中学课程设置博览 [M]. 长春:吉林教育出版社,1989:116.
③ 奏定大学堂章程 [M] //舒新城. 中国近代教育史资料:中. 北京:人民教育出版社,1961:592.

文学、历史、地理、算学、博物、物理及化学、图画、体操，其中"历史"一门的主要课程为中国史、亚洲各国史和西洋史。①

值得注意的是，由晚清洋务派张之洞等人负责制定的"癸卯学制"，与洋务运动时期建立的新式学堂相比，在学科的设置上逐渐摒弃了以西方自然科学和制器技艺为主的教学内容，同样作为晚清封建统治阶级官办的各级新学堂，更注重对西方地理、历史与政治等方面的学习，尤其是近代西方史，《奏定中学堂章程》中就规定："宜就欧美诸国讲其古今历史中之重要事宜（上古不必多讲）……详于近代而略于远年，五十年以内之事尤宜加详，说近世事者十之九，说古事者十之一。"②

不仅如此，在经历了甲午中日战争的失败以后，清政府认识到，以日本为代表的东亚各国已然发展成为可以与清朝统治相抗衡的国家，于是，亚洲各国历史也开始成为历史课堂中非常重要的教学内容，《奏定中学堂章程》规定："先讲中国史……次讲亚洲各国史：先就日本、朝鲜、安南、暹罗、缅甸、印度、波斯、中亚细亚诸小国讲其事实沿革之大略，宜详于日本及朝鲜、安南、暹罗、缅甸，而略于余国。"③ 可见，亚洲各国的历史成为仅次于本国历史的讲授重点，而其中日本又是亚洲史中最重。

甲午战争的失败让中国社会大为震动，梁启超在《论不变法之害》中所言："今有巨厦，更历千岁，瓦墁毁坏，榱栋崩折，非不枵然大也，风雨猝集，则倾圮必矣。而室中之人，犹然酣嬉鼾卧，漠然无所闻见。"④ 而作为清末新政教育改革的主要实施者，张之洞也将日本作为效法的对象之一，主张"取法东洋"，于是，"癸卯学制"中外国历史课程的设置，将亚洲史纳入教学体系中。

二、官方审定的汉译历史教科书

随着新学制下历史教学的加强，对历史教科书的需求越发强烈了。但之前

---

① 奏定译学馆章程 ［M］//北京大学校史研究室. 北京大学史料·第一卷（1898—1911）. 北京：北京大学出版社，1993：170.
② 奏定学堂章程 ［M］//璩鑫圭，唐良炎. 中国近代教育史资料汇编·学制演变. 上海：上海教育出版社，1991：330.
③ 奏定学堂章程 ［M］//璩鑫圭，唐良炎. 中国近代教育史资料汇编·学制演变. 上海：上海教育出版社，1991：330.
④ 梁启超. 论不变法之害 ［M］//饮冰室合集·文集六. 北京：中华书局，1989：89.

的新式学堂，不管是洋务学堂还是教会学校，它们所采用的历史教材都不能称之为近代意义上的历史教科书，大多都是翻译自外国的历史著作，仅仅在知识上能满足阅读者的需求，但并非针对学校教育而专门编著的，没有考虑到学生的接受能力等具体教学问题，"吾国自有翻译西籍以来，西史寥寥，而可充中学堂用，已辑为教科书者，益不可得"①。尽管如此，在当时的社会背景下，利用翻译和编译国外现成的西洋史教科书以解决国内教科书之需，也是一种无奈的选择。《奏定学堂章程·学务纲要》中就列有"选外国教科书实无流弊者，暂应急用"的条目：

> 各种科学书，中国尚无自纂之本，间有中国旧籍可资取用者，亦有外国人所编，华人所译，颇合中国教法者，但此类之书无几，目前不得不借用外国成书以资讲习。现订各学堂教科门目，其中有暂用外国科学书者，或名目间有难解，则酌为改易，仍注明本书名于下，俾便于依类采购，俟将来各科学书中均有自编、有定本，撰有定名，再行更正。至现所撰录之外国各种科学书，及华人所译科学书，均由各教员临时斟酌采用，其与中国不相宜之字句，则节去之，务期讲习毫无流弊，仍拟另撰学科门目，释义用资考察。②

19 世纪末 20 世纪初，留学生开始组织学社、出版刊物、翻译国外西洋史教科书，以供国内学堂教科之用。当时影响比较大的有会文学社、教科书译辑社、东文学社、普通学书室、作新社、镜今书局、广智书局等，其中出版教科书最用力的应是商务印书馆和文明书局。20 世纪初年，中国的译书界空前活跃，翻译了大量的国外教科书，其中被官方审定或被大多数新式学堂采用的汉译外国历史教科书大致有以下数本③：

---

① 绍介批评.中学西洋历史教科书［J］.教育杂志，1909（6）.
② 奏定学堂章程·学务纲要［M］//舒新城.中国近代教育史资料：上.北京：人民教育出版社，1961：56.
③ 《京师大学堂暂定各学堂应用书目》，湖广督署重刊，光绪二十九年（1903）。《审定书目：本部审定中学暂用书目表》《审定书目：书目提要》，《学部官报》第五十七期，1908 年 5 月 25 日。

表 4 官方审定的汉译外国史教科书

书名	原作者	译者	出版方	出版日期
《欧罗巴通史》	[日]箕作元八 峰山米造	徐有成 胡景伊 唐人杰	东亚译书会	1901 年 1 月
《节本泰西新史揽要》	[英]麦恳西	李提摩太 蔡尔康	梦坡室节录	1901 年 6 月
《万国史纲目》	[日]重野安绎	不详	日本东京劝学会	不详
《西洋史要》	[日]小川银次郎	樊炳清萨端	金粟斋译书社	1901 年 10 月
《欧洲历史揽要》	[日]长谷川成也	长水敬业 学社译	长水敬业学社	1902 年 5 月
《西洋历史教科书》	[日]本多浅治郎	李国盘	商务印书馆	1902 年 7 月
《万国历史》	不详	作新社译	作新社	1902 年 7 月
《亚美利加洲通史》	不详	戴彬	商务印书馆	1902 年 11 月
《世界近世史》	[日]松平康国	作新社译	作新社	1902 年 11 月
《世界通史》	[日]石川利之	不详	中外书会	1902 年
《西洋通史前编》	[法]驼懊屡	[日]村上 义茂	会文译书社	1902 年
《西洋历史》	[日]木寺柳次郎	李国盘	不详	1902 年
《万国史要》	[美]维廉·斯因顿	张相	杭州史学斋	1903 年 5 月
《万国史纲》	[日]元良勇次郎 家永丰吉	邵希雍	支那翻译会社	1903 年 6 月

续表

书名	原作者	译者	出版方	出版日期
《世界通史》	［德］布勒志	特社译补	上海通社	1903年8月
《西洋文明史》	［日］高山林次郎	商务印书馆编译所	上海商务	1903年
《西史通释》	［日］浮田和民	吴启孙	上海文明译书局	1903年
《世界文明史》	［日］高山林次郎	不详	商务印书馆	1903年
《万国通史》	［日］天野为之	吴启孙	文明书局	1903年
《世界史要》	［日］雨谷羔太郎 坂田厚胤	吴家煦 吴传绾	上海开明书店	1903年
《万国通史全编》	［日］青森工藤	不详	中外日报馆	1903年
《西洋历史》	［日］吉国藤吉	范迪吉	上海会文学社	1903年
《万国新历史》	［日］坂本嘉治马	薛光锷	益智学社	1903年
《最新中学万国史教科书》	［日］松村介石	不详	会文政记书局	1903年
《万国史讲义》	［日］服部宇之吉	不详	商务印书馆	1904年
《迈尔通史》	［美］迈尔	黄佐廷 张在新	山西大学堂译书院	1905年4月
《西洋史》	［日］野村浩一郎	李薈仪 柏年	湖北法政编辑社	1905年
《西国新史》	泰东同文局	不详	泰东同文局	1906年

续表

书名	原作者	译者	出版方	出版日期
《万国史略》	［美］彼德巴利	陈寿彭	江楚编译官书局	1907 年 1 月
《最新世界历史》	东亚公司编纂局	钱应清	东亚公司	1908 年
《中学西洋历史教科书》	［日］坪井九马三	吴渊民	广智书局	1908 年
《西洋通史》	［日］濑川秀雄	章起渭	商务印书馆	1911 年 1 月
《西洋史讲义》	［日］迁安弥	豫备科学生	不详	不详

这些被官方认可的汉译外国史教科书，在全国范围内被使用，但并不意味着当时学堂所采用的汉译西洋史教科书仅仅只有上述数种。因为学部虽然采取教科书审定制度，但并未严格要求学堂一律采用这些审定教科书，所以各学堂采用哪些外国史教科书，仍然具有很大的自主性。

事实上，"癸卯学制"之后对历史课程的加强，不仅体现在外国历史，中国历史的课程也改变了古代与经学一体的特点，独立成一门学科。然而在这一时期，中国近代史学的发展尚未繁荣，新史学思潮的兴起虽然标志着中国史学近代化的开始，但在 20 世纪初年，其意义还在于"破"而不是"立"，新的中国历史书写还未大量出现，在中国历史方面的成就亦是有限。因此，与外国历史教科书一样，近代化的中国历史教科书资源也较为匮乏，学部第一次审定高等小学暂用书目时，说道："中国历史一科，尚无适宜之本，故暂从缺如，俟选有佳构，再以本部官报公布之。"① 于是，一部分译自日本的汉译中国历史教科书也被官方审定作为新式学堂的教科书使用：

---

① 审定书目：学部第一次审定高等小学暂用书目凡例［J］. 学部官报，1907（21）.

表5　官方审定的汉译中国史教科书

书名	原作者	译者	出版方	出版日期
《最近支那史》	河野通之 石村贞一	不详	振东室学社	1898 年
《支那通史》	那珂通世	不详	东文学社	1899 年 6 月
《普通新历史》	不详	普通学书室	普通学书室	1901 年 9 月
《清史揽要》	增田贡	不详	上海书局	1901 年
《中国文明小史》	田口卯吉	刘陶	广智书局	1902 年 4 月
《支那史要》	市村瓒次郎	陈毅	广智书局	1902 年 6 月
《东洋史要》	小川银次郎	屠长春	普通学书室	1902 年
《东洋史教科书》	日本开成馆编	王琴希	明德译书局	1902 年
《支那近代三百年史》	三岛雄太郎	不详	开明书店	1903 年
《支那史》	市村瓒次郎 泷川龟太郎	桥本海关	教育世界社	1903 年
《支那文明史》	白河次郎 国府种德	上海竞化书局	上海竞化书局	1903 年
《东洋历史》	幸田成友	东华译书社编译	上海会文学社	1903 年

　　如梁启超所说:"中国史至今讫无佳本,盖以中国人著中国史,常苦于学识之局而不达,以外国人著中国史,又苦于事实之略而不具,要之此事终非可以望诸他山也,不得已而求其次。"① 汉译的中国历史教科书作为短期内教科书短缺的应需之作,这些教科书的学术性不足,记事也不甚翔实。但不同于传统的中国史著,这些教科书往往采用新的体例编纂,为近代知识分子的史学革命提供了一些参考,一些思想敏锐的知识分子通过学习这些汉译历史教科书,对传统史学进行了反思,对其存在的诸多弊病进行了批判,这就与当时兴起的新史学思潮呼应,一定程度上推动了中国史学近代化的进程。

三、对日本历史教科书的汉译

　　随着新学制的颁布,历史教科书的短缺成为晚清教育改革急需解决的问题,

---

① 梁启超. 东籍月旦 [M] //饮冰室合集:第1册. 北京:中华书局,1989.

在原本就是参考日本明治维新时期教育体制的"癸卯学制"之下,"借径日本"成了当时最具可行性的方法。中国社会科学院的毕苑副研究员根据近代相关资料文献和论文著作等研究成果统计的"汉译日本教科书书目(1890—1915)"①,这一时期译自日本的历史教科书多达 76 种,而笔者根据《京师大学堂暂定各学堂应用书目》《审定书目:本部审定中学暂用书目表》与《审定书目:书目提要》的统计,在辛亥革命之前被官方审定为新式学堂教科书的日本汉译历史教科书有 20 余种。

日本在 1868 年施行了明治维新,在政治、经济、文化等方面进行了一系列改革,模仿西方国家,建立了近代化的国家制度。在教育方面,也建立了系统的近代教育制度,与近代中国一样,日本教科书的近代化,也经历了复杂的演变,从早期的翻译西文书籍为主,转向日本人自编为主;从译介宗教书籍为主,到引入专业西洋史书籍为主。而来自西方的史著与史学观念不仅通过教科书影响了日本的历史教育,更是在几十年后,间接成为晚清中国历史教育近代化与史学变革的重要载体。

因此日本的历史教科书在中国被译介与使用,与晚清中国与日本的文化来往不无关系,时人说道:"若日本文译本,则以光绪甲午我国与日本搆衅,明年和议成,留学者咸趋其国,且其国文字迻译较他国为便,于是日本文之译本,遂充斥于市肆,推行于学校,几使一时之学术,浸成风尚,而我国文体,亦遂因之稍稍变矣。"② 甲午战争后,清政府对于学习日本教育产生了新的自觉认识,开始派官员赴日考察。他们发现,"日本学校,虽皆习西文,而实以其本国文及汉文为重。故所授功课,皆译成本国文字……故能化裁西学而不为西学所化"③。日本与中国相近的文化特性及其近代以来的不同国势,使中国人从日本近邻那里看到了学习西方、改变国运的现实例证。1902 年,受派考察日本学校的李宗棠,拜会日本诸教育家和文部大臣,日方有关人士"详询此次来办教科

---

① 毕苑. 汉译日本教科书与中国近代新教育的建立(1890—1915)[J]. 南京大学学报(哲学·人文科学·社会科学版),2008(3):93.
② 诸宗元,顾燮光. 译书经眼录序例[M]//张静庐. 中国近代出版史料. 群联出版社,1954:95.
③ 姚锡光. 东瀛学校举概[M]//璩鑫圭,唐良炎. 中国近代教育史资料汇编·学制演变. 上海:上海教育出版社,1991:115.

书及视察学务之实况，并言彼邦教育家，甚愿助我国编订教科书"①。其后考察期间，日本教育家与李宗棠详细讨论译书之事，表示愿与中国合力译印教科书、制定版权法。还有日本教育家积极表达对中国教科书的意见，如辻武雄就曾对中国教科书的内容、文体、语言等方面提出过建议。对于译书，他说："学堂功课书，则于图书局尽购东西各国之尽善尽美者，参酌折衷，适宜编纂，版藏局中，书颁境外，以便教育子弟，并宜借助外人；而参考书则应时时译著有用之书。"② 日本著名教育家服部宇之吉受聘任京师大学堂速成师范科教授，文部菊池大麓等学者亦对中国教育多有帮助。

甲午中日战争之后的日本，"日清提携论"占据主导，这一派认为日本和清国作为黄种人，应该联合起来抵抗白种人，"特别是来自俄国的威胁，日本应该提携落后的清国"③，因此日本方面对清政府的改革一直采取配合措施。"癸卯学制"颁行之后，日本应清政府之请，派出了大量日本教习和顾问来到中国的学堂，1904 年，来到中国的日本教习和顾问为 234 人，1909 年达 549 人。1904年，在京师大学堂师范馆担任教习的日本人有 9 人之多，教授日语、数理化、历史地理、植物学和动物学等学科。④ 1901 年，罗振玉赴日本考察教育，与文部省官员伊泽修二见面时，"初三日……伊泽君又详询此次来办教科书及视察学务之实况，并言彼邦教育家，甚愿助我国编订教科书……初七日……伊泽君复详论译书事，意欲合中日之力，译印教科书，而定版权之法则，并出教科书十余种见赠"⑤。

除了日本官方对中国教育改革的支援以外，日本此时已经学习西方多年，拥有大量的西方史著日译本，日本人自己编写的历史教科书也有了相当数量。大量留日学生，也为中国培养了较多的日文翻译人才，相比西文汉译，日文汉译相对容易，且日本当时有一些流传较广的史著，就是用中文写就的，例如由

---

① 李宗棠.考察日本学校记序［M］//璩鑫圭，唐良炎.中国近代教育史资料汇编·学制演变.上海：上海教育出版社，1991：118.

② 辻武雄.清国两江学政方案私议［M］//璩鑫圭，唐良炎.中国近代教育史资料汇编·学制演变.上海：上海教育出版社，1991：191.

③ 郑匡民.西学的中介：清末民初的中日文化交流［M］.成都：四川人民出版社，2008：42.

④ 汪向荣.日本教习［M］.北京：商务印书馆，2014：107.

⑤ 罗振玉.扶桑两月记［M］//璩鑫圭，唐良炎.中国近代教育史资料汇编·学制演变.上海：上海教育出版社，1991：123.

下浣冈本所著的《万国史记》和重野安绎所著的《万国史纲目》就是运用了西方史书的体例，用汉字写成的。于是，京师大学管学大臣张百熙概括说："缘日本言政、言学各书，有自创自纂者，有转译西国书者，有就西国书重加删巧酌改者，与中国时令、土宜、国势、民风大率相近。且东文、东语，通晓较易，文理优长者，欲学翻译东书，半年即成，凿凿有据。如此则既精而且速矣。"①因此，在内外大环境和日本教科书本身的优势作用下，大量翻译日本教科书成了必然的趋势。

而中国赴日留学生是这一时期译书活动中最大的群体，译书汇编社、教科书译辑社、湖南编译社、普通百科全书、闽学会等，都是赴日留学生译介日本教科书的重要机构，其中译书汇编社主要翻译大学教材，教科书译辑社主要负责翻译中学教科书，译有《东洋史》《西洋史》等。还有一部分翻译者是在国内开设的日语学校中的学生，当时多称为"东文学堂"，樊炳清即为其中代表性人物之一，翻译过桑原骘藏的《东洋史要》和小川银次郎的《西洋史要》。值得注意的是，不同于教会学校时期的汉译历史教科书，译介自日本的历史教科书中，出现了"东洋史"的概念，这是相对于"西洋史"而出现的。明治维新时期的日本，在引入西洋史的同时，欧洲中心史观被日本学者引入并全盘接受了，而明治维新后期日本的快速发展和甲午中日战争之后，日本的民族自信逐渐树立起来，开始强调起"东洋"与"西洋"的对等性，"称东洋史、西洋史者，必自国史杂沓之事实中，取其影响及他国之事变，以说明现时之历史团体者也"②。因此，东洋史概念的出现，是日本学者出于对西洋史的对抗，桑原骘藏在《中等东洋史·叙》中说：

> 以为世界史或万国史者，仅限于叙述欧洲之盛衰，此等不合条理之想法，由来已久。世界开化，固非欧洲人之专有，东洋诸国，尤其如皇国、支那、印度之类，于人类社会发达之上，起巨大教化之功者，毋庸置疑。③

日本开始崛起之后，重新定义世界史的概念，并开始强调东洋国家对文明

---

① 张百熙. 奏筹办大学堂大概情形折 [M] //璩鑫圭，唐良炎. 中国近代教育史资料汇编·学制演变. 上海：上海教育出版社，1991：70.

② 王国维. 东洋史要·序 [M] //东洋史要. 上海：东文学社，1899：2.

③ 桑原骘藏. 中等东洋史·叙 [M]. 大日本图书株式会社，1898：3.

发展所做的贡献。这一时期的日本,已经建立起足够的信心,不需要依靠世界史来对抗中国的传统中国史观,反而需要抬高古代中国为世界文明所做的贡献,一起来对抗欧洲中心史观。对于中国人来说,东洋史教科书的引入,也在客观上触动了中国读者的爱国意识。

20 世纪初年,清政府拟定的《奏定学堂章程》中,对教科书出版、审定做了规定:"凡各科课本,须用官设编译与编纂,经学务大臣审定,始准通用。"①1906 年,清政府又在学部设立编译图书局,制定编译课本章程。这是我国由政府部门正式确定编辑和审定教科书制度的开始,但由于清政府无力顾及这项工作,所以在 1904 年正式颁布的癸卯学制中又规定:"如有各省文士能遵照官发目录编成合用者,亦准呈送学务大臣鉴定,一体行用,予以版权,准著书人自行印售,以资鼓励……应准各学堂各科教员按照教授详细节目,自编讲义。一一即准作为暂通行之本。"② 由此,开启了允许私家编纂教科书的政策,教科书出版领域呈现出官修与私撰竞争并存,而又以私撰教科书为主的教科书出版局面。

随着国家对私撰教科书的允许,汉译历史教科书也基本上完成了由传统历史教材向近代化转化过程中的过渡使命,缓解了近代教育改革中的教科书危机。晚清汉译历史教科书,经历了教会学校时期传教士主导的对西方史著译介、晚清新式学堂发展中国人自译的出现和清末新政之后对日本史著的译介这几个阶段,对中国的历史教材影响颇深,也对近代刚刚起步的历史教育有着重要的贡献。

---

① 奏定学堂章程 [M] //舒新城. 中国近代教育史资料:上. 北京:人民教育出版社,1961.

② 癸卯学制 [M] //舒新城. 中国近代教育史资料:上. 北京:人民教育出版社,1961.

第三章

晚清汉译历史教科书的主要内容

晚清汉译历史教科书因其内容的丰富性，为中国近代教育提供了教材上的支持，影响了近代中国的学人。晚清汉译历史教科书在内容上，既有对世界历史（主要是西方历史）和亚洲史的译介，也有对东洋史以及对中国历史的译介。因其出现的时代特殊性，还出现了"文明史"这类特殊内容的历史教科书。这些教科书因为译介主体和时代背景的不同，在内容上也有着较大的差异，而汉译历史教科书在内容上的特点，不仅反映出这一时期中国社会民众对于历史知识的选择，更是其得以在晚清中国有着深远影响力的重要原因。

第一节　世界历史的译介

中国对于世界历史的译介出现较早，从明代后期的西学东渐，就有了世界历史知识的传入与译介。近代前期，"向西方学习"的思想深入人心，于是世界历史的译介主要来自欧美；而甲午战争之后，中国与日本的文化往来增多，译自日本的世界史著作开始大量出现，世界历史的译介开始呈现出多元化的传输现象。近代国人对世界的认识有了一定的进步，清末兴办学堂，开设西洋史、万国史课程，人们对"世界历史"的内涵和外延的理解也更加丰富。

一、译自欧美的世界史教科书

鸦片战争之后，中国门户大开，西方的文化开始大量传入中国。作为最早进入中国的西方人，欧美各国的传教士成为沟通中西文化的重要桥梁，最早的世界史译著也来自他们，而其中有一部分译著被作为教会学堂的教科书使用，这部分世界史教科书，往往具有较强的宗教色彩，旨在通过对西方历史的记载，宣扬基督教的教义和突出宗教在国家进步中的重要作用，以吸引中国人民信奉宗教，但客观上，传教士译介的世界史教科书还是为晚清的中国人提供了其他国家的历史知识，拓宽了人们对于世界的认识。到了清末，中国人开始尝试翻译欧美的世界史著作作为教科书使用，这部分教科书的内容，主要以通史为主，介绍世界各国的历史概况，叙事也以普及历史知识为目的，少有研究型译著。同时，受到当时社会救亡图存需求的影响，这些世界史译著在内容上带有较强的选择性，最多的是以"万国""各国""西史"等为名的世界通史类译著，如《万国史要》《万国史略》《迈尔通史》《泰西新史揽要》《西史课程》等，除此之外，也多选择英、法、德、俄、美等19世纪的世界强国的历史，如《大英国志》《欧洲史略》《希腊志略》《俄国史略》《俄国近史》《联邦志略》等。在时间上，则以近代史尤其是法国大革命之后的西方历史为介绍重点，突出对各国近代资产阶级改革历史的记载，并加入了进化思想、改革思想等内容，以符合当时社会的改良需求。

《万国史要》原书名为 *Outlines of the World's History*：*Ancient*，*Mediaeval and Modern with special relation to the History of Civilization and the Progress of Mankind*，直译为《世界历史纲要》，作者是美国教育学家维廉·斯因顿（William Swinton），该书1874年在纽约出版，是一部中学历史教材。1903年5月由杭州史学斋出版，译著者为中国学者张相。杭州史学斋在《中外日报》上推荐该书，称之为"东西各学堂历史教科之善本，凡外人之来华为教习及中人之往入彼国中学堂者，罔不同声曰斯因顿、斯因顿，其声价高于《西洋史要》《万国历史》《万国史纲》等书，故在彼国均重数十板"①。并请管学大臣咨行各省作为中学堂历史教材使用。该书共三编六册，分为古代东洋诸国史、古希腊史、罗马史、中代史、近代欧洲诸国民史五部分。该书内容涉及世界各大强国的历史，并主张"历史者，泛而视之，不过人世之记录，然精而解之，则举组织文明史之国民，而核其起源与进步者也。历史所以如此高尚者，乃就脱草昧之境界，结有政之社会之国民而言也。故其记载之区域，亦以影响及于古来世事本体，以成

---

① 《万国史要》出版广告［N］. 中外日报，1903-08-20.

就当今世态之国民为限，此区域即谓之历史之本部"①。因此，该书记事，重在记载国民历史，而非王公贵族的历史，同时该书注重古代历史与近代历史的相关性，强调文明的连续性，这些内容在晚清的中国，都具有相当的吸引力和先进性。曾任京师大学堂总教习的吴汝纶在《吴挚甫尺牍》的"附录学堂书目"中，将《万国史要》列入大学堂的"西学"类。

《万国史略》，原书由美国学者彼德巴利撰写，1837年在美国马塞诸塞州首次出版，1860年于纽约再版，1886年又在芝加哥出版，经美国国会批准为正式的中学教科书。该书传入中国之后，由晚清著名的翻译家陈寿彭译介，江楚编译局1907年1月出版发行。该书共四册，分上古、中古、近世、现世四个时期，分别叙述了亚西亚洲、亚非利加洲、欧罗巴洲、亚墨利加洲、阿享尼加等五洲的历史，每洲之下分为若干章节。据译者介绍，日本变法之初，将此书列为文部教科书，"中学生徒无弗取资于是"，日本冈本监辅所著的《万国史记》，也以此书为参考。该书在中国，一经译出就被列入授课的教材使用，"于甬上储才学堂，主讲西学，庚子岁即以是课生徒"，后由"诸生徒抄缀而成"。② 原书对于欧洲和美洲的历史记载得颇为详尽，而对欧洲历史的记载又详于罗马、英、法等国，其他国家的历史则记载得很简略。记载的内容本身也比较简要，截至19世纪末，对西方各国的政治、军事、宗教、文化诸重大史事进行记载，类似于大事记的性质。

《迈尔通史》原名为 *A General History for Colleges and High Schools*，作者是美国历史学家迈尔（Mayer），该书1890年在美国出版，作为美国许多地区的大学和高中教科书使用。该书被翻译成中文，和传教士李提摩太创办山西大学堂有关。1901年，李提摩太提议从"庚子赔款"中拿出一部分在山西创建大学堂，经山西巡抚岑春煊奏准之后，于次年开办。李提摩太很欣赏此书，特别嘱咐译书院的黄佐廷、张在新两人译出此书，"将以备我国学校之用"③，于是在1905年，该书由山西大学堂译书院出版，上海华美书局代印。该书分上中下世记，上世记三卷：东方各国记、希腊记、罗马记；中世记二卷：黑暗时代记、中兴时代记；近世记二卷：宗教改革时代记、国政改革时代记。其中"中兴时代记"

① 维廉·斯因顿.万国史要·赘言［M］.张相，译.杭州史学斋，1903：1.
② 彼德巴利.万国史略［M］.陈寿彭，译.江楚编译官书局，1906.
③ 迈尔.迈尔通史·序［M］.黄佐廷，张在新，译.上海：山西大学堂译书院，1905：2.

中重点介绍了欧洲的文艺复兴运动：

> 自第十周至第十四周，欧洲各国始各有国文，于是有诗有小说，此民智之所由开也。昔时哲学家著述，俱用腊丁文，能读者鲜，自各以国文著书，然后一国之中，人人可解，智慧易开，各学俱有进步矣。①

这对近代学人了解欧美国家的文化与改革有很大帮助，因此《迈尔通史》在 20 世纪影响颇大，成为许多大学和中学的历史教科书。

《西史课程》由山西大学堂的教习傅岳棻编译，内容有叙例、通论、广义、研究法、上古史、中古史、近世史、国别史，涉及西方历史的多个时期，译者在书中说道："历史研究之方法在即过去事实之陈迹以发现真理，说明现在，预察将来，而知社会之起源、之进步、之目的。历史家以此为宗旨，读史者亦以此为要义。历史家本此以构造历史，故有发见批评解释诸则例。读史者本此以分析历史，惟即历史家所发见为发见，批评为批评，解释为解释，斯亦得耳！"② 该书在内容上并无太大特色，但译者在书中表达的进化历史观，是史学进步的体现。因此，该书被学部定为中学历史教科书，"杂采诸书，抉择精当，编次亦多合法度。泰西史家最重批评，编中案断多俊伟自悬之论，足以开浚学生智识，于中外交通，考证详确，尤为各本所无"③。

《俄国近史》原作者为法国史学家兰波（A. Rambaud），中国学者苏本铫翻译，1908 年 3 月在上海出版发行。该书被审定为高等学堂历史教科书，共二十卷：卷一"俄皇大彼得继立之初"，卷二"大彼得与瑞典之战争"，卷三"大彼得之维新"，卷四"大彼得之晚年"，卷五"加他邻第一、彼得第二"，卷六"伊范俄纳、伊范第六"，卷七"意利萨伯"，卷八"彼得第三"，卷九"加他邻即位之初年"，卷十"加他邻第二改革时代"，卷十一"加他邻第二之晚年"，卷十二"保罗第一"，卷十三"亚历山大第一之外交"，卷十四"亚历山大之内政"，卷十五"尼古辣士第一"，卷十六"亚历山大第二"，卷十七"亚历山大第二"，卷十八"俄皇亚历山大第三时代"，卷十九"俄皇尼古拉斯第二时代"，

---

① 迈尔. 迈尔通史 [M]. 黄佐廷，张在新，译. 上海：山西大学堂译书院，1905：38.
② 山西大学百年纪事编纂委员会. 山西大学百年纪事 [M]. 北京：中华书局，2002：21.
③ 审定书目·书目提要 [J]. 学部官报，1908 (57).

卷二十"俄日之战",将近代俄国的历史进行了较为详细的梳理。

译介自欧美的这些世界史教科书,对西方各国的历史沿革和政治制度所记甚详,尤其突出对各国近代资产阶级改革历史的记载,在内容上比较符合当时社会救亡图存的需求,同时这些教科书对于历史进化思想、资产阶级革命思想等内容的重视,也为近代中国的社会改革提供了启示。

这些世界史教科书在近代教育史上也有着重要的作用,对史学的影响也不容忽视,近现代的史学家们早年多在新式学堂中接受教育,对这类教科书颇为熟悉。蒋廷黻早年在湘潭长老会学校时,用的西洋历史课本就是《迈尔通史》,他自述就是在这本书中学到了西方的"文艺复兴"。① 吴宓回忆道:"清华课程中,有新来的美国教师 Dittmar 先生,讲授《欧洲中世及近世史》,用迈尔的《通史》为课本。"② 吕思勉回忆说,他在学生时代曾经读了邹沉帆的《五洲列国志》、蔡尔康所译的《泰西新史揽要》等书,对世界史有了一定了解。③

二、"西史中最佳之书":《泰西新史揽要》

作为由传教士负责译介,但在 20 世纪初年依然被列入官方审定且被大多数新式学堂采用的一部史志类的著作,《泰西新史揽要》④ 在梁启超的《读西学书法》中被称为"述百年以来欧美各国变法自强之迹,西史中最佳之书也"⑤。该书不仅在学术界被广为推崇,列入晚清新式学堂的历史教科书,同时还得到了清政府上层的赞赏,李鸿章、张之洞、张荫桓和恭亲王奕䜣等人曾因此书多次约见译作者李提摩太,连光绪皇帝也曾研读此书,称其"于万国之故更明"⑥。

《泰西新史揽要》原书名为 The Nineteenth Century: A History,作者为英国人麦肯齐(Robert Mackenzie),1894 年以《泰西近百年来大事记》在广学会机关刊物《万国公报》上连载,次年更名为《泰西新史揽要》,以单行本出版发行,其译作者为广学会总干事李提摩太和时任广学会记室的清人蔡尔康。1892 年,

① 蒋廷黻. 蒋廷黻回忆录 [M]. 长沙:岳麓书社,2003:42.
② 吴学昭. 吴宓自编年谱(1894—1925)[M]. 北京:生活·读书·新知三联书店,1995:143.
③ 俞振基. 蒿庐问学记:吕思勉生平与学术 [M]. 北京:生活·读书·新知三联书店,1996:229.
④ 李提摩太,蔡尔康. 泰西新史揽要 [M]. 上海:上海书店出版社,2002.
⑤ 梁启超. 读西学书法 [M] //饮冰室合集. 北京:北京大学出版社,2005:1162.
⑥ 中国史学会. 戊戌变法:第 1 卷 [M]. 上海:上海人民出版社,2005:251.

李提摩太初到上海，萌发了翻译西方书籍以"饷华人"的想法，于是"延访译书之人"，因"蔡君芝绂于中外交涉之事，久经参者"，"遂以礼聘之来"，"晴几雨窗，偶得暇暑，即共相与绸绎……始克卒业"。①

起初，这部书并没有以全本的形式出版，而是以"泰西近百年来大事记"为名在 1894 年 3 月至 1894 年 9 月的《万国公报》上连载，译本的序言和后序则分别刊载于《万国公报》1895 年 4 月和 5 月册，后以《泰西新史揽要》为名正式出版发行。该书再版多次，立即引发了阅读狂潮，成为当时的热门书籍，首版即印刷了 30000 部，这在当时的中国出版业，称得上销量火爆。因为供不应求，该书再版多次，1898 年增出了普通版，很快便售罄。坊间书商见该书有利可图，纷纷翻刻、盗印，仅在杭州一地，就有 6 种翻版，而在 1898 年的四川，翻版竟多达 19 种。该书出版之后，因影响甚巨，很多出版机构和文人纷纷对其投以关注，该书也出现了多个改编版本和节本。

该书共 24 卷，其中有正文 23 卷，附记 1 卷，以国别和史实为线索，"是书以国为经，以事为纬"②，分卷详细介绍了欧美各国近代的历史，"专记一千八百余年之事"，分别为：卷一"欧洲百年前情形"；卷二"法争拿破仑行状"；卷三"各国会于奥都"，讲述各国改革前的情形、拿破仑和奥都大会等；卷四"英吉利国"，分述工价、食价、田赋、刑律、贫民、大小城镇、军令，受伤士兵、妇稚充矿工、童子扫烟囱、火器兵船、水陆跋涉、约束工人、礼书、学校等；卷五"改制度"，主要讨论英法两国议院章程等改革；卷六"劳除积弊"，讲述英国改制度后的局面，如准许百工设立会所、政教分离、废除黑奴制度、严禁使用童工、整顿学校、改立城市章程、救济贫民、报馆和万国通商实行免税、删改刑律等；卷七"英民公票"，记述一些民间公约；卷八"战"主要讲述俄国与土耳其之战、英法两国之战、巴拉克拉瓦之战、英克曼之战等；卷九"郅治之隆"，讨论英国的商务、织绒、绸缎、汽机、纺纱织布机器、百工兴盛、火轮船、火轮车、电报、报馆、船政等；卷十"教化广行"，讲述英国的海外传教以及传教对于西方文明在亚洲等非基督教区域的作用；卷十一"善举"，主要讲解西方的慈善事业；卷十二"印度"，主要讲述英国设立东印度公司后统治印度的实况；卷十三"新疆"，讲述英国的海外殖民地以及治理殖民地的办法；卷

① 李提摩太，蔡尔康. 泰西新史揽要·译本序［M］. 上海：上海书店出版社，2002：3.

② 李提摩太，蔡尔康. 泰西新史揽要［M］. 上海：上海书店出版社，2002：5.

十四"法国复立君主",叙述滑铁卢战后法国的形势;卷十五"法国再立皇帝",叙述路易十六的复辟、普法战争、巴黎公社起义以及法国通商、铁路和邮电发展的成果;卷十六"德意志国",讲述 1815 年的普鲁士以及德国在治理国家、教化学校、军政和财政商业方面的成就;卷十七"奥地利国",记述奥地利整顿国体、国债和兵费的历史;卷十八"意大利国",讲述教皇被驱逐、拿破仑第三重建教皇国及其学校、工商与国用、铁路与电报等的历史;卷十九"俄罗斯国",记述俄罗斯的法律、兵制、度支、振兴国事、铁路和教化等;卷二十"土耳其国",讲述土耳其源流以及与俄国、希腊等国家的关系;卷二十一"美国",记述美国国体、1812 年英美之战,黑奴制度、南北战争等;卷二十二"教皇",记述天主教国家的历史;卷二十三"欧洲安民",记述 1823 年至 1848年欧洲的革命与动乱,欧洲"安民"的"新政""除旧布新"的措施、立新政后大兴等;卷二十四"附记",综合记述会党、欧洲新政、欧洲学校三部分内容。

《泰西新史揽要》由上海广学会于 1895 年、1896 年、1898 年三次出版,三昧堂、紫文书局于 1896 年和 1898 年两次再版,上海美华书馆于 1895 年、1898年、1901 年、1902 年四次再版,另外还有"石印小字版"。① 1898 年,周庆云与秦特臣、黄稚清、俞康侯等人将《泰西新史揽要》全本进行了删简,将原本"或二句合成一句,或数句删为一句,随文气而节之,其接笋处间有增润一二字,以期联贯",最后"汰其大半,厘内八卷"。② 周庆云后将节本托林乐知转交李提摩太。1901 年李提摩太在上海广学会见到了周庆云,认为节本"删繁就简,不失原旨,自足刊以传远"。经李提摩太"点定",梦坡室于 1901 年刊刻《节本泰西新史揽要》 (又称《泰西新史揽要节刻增注本》),共二册八卷。1902 年北洋官报局出版了"湖南删刻本、上海石印大字节本"。③ 此外,1901年刊刻的曾纪泽《万国史略备览》一书,是《泰西新史揽要》的改编本;无锡中国官音白话报馆于 1898 年还刊刻了木活字版的《泰西新史揽要》。根据《审

---

① 顾燮光,徐维则. 增版东西学书录:卷 1 [M] //近代译书目. 北京:北京市图书馆,2003.

② 邹振环.《泰西新史揽要》:"世纪史"的新内容与新形式 [C]."西学与清代文化"国际学术研讨会论文集,2006.

③ 徐蜀,宋安莉. 中国近代古籍出版发行史料丛刊(第五册)[M] //大华书店新旧书目. 北京:北京市图书馆,2003.

定书目：本部审定中学暂用书目表》和《学部官报》的记载，其中被作为新式学堂的教科书使用最多的，是由梦坡室于 1901 年刊刻的《节本泰西新史揽要》版本。

在《泰西新史揽要》译本序中，李提摩太这样说道：

> 深知中国近年不体天心，不和异国，不敬善人，实有取败之理……且即有蓄意言之、设法改之者，亦以未谙各国整顿之道，往往无从下手。及读英国马恳西先生所著《十九周大事记》，则诚新史而兼明镜之资也。中国服官之众、读书之士，其于中国之古训，自己烂熟于胸中，若欲博考西学振兴中土，得此入门之秘钥，于以知西国之所以兴，与夫利弊之所在，以华事相印证，若者宜法，若者宜戒，则于治国读书之道思过半矣。①

与之前教会学校译介的历史教科书不同，李提摩太虽然是传教士，但长期在中国生活，让他对近代中国的内忧外患感同身受，他认为晚清中国社会急需变革、向西方学习才能摆脱积贫积弱的局面，所以，他译介西方历史，是希望中国知识分子能从这些书中寻求出改革的方案，推进中国社会和政治的全面进步。李提摩太认为，如果中国的上层统治者通过阅读西方历史的方式真正了解了西方，就一定会转变旧思想，开始施行各种新政。而《泰西新史揽要》记载的欧洲 19 世纪，是一个新法迭出的世纪，贯穿着"进步""民主化"和"变法"观念。如作者在结论部分指出：

> 此百年中所改诸章程，为自古以来未有之神速。盖昔日凭权藉势之辈恒阻民人不许别出新法，迨救世教既立于世以来，救人之大事未有此百年来之多也。天意欲人递胜于前，以渐几于上天全备之德，惜有在上之权势以阻之，民既有权，则可以博考万物而得万物之理，此百年中地球诸大国已去其权势之大弊，民既大安大盛，自今以后之世人应知欲禁人出新法以益人者，断无可以禁之之势矣。夫世间之弊甚多，不能尽除，时日既常有变通法令，亦必随之而变通，始为无负乎时日。故地球极大之弊，在于识见不到之人，但知有己而恃其权势以压人，阻百姓之长进而貌似太平也，

---

① 李提摩太，蔡尔康. 泰西新史揽要［M］. 上海：上海书店出版社，2002：1-3.

及脱离帝王权势羁绊之苦，将来之民顺天而动，无有不受益至无穷尽者。①

因此，"符合社会变革的需求"这一思想，是《泰西新史揽要》这部历史译著可以作为"西史中最佳之书"，而且在晚清新式学堂广泛应用的原因所在。

三、译自日本的世界史教科书

甲午中日战争以后，晚清中国与日本的文化来往加强，日本的文化与制度改革被中国的知识分子阶层认同和学习，清政府对于日本也产生了新的认识，派官员赴日考察，并且派遣留学生赴日本学习，为中国培养了一批日文翻译人才，而日本的世界史发展早于中国，世界史的教科书种类也较丰富，于是，清末译自日本的世界史教科书数量可观，其内容的涉及也更加广泛。根据笔者的统计，这时期译自日本的世界史教科书主要有《欧罗巴通史》《万国史纲目》《西洋史要》《欧洲历史揽要》《西洋历史教科书》《世界近世史》《世界通史》《西洋历史》《万国史纲》等。同时，因为所译介原著往往由日本人撰写，所以从内容上看，在介绍世界历史时，译自日本的教科书与译自欧美的教科书有一定区别。

《欧罗巴通史》，原书为日本学者箕作元八、峰岸米造合撰，中国翻译者徐有成、胡景伊、唐人杰合译，该书由王国维作序，1901 年 1 月由东亚译书会首次出版。《中外日报》称此书"原名《西洋史纲》，乃第一高等学校教授理学博士箕作元八及高等师范学校教谕峰岸米造新著，举述欧洲数千年政治教化、人情风俗、穷源竟委、详简敷陈靡弗、洞中穷要，且编纂体裁亦极精密，诚欧洲治乱得失之林、吾国士夫必研究之历史也"②。该书分上古、中古、近古、最近四卷，第一卷为上古史，共四篇，时间自太古西洋诸国兴亡时代至罗马之大一统时代；第二卷中古史，共三篇，时间自西欧混乱时代至国家主义发生时代；第三卷为近古史，共二篇，包括西班牙、法兰西对抗时代和革命时代；第四卷为最近世史，共十四章，时间自神圣同盟至世纪下半叶普法战争。《欧罗巴通史》原书 1899 年在日本出版之后就颇为流行，进入中国之后更是得到了许多学者的推介，王国维评价它"书虽不越二百页，而数千年来西洋诸国之所以盛衰，

---

① 李提摩太，蔡尔康. 泰西新史揽要 [M]. 上海：上海书店出版社，2002：407.
② 《新译欧罗巴通史》出书广告 [N]. 中外日报，1900-06-23.

文明之所以遁嬗，若掌指而碁置，盖彼中最善之作"①。梁启超则认为该书"叙万国文明之变迁，以明历史发展之由来"②，对文明进步的历史进程记载颇为详细。于是该书在出版之后不久，清政府就将它列为审定教科书。在 1901 年 1 月至 1902 年 8 月期间，《欧罗巴通史》就已经"风行海内，销数业逾二万"③ 了，后又更名为《西洋史纲》重新出版。该书记载欧美各国的历史，对"上古"和"最近世"的历史介绍得较为简略，而突出介绍了"中古""近古"时期欧洲文艺复兴的过程：

> 宗教之束缚，与封建之压制，使中古西欧之人心，委缩腐败，又大妨害生产之发达。然人口增殖，能催进民心活动。十字军结局，宗教热心反冷，与他国人异种人接触，广开智识，商业盛大生产致复振兴。故西欧人固有敢为之气象。勃勃然起。遂启文运复活之机运矣。④

《西洋史要》，原书作者为日本学者小川银次郎，由东文学社的樊炳清、萨端合译而成，金粟斋译书社 1901 年 10 月首次出版。该书共二册，分为四期：上世史，自上古至日耳曼人入侵罗马；中世史，自日耳曼人入侵罗马至寻获新世界之前；近世史，自寻获新世界后至法国大革命；现世史，自法国大革命以后至普法战争。该书一经出版，就受到学界和教育界的广泛欢迎，"本书价值早喧腾于禹域，其叙列之翔实，译笔之高絜，洵如侯官先生所谓信、达、雅三长者，各省官私学校多取以为教程，故初印数千部，转瞬即罄，兹更大事修辑，取东西洋史乘之良者十数种，采择著华，熔铸其中，方诸初版，益臻完善"⑤。金粟斋译书局只好再次加印出版，"是书初板发行不数月而售罄，后承各埠来函纷纷索购，竟致无以报命，深负阅者之望。今夏特延通人将初板礼例大加改定刊误，悉行斜正，俾与原书一律精妙，现经再板，准六月下旬出书"⑥。该书对文艺复

---

① 箕作元八，峰岸米造. 欧罗巴通史·序 [M]. 徐有成，等译. 东亚译书会印本，1900：1.

② 梁启超. 东籍月旦 [M] //饮冰室合集：第 1 册. 北京：中华书局，1989.

③ 《欧罗巴通史》再版广告 [N]. 中外日报，1902-08-20.

④ 箕作元八，峰岸米造. 欧罗巴通史 [M]. 徐有成，等译. 东亚译书会印本，1900：63.

⑤ 《西洋史要》出版广告 [N]. 新民丛报，1903-05-25.

⑥ 《西洋史要》再版广告 [N]. 中外日报，1903-08-03.

兴的历史同样予以了重视，在第二期"中世史"中详细记载了"教皇权力衰替之时"的历史，并在第四章对"文运复兴"（文艺复兴）做了详细的介绍。

《世界近世史》，由日本学者松平康国著，作新社组织翻译，这是汉译历史教科书中仅有的一部断代史作品，出版后很快就再版了三次，从出版时间先后来看，作新社译本是 1902 年 11 月，商务印书馆译本是 1903 年 1 月，广智书局译本是 1903 年 3 月。此书一册分五编，第一编：近世之发端，自土地之发见及两洋之交通；第二编：欧洲宗教改革之时代；第三编：欧洲列国之波澜；第四编：东洋诸国之变动；第五编：欧美自由主义之发动，包括亚美利加合众国之建立、法国大革命和维也纳会议。出版界对三种译本评价都很高，《大陆报》《新民丛报》《中外日报》纷纷刊登出书广告，向读者推荐，评价此书"史眼炯炯，光彩逼人，读之如见十九世纪之舞台"①。还有人评价该书"叙事简而不漏，论断卓而不偏，煌煌巨峡，诚历史上空前绝后之作"②。因为深受国人欢迎，于是作新社译本的《世界近世史》被作为审定历史教科书，在学堂流传极广。该书在第一编"近世之发端"里记载了欧洲"学问复兴"的历史，即把"文艺复兴"作为近代史的发端：

> 土耳其之蚕食四方，东罗马帝国奄奄一息之时，学士之有先见者，知亡国之不远，往往逃乱于四方。及康士坦丁堡陷落，学士云散，以伊大利为渊薮，此等学者，皆往就诸国大学之聘，教授希腊之文学哲学，此时印刷机器已发明，遂将其讲义及"比马尼士"所采访者，散布于全欧。故希腊之学问，郁然兴起……考学问复兴之功，其鼓吹欧洲文明者，不一而足，德则以神学、史学著，法则以诗文、音乐之学著，英则以实验哲学及戏曲著，于是一新世界之面目。③

对"文艺复兴"及欧洲近代历史的认识，是近代日本学者历史书写的标准模式。在明治时期，日本的欧化主义和西洋崇拜十分兴盛，而明治日本的成功崛起，使得人们认为文艺复兴是走向近代化的必经之路，所以很多的日本学者

① 作新社《世界近世史》出版广告［N］. 中外日报，1903-04-22.
② 《世界近世史》出版广告［N］. 新民丛报，1903-05-25.
③ 松平康国. 世界近世史［M］. 东京专门学校出版部，1901：32.

都将文艺复兴作为国家摆脱贫困走向富强的重要途径，鉴于此，19世纪末20世纪初的日本史著，往往将文艺复兴作为记载的重要内容。

而部分深受日本近代思想影响的中国知识分子上层，如梁启超、章太炎等人，都受到明治时期日本这种学术风气的影响，把"文艺复兴"作为欧洲近代历史的重心。他们认为，通过对中古时期的文献与艺术的认识，实现社会思想、政治的变革与进化。梁启超1902年在《论学术势力左右世界》中说："凡稍治史学者，度无不知近世文明先导之两原因，即十字军东征与希腊古学复兴是也。"① 刘师培也指出，中国应当像欧洲那样发掘和保存古典，同时变制更新，"欧民振兴之机，肇于古学复兴之世；倭人革新之端，启于尊王攘夷之礼"②。受此影响，近代的史学趋向也往往注重对文艺复兴历史的学习，所以将此类详细介绍文艺复兴历史的译著作为教科书使用。

《欧洲历史揽要》，日本学者长谷川诚也著，敬业学社组织翻译，1902年在长水敬业学社出版。该书分上古、中古、近世、最近世四编。先为总论，分三节，论述地势、人种、时代区分。第一编上古史，共十五章：第一章埃及、第二章希伯来、第三章腓尼基、第四章亚西利亚帝国、第五章波斯勃兴、第六章希腊、第七章波斯战争、第八章波斯战争以后希腊、第九章马其顿之勃兴及希腊末路、第十章希腊文明、第十一章罗马、第十二章内讧时代、第十三章罗马帝政、第十四章罗马文明、第十五章西罗马帝国之亡。第二编中古史，分十二章：第一章种族之迁移、第二章罗马帝国、第三章法兰革王国、第四章阿喇伯勃兴、第五章英吉利起原、第六章加罗以后诸国、第七章十字军、第八章法权之消长、第九章中古西欧制度、第十章西欧中央集权及政策、第十一章中世文明、第十二章发明新理及地理上之发见。第三编近世史，分十三章：第一章西法之争和宗教改革、第二章三十年战役、第三章英国宗教改革、第四章法国宗教之争、第五章西班牙和兰之国情、第六章俄露斯勃兴、第七章普鲁士勃兴、第八章欧洲诸国殖民地、第九章北美合众之独立、第十章波兰之瓜分、第十一章近世纪文明、第十二章法兰西大革命、第十三章拿破仑之霸业。第四编最近世史，分八章：第一章神圣同盟、第二章希腊独立战役、第三章法国七月革命、第四章拿破仑三世时代、第五章普鲁士霸业、第六章南北亚美利加、第七章各

---

① 梁启超. 论学术势力左右世界［M］//饮冰室合集：第1册. 中华书局，1988：11.

② 刘师培. 论中国宜建设藏书楼［J］. 国粹学报.

国近事、第八章 19 世纪文明。

《万国历史》，原作者不详，1902 年由作新社译书局编译并出版，共三卷，第一卷为古代史，包括古代东洋诸国、希腊史、罗马史；第二卷为中世史，包括西罗马瓦解后之状况、阿拉伯及法兰克之勃兴、欧罗巴诸国之创始；第三卷为近世史，包括新学等发明及学艺隆盛时代、宗教改革时代、诸大国之勃兴及其强国、法兰西革命、今世史，时间截止于日本的明治维新。这本书摘录了日本多部历史著作编译而成，"专为中国教科书之用"①，由于是专供中国的新式学堂使用，所以该书"凡东西大陆数千年国体、宗教、政治、法律之变更，国际外交、学术、技艺之进步，龙擎虎掷，英豪俊杰之事迹，条分缕析之综以统核，若网在网，以之充一教科之用，诚便于讲述也。并附精绘古代及近世沿革地图九副，人名地名表，亦如世界地理，体例完备"②。

这两部译自日本的世界史教科书，都对欧洲各国的历史记载详细，除此之外，还对欧洲的史学发展进程有了关注，例如《欧洲历史揽要》中就说道："史学家如尼布之《罗马史》，德人兰克之实际研究世界历史。而德之西比尔，英之富利孟，皆著名欧洲者也。"《万国历史》则详细介绍了 19 世纪的几位欧洲史学家，"日耳曼史家最众，如索洛赛尔（Schlosser）、黑伦（Heeren）、路莫尔（Raumer）、伦科（Ranke）等，皆有名于时，而伦科尤著。其余潜讨各专门之历史者，皆以研究各国各时代为宗，如当科尔（Duncker）、威波尔（Weber）、妈母参（Mommsen）是也，而伦格（Lunge）之唯物论史，亦有名者也"。这说明近代日本的学者，开始注意将西方的史学观念通过教科书引入中国，向中国人介绍欧洲的史学思想，这就为中国先进的知识分子改造传统史学、倡导新史学提供了条件。

近代汉译自日本的世界史教科书，尽管绝大多数原作者均为日本学者，但这些著作大部分只以欧洲历史为中心，其他地区国家的历史很少述及甚至不提。这是因为近代的日本学界，在西方文明的冲击和感染下，已经脱离了原有的以中国传统学术作为研究对象的模式，而是走上了学术西化的道路，出现了一大批以西方史观作为史学指导思想的历史学者，其思想学术上包含了大量的西学元素，因此他们在著史的过程中就受到西方一些史学家对于"世界历史"这一

---

① 万国历史·凡例 [M]. 作新社，译. 上海：上海作新社，1903：1.
② 《新编万国历史》出版广告 [N]. 大陆报，1903-01-08.

概念的影响。西方学者认为："历史者，泛而视之，不过人世之纪录，然精而解之，则举组织文明史之国民，而核其起原与进步者也。"① 意为历史是记录文明国民的事迹，所谓"文明国民"即指白种人即科嘉西安人种，"自书契以来至今日，地球上之人口，虽大半属于他种，而历史上真正之人种，则独有科嘉西安人种耳。是故即谓'文明'二字，为此人种之脑髓之所造，亦何不可耶"②。至于黄种人，"亦立于文明范围内，稍有演剧，然虽脱于蛮境，而于文明则涩滞不进，于世界进步之本体，毫无影响"③。所以，"西洋之成书，其言世界之大势，则以西洋为主，盖以西洋者，为转移世界之中心要点，则今之西洋史，即谓之为一世界史"④。这种欧洲历史中心论的史观就决定了这一时期世界历史书写的主体为西方各大强国。从时代划分来看，世界史有上古史、中世史、近世史之区别，这种划分方式也是以欧洲各国的历史进程为主要参考依据的：

> 苟从其土地之广袤、人民之户口言之，则欧洲岂足以雄视世界。若就实力而论，则足以耸动全球之大势，固非亚洲所可同日而语也。是以史家去感情，主事实，直以欧洲为世界史之中心点。⑤

尽管这种以人种和国家实力作为世界历史中心评价标准的史观较为主观和偏颇，但在近代东亚整体落后于西欧的社会背景下，这种观念依然很大程度地影响着自信力不足的日本史家与中国知识分子，尽管如梁启超等人批判这种欧洲中心论为"泰西人自尊自大，常觉世界为彼等所专有者然，故往往叙述阿利安西渡之一种族兴废存亡之事，而谬冠以世界之名……"⑥ 但这种观点依然在晚清的汉译世界史教科书中屡见不鲜。

---

① 维廉·斯因顿. 万国史要·赘言［M］. 张相，译. 通记编译印书局，1903：1.
② 维廉·斯因顿. 万国史要·赘言［M］. 张相，译. 通记编译印书局，1903：2.
③ 维廉·斯因顿. 万国史要·赘言［M］. 张相，译. 通记编译印书局，1903：2.
④ 松平康国. 世界近世史·绪论［M］. 东京专门学校出版部，1901：3.
⑤ 近世世界史之观念［N］. 大陆报，1903-01-08.
⑥ 梁启超. 东籍月旦［M］//饮冰室合集：第1册. 北京：中华书局，1989.

第二节　亚洲史的译介

中国古代并没有"亚洲"的观念，虽然中、日、朝三国同处东亚地区，作为近邻，各国之间从中国的汉魏至明清，早就已经有了相互往来。但受到"华夷天下观"的影响，再加上中国在经济、文化上实际的优势地位，与朝鲜、日本之间形成了不平等的"朝贡体制"，在这个体制内，中国是宗主国，朝鲜、日本是藩属国，均被视为向天朝进贡的"夷"。到了近代，中国的国际地位下降，对周边国家的牵制能力也降低了，亚洲其他国家开始被看作与中国平等的独立国家。随着晚清新学制下对外国历史教学的加强，对外国历史教科书的需求开始不仅仅局限于西方的历史，亚洲其他地区的历史也引起了知识分子的重视，在"癸卯学制"中，就有了"讲亚洲各国史：先就日本、朝鲜、安南、暹罗、缅甸、印度、波斯、中亚细亚诸小国，讲其事实沿革之大略，宜详于日本及朝鲜、安南、暹罗、缅甸，而略于余国"的规定，但出现在汉译教科书中的主要是东亚各国的历史。

一、东洋史教科书的译介

"东洋"一词，最早来自西方，是"orient"的翻译，狭义上指"古罗马人看到的位于安纳托利亚半岛、叙利亚、古埃及、古美索不达米亚、波斯等地域的东方世界"或者"土耳其伊斯坦堡海峡以东的地域"，在地理上相当于亚洲地区。而近代日本，则在明治维新之后进入强国行列，得以与西方列强平等对话，开始尝试摆脱长期以来中国儒学与近代西学对其的"文化殖民"，于是，区别于近代欧美的"西洋""东洋"这一新概念开始兴起。19 世纪后期，日本开始出现了以"东洋"命名的论著和教科书，如日本汉学家儿岛献吉郎所著的《东洋史纲》、明石孙太郎著的《东洋史》、宫本正贯著的《东洋历史》、修文馆所编《新撰东洋史》、开成馆编辑所编的《新编东洋史教科书》等。还有一部分著作将日本排除出东洋史的范围，如藤田丰八所著的《东洋史》、桑原骘藏著的《东洋史要》《中等东洋史》等，内容主要是中国史或者被殖民化的朝鲜国历史，意图构筑日本、西方、东洋三种不同性质的文化结构，以显示日本与传统"东洋"

概念的差别。桑原骘藏在《东洋史要》总论中强调，所谓东洋史，是以阐明东亚民族盛衰、邦国兴亡为主的一般历史，它与西洋史并列，构成世界史的一半，而按照山川形势，亚洲大陆可分为东亚、南亚、中亚、西亚、北亚等五个部分，而东洋史是以中国和朝鲜为主体，同时对于与东亚有直接、间接关系的南亚、中亚的沿革，也略述之，换言之，东洋史是以中国历史发展历程为主线，论述兴亡沿革，对于满、蒙、西藏等边疆地区及中国周边东亚、中亚、南亚各国的历史，也要略加述及。而那一时期，大部分日本学者的所谓东洋史的著述，实际上还是一部中国史。

来自日本的"东洋"概念最早传入中国，是通过《万国史记》一书，该书于 1879 年由日本学者冈本监辅编著，作者在其序中写道：

　　西史分剖判以降为三曰上古、中古、近古。上古概皆野蛮，罗马虽致一统，专事搏噬，无复人理，及耶稣托言上帝以祸福谕愚民，稍知畏惧，蛮风一变，彼以耶稣生岁纪元者，以其开教法功最大也。中古以后英亚弗勒法立曼诸明主代起，制度粲然可观，而人人拘泥教法，不求进益，及阁龙检出西大陆，始明地球圆转之理，昭而日月星辰，幽而鬼神，昼夜两间，凡百物理皆研，穷其所以然，智识顿进，学术大开，百工技艺日精一日，欧美隆盛实兆于此。其分称三古，明古今明暗之别也。盖有天地而后有人民，人民初生，蠢蠢狂狂与禽兽无大异，及其经年岁渐久，讲究物理，扩充人道，聪明日开，世运岁进，此万国常态，与地球始终者矣。而东洋国俗，是古非今，谈时事辄曰世运日降，论人道辄曰风俗不古，其不求进益，与西洋中古教法为弊时略相似，宜矣为彼之所侮蔑也。阿波冈本监辅有志当时，尝慨俄人窥边，单身航北海，历览唐大全岛，会大政维新，从镇抚使往与俄使论疆界，后又游汉土，观燕京，蹄长城，徘徊韩魏齐鲁之野，有见乎东洋弊端所由，曰方今急务在于万国形势，乃辑和汉近人译书数十部，撰万国史数十万言，请余序，顾余言不足为是书轻重，且监辅将著书讽当世，宜请名公巨卿矜式一世者之言而，而推寒素如余者，岂非以余废弃之余犹能涉万国沿革大旨与世咕咕自喜者异其所见乎哉乃论西史所以分称三古以为序，明治己卯五月仙台冈千初序。①

---

① 冈本监辅. 万国史记 [Z]. 上海申报馆仿聚珍版印本：5.

其中提到的"东洋"与西洋欧美国家相对,指的就是以中国为代表的"是古非今"的东方国家。

晚清中国,东洋史的译著基本上都译自日本,这些著作尽管还是以中国为主要记载对象,但以"东洋"为记载范围的汉译史著,作为晚清历史教科书的寥寥无几,官方审定的也只有《东洋史要》和《东邦近世史》两部。

《东洋史要》是近代译自日本的第一部史书,由日本学者桑原骘藏著,1898年在日本出版,1899年由东文学社的樊炳清将此书翻译出版,王国维为之作序,东文学社刊行,1903年宝庆劝学书舍校刊的《东洋史要》,与东文学社译本完全相同,题有"京师大学堂审定史学教科书"字样。该书分上下两卷,卷上为总论、上古期和中古期,总论四章,分别论述本书之大旨、地势、人种、区分时代。上古期"汉族增势时代"共二篇,第一篇"周以前"分三章,讨论太古、尧舜事迹、夏殷兴亡。第二篇"周"分九章:"周之勃兴与其制度""周之盛衰""汉族与诸外族关系及周时戎狄跌息""霸者""自春秋末至战国初形势""诸学兴起""秦之勃兴""合纵连衡""秦之统一"。中古期"汉族盛势时代"分九篇:"秦及西汉初叶""西汉经略外国""西汉末世及东汉初叶""佛教东渐""东汉末世三国及西晋""五胡十六国及南北朝""隋及唐之初叶""唐经略外国""唐中叶及末世"。卷下为近古期与近世期,近古期"蒙古族最盛时代"分六篇:"契丹及北宋""女真及南宋""蒙古""元及明初""元末明初塞外形势""明中叶及末世";近世期"欧人东渐时代"共计五篇:"清之初叶""清经略塞外""英人东渐""中亚之形势""太平洋沿岸形势"。

《东洋史要》问世后就颇受学界注意,《中外日报》所刊的广告称:"东文学社新印日本桑原学士所著《东洋史要》,于亚东各国数千年政治沿革备载无遗,体例精善,为教科善本"。① 同年9月至1902年2月《申报》连续刊载广告,称《东洋史要》"详载中外各国古今治乱、政刑、地理、人种、教育、制度、风俗、士农工商等事,询属无美不备,为讲学家所必需。方今国家崇尚经济,将来应试之士,必以时务见长。秋试在即,宜速购是书,以资实用。惟是书由前道宪示禁书贾翻刻,现下印出无多,迟恐售罄,请有志者捷足先得

---

① 《东洋史要》出版广告 [N]. 中外日报,1900-01-25.

焉"①。该书出版后曾多次重印，如1903年宝庆劝学书舍本等。还有其他的译本出现，例如1904年泰东同文局的《东洋史课本》、科学书局出版的《中等东洋教科书》，1906年文明书局出版的周国俞译《中等东洋史教科书》，1908年商务印书馆出版的金为译《东洋史要》等。1902年梁启超《东籍月旦》一文也专门讨论过该书，称"此书为最晚出之书，颇能包罗诸家之所长，专为中学校教科用。条理颇整，凡分全史为四期，第一上古期，汉族膨胀时代；第二中古期，汉族优势时代；第三近古期，蒙古族最盛时代；第四近世期，欧人东渐时代。繁简得宜，论断有识……合东洋诸国为一历史团体，为世界史教科善本"②。王国维也认为："桑原君之为此书，于中国及塞外之事多据中国正史，其印度及中央亚细亚之事，多采自西书，虽间有一二歧误，然简而赅，博而要，以视集合无系统之事实者，尚高下得失，识者自能辨之。"③ 1904年《中国白话报》有一篇文章推荐应读历史书籍，称《东洋史要》"条理最清楚，又干净又简当，近来所出的历史教科书，这部算得顶好的了"④。学部也认为该书"以种族之大势为纲，其叙事以国际之关系为键，条理分明，简择得要，可谓东洋史之善本"⑤。1903年在武昌两湖文高等学堂出版的《中国历史教科书》以《东洋史要》作为主要借鉴，作者陈庆年在序中说道：

> 历史之学，其文不繁，其事不散，其义不隘，而后足以为教科，三者不一备焉，皆无当也……余观日本所为东洋诸史，庶几其近之欤！桑原骘藏之书，尤号佳构，所谓文不繁，事不散，义不隘者，盖皆得之。今据以为本，更令事义少近周赡，依据或乖亦为匡救，与夫回易数字，加足片言，伴分布得所，弥缝无缺，如刘知几所云者，余皆于此断断焉，而虑其未能逮也，商量邃密，姑候之异日矣。⑥

《东邦近世史》，原作者为田中萃一郎，由湖北学报馆翻译出版，该书最初

① "最要新书"广告 [N]. 申报，1901-09-06.

② 梁启超. 东籍月旦 [M] //饮冰室合集：第1册. 北京：中华书局，1989.

③ 王国维. 东洋史要·序 [M] //东洋史要. 上海：东文学社，1899：2.

④ 白话道人. 小孩子的教育 [N]. 中国白话报，1904-01-31.

⑤ 审定书目：书目提要 [J]. 学部官报，1908（57）.

⑥ 陈庆年. 中国历史教科书·后序 [M]. 上海：商务印书馆，1913：3.

连载于《湖北学报》，后来湖北学报馆将译文集结印成单行本。该书除绪言外共十章，分别为"欧人通商之初期""大清兴起""欧人通商之第二期""俄国东方侵略之初期""莫卧尔帝国之勃兴及其瓦解""英人侵略印度""大清之西方经略并教匪海寇""印度支那侵略之初期并南洋诸岛""英俄在中亚冲突之初期""鸦片战争本末并长发贼之举兵"，从内容的编排上看，该书以东西洋贸易为主线，将亚洲各国间互相联系的历史展示了出来，例如有对葡萄牙人开辟航路的记载：

> 1415 年，葡萄牙王子亨利攻回教徒于摩洛哥北岸，时俘囚中有通阿非利加之地理，盛说印度之殷富者。王子闻之，雄心勃起，乃毅然欲探险阿非利加之地。遂设商船学校，建测候所，刻意研究星学数学，以全力奖励航海术。1460 年，亨利死时，综计新发见之海岸，共一千八百英里。旧传亨利在当时有"舟子"之号，信不诬也。……葡王约翰二世，绍舟子亨利之遗志，派遣远征队。1486 年，巴沙洛矛地阿治（Bartholomew Diaz）遂至亚非利加南端，名其地曰荒崎（Cada Zormentoso）。约翰二世嫌其名不雅驯，改曰喜望峰（Cado Dabod Eaperany）。无几，哥伦布复发见西方新世界，欧洲诸国成属耳目焉。及约翰二世姐，马诺耶尔（Manoel）继之，华斯哥德噶马（Vasco da Gama）遂发见印度航路。"①

写到南欧人对航路开辟的热衷时说道：

> 西 1453 年，回教信徒土耳其人种攻陷东罗马首府君士但丁堡，黑海地方之东洋贸易顿至萎靡不振。其欲发见达于东亚之航路，实南欧有志者之一大宗旨也。②

梁启超对此书评价甚高，认为其"能搜罗事实而能连贯之，发明东西民族权力消长之趋势，盖东洋史中最佳本"③。

---

① 柳诒徵．中国文化史：下册［M］．上海：东方出版中心，2007：743.
② 柳诒徵．中国文化史：下册［M］．上海：东方出版中心，2007：743.
③ 梁启超．东籍月旦［M］//饮冰室合集：第 1 册．北京：中华书局，1989.

从内容上看，晚清汉译的东洋史教科书研究范围大为扩展，不仅有政治史、军事史，而且还非常重视航海史、商业史的研究，同时，这两部东洋史著作一部是以种族的历史为研究对象，另一部则是以近世作为研究的时间段。尽管在官方审定的汉译历史教科书中，仅有这两部东洋史著作，但这两部著作体现着近代日本东洋史撰述的特点，即注重对人群种族发展的分析以及"厚今薄古"的取向，这一点与前文中世界史的编撰特点无异，在此不再赘述。

汉译的东洋史教科书本身的性质决定了它不可能提供很深刻的史学理论和方法，但近代学人还是从这些课本中获取了反思传统旧史的理论工具，为人们传播和普及了近代史学思想。王国维的老师藤田丰八跟他谈论《东洋史要》时说："自近世历史为一科学，故事实之间不可无系统，抑无论何学，苟无系统之智识者，不可谓之科学。"王以此之观念来考察传统史学，发现旧史毫无系统，不过是一些史料的堆砌，"单可称史料而已，不得云历史"①。素有旧学根柢的王舟瑶，读了这些汉译东洋史教本，也认为："今之言新史者，动谓中国无史学，二十四史者，二十四姓之家谱而，其言虽过，却有原因……旧史重君而轻民，陈古而略今，正闰之争，无关事实，纪传累卷，有似志铭，鲜特别之精神，碍人群之进化。"②

二、支那史教科书的译介

19 世纪末叶以前，中日两国史学，在形式上和实质上没有大的差别，都是以中国的传统史学为基础。明治维新后，日本通过大量翻译西方史学名著，引进了西方史学理论和著史方法，其史学出现转型，开始运用近代史学观念编纂历史，强调"科学"的历史分期，讲求文明进化，重视事物间的因果关系，反对"君史"，重视"民史"，主张如实客观地叙述学术、宗教、风俗、产业等方面的内容，以从整体上反映一个国家、地区文明演进的规律。于是，日本学者运用新的史学方法编撰了一批中国史著作，与"东洋史"不同，这类史著完全是以中国历史为对象。1883 年，田口卯吉就用章节体的形式写了《支那开化小史》，叙述自先秦到五代的中国历史，此书以政治的变革为主，开创了用章节体

①　王国维．东洋史要·序［M］//东洋史要．上海：东文学社，1899：2.
②　王舟瑶．京师大学堂中国通史讲义（贰编）［M］//论读史法．上海：商务印书馆，1904.

写作中国历史的先河。

"支那"一词，最早是古印度对中国的称呼，古代印度人称中国为"chini"，据说是来自"秦"的音译，而古印度两大史诗《摩诃婆罗多》和《罗摩衍那》都以"cina"来指称中国，中国从印度引进梵文佛经以后，要把佛经译为汉文，于是高僧按照音译就翻译成"支那"。同为印欧语系的古罗马称中国为Sinoa，后来的英文中的China和法文中的Chine，都来自这个语源。在唐宋时这个词已被音译成中文，也作脂那、至那、震旦、振旦、真丹等，唐代僧人义净在《南海寄归内法传》之三《师资之道》中即曾使用过"支那"一词，其文云："且如西国名大唐为支那者，直是其名，更无别义。"事实上，"支那"一词本身在印度即含有智慧之意。日本僧侣空海曾于804年随遣唐使赴唐学习佛经，因此可以推断他书中的"支那"，是从汉译经典里学来的，以后一些佛教界人士为显示博学、虔诚也开始用起了"支那"一词称呼中国，1106年的《东大寺要录》一书中就有此词，《今昔物语》中也有"支那国"之称。但当时这种称谓不过偶尔为之，且是作为通常称法的一种别名或美称的意义上来使用的，从古时到明治中叶，日本人通常都称中国为Morokoshi（モロコシ），Kara（カテ），稍后也称Toh（タウ）。这些都是日本人对汉字"唐"的读音，大体表明了其对中国文化特别是唐朝文化长期不断的仰慕心理及其所受的深远影响。1713年，新井奉江户幕府之命，查询罗马的漂流者史多提（G. B. Sidotti），由此了解到不少世界情势，因作《采览异言》一书。在该书中，他将从史多提处听来的关于China的读音，标以片假名（チィナ），并在左下角附以"支那"两个小号字，自此以后，日本地图上就以"支那"称呼中国了。而"支那"一词在日本流行起来是明治维新以后的事，那时中国的正式国号是"大清"。所以日本政府在正式场合把中国称为"清国"。例如把甲午战争称为"日清战争"，但是在一般的民间报纸和杂志上，则把中国称为"支那"，把甲午战争称为"日支战争"，把中国话称为"支那语"。

戊戌变法以前，也曾有过西洋传教士在用中文作的文章里，直接以"支那"来称呼中国。但作为一种较为普遍的称呼，特别是从中国人自己以"支那"一词来称呼本国看，应当说还是戊戌变法时期的梁启超等人开其端。而梁氏等人的使用，显然是受到了日语的直接影响。1896年在《时务报》中，梁启超已经爱用"支那"一词，他还曾使用过一个"支那少年"的笔名。唐才常、夏曾佑等其他维新人士，也常用此词来称中国。20 世纪初年是"支那"一词在中国的盛行期，尤其是在资产阶级改良派和革命派的报刊书籍中，此词风行一时。1905 年，宋教仁、黄兴等人在东京创办了一个著名的刊物，名为"二十世纪之支那"。清末的资产阶级革命派们使用"支那"一词，是出于革命的目的，否定"大清"国号。留日学生发行的《大陆》杂志发刊词中就说道："善哉！我支那之大陆乎？……陋哉！我支那之大陆乎？"

辛亥革命后，中国人终于结束封建统治，建立了亚洲第一个共和国，"中华民国"（简称中国）的称谓被明确写进宪法，国人以"支那"一词自称国名的现象逐渐减少。而作为同文国的近邻日本政府却傲慢无礼，抛弃中国人自主选择的汉字国名不用，单方面给中国取了一个"支那共和国"的汉字国号，将易引起误解的"支那"（チイナ）规定为中国的称谓，将"支那"一词污名化，作为对中国的蔑称。起初，人们对于日人坚持使用此词的歧视意味缺乏自觉，直到日本逼迫中国接受丧权辱国的"二十一条"，特别是"巴黎和会"上日本的野心不断暴露之后，国人才对"支那"一词的使用，有了较为自觉而明确的抵制，这个词也不再被国人提起。

因此，在晚清汉译教科书进入中国时，"支那"一词的意味还未发生变化，仅仅是作为"大清"或者"清国"的别称被使用的。这一时期，由于"中国史至今讫无佳本，盖以中国人著中国史，常苦于学识之局而不达"，所以一些日本人所著的中国史著作被作为新式学堂的历史教科书。

《支那史要》，原书由日本学者市村瓒次郎著，中国学者陈毅翻译，1902 年 6 月 4 日由上海广智书局出版发行，次年再版。该书共四册六卷，附地图一册：卷一为总论；卷二为古代史，时间段自开辟至秦之并吞六国；卷三为上世史，时间段自秦并吞六国至隋一统南北；卷四为中世史，时间段自隋之统一南北至宋之灭亡；卷五为近世史，时间段自元统一海内至清宣宗之世；卷六为今代史，时间段自道光迄至台湾及伊犁之纷议。书后附历代一览表、历代帝系表、历代帝都表。叙录了我国自开辟迄今代数千年来政治大势的变迁，属于大纲式的简要介绍，"提要钩元，不烦不漏"①，"苟用以为教科书，尤称适宜"②，《中外日报》刊登广告说，该书上自太古下迄咸同，"历朝政学无不源源本本，而且钩玄

---

① 市村瓒次郎. 支那史要·序 [M]. 陈毅, 译. 上海：广智书局, 1903：3.

② 《支那史要》出版广告 [N]. 新民丛报, 1902-08-04.

提要……诚初学之门径"①。浙江湖州庞青城在吴兴县南浔镇创办的浔溪公学，是辛亥革命初期学界风潮兴起的重镇，该校第一学期的课程"内国史"所用的教科书就是《支那史要》，而后因为该书篇幅适中，叙述简明，又被各地方学堂广为采用。

《支那史》，原书为市村瓒次郎、浅川龟太郎合著，1903 年由教育世界社译刻发行，全书共六册九卷，卷一为"总叙"，卷二为"太古史"，卷三为"三代史"，卷四为"秦汉三国史"，卷五为"两晋南北朝史"，卷六为"隋唐五代史"，卷七为"宋元史"，卷八为"明清史"，卷九为"年表"。该书自上古迄至清末台湾、伊犁纷议。梁启超认为该书"注意于民间文明之进步，亦中国旧著中所无……盖日人以此为外国史之一科，则其简略似此已足，本国人于本国历史，则所以养国民精神，发扬其爱国心者，皆于是乎在"②。于是国人以此书为蓝本，改编而成多部著作，例如梁启超以"支那少年"为笔名改编的《支那四千年开化史》；吕瑞廷、赵澄璧据《支那史》"逐加考订，正其讹误，而补其缺略"③ 而编成的《新体中国历史》等，均被一些地方性新式学堂作为教科书使用。《中外日报》也评价该书"喝破四千余年之昏雾，放出一线之旭光……诚教科之要籍，学界之奇观"④。

中日甲午战争爆发后，日本国民对亚洲大陆的认识逐渐加强，当时的日本，正处于近代国家的急速上升期，作为亚洲民族的一员，和西洋相对等的自觉意识日益明显，主张和西洋文化相对立的学术思潮开始形成。1894 年，东京高等师范学校在调查研究日本中等学校学科科目时，那珂通世提议应该把历来的万国史分为西洋历史和东洋历史，1897 年，日本文部省正式认定了"东洋史"科目的名称，中国历史被纳入"东洋史学"的范畴。1897 年，日本在关西地区建立了京都帝国大学，首任校长为狩野直喜，此人的学术路径与那珂通世等人不同，更注重"事实考据"，尊崇中国的"乾嘉学风"，旨在培养具有学术独立精神的朴学人才。狩野直喜专注于中国传统文化、敦煌学文本的研究，率先引进实证主义的观念，并且使它与清代考据学相结合，他开设的课程也多为"清朝

---

① 新书出版广告 [N]. 中外日报, 1902-07-30.

② 梁启超. 东籍月旦 [M] //饮冰室合集：第 1 册. 北京：中华书局, 1989.

③ 吕瑞廷，赵澄璧. 新体中国历史·叙论 [M]. 上海：商务印书馆, 1919：25.

④ 《支那四千年开化史》出版广告 [N]. 中外日报, 1903-05-25.

学术""清朝经学"等。1908 年，京都帝国大学文学部聘请桑原骘藏出任教授，1909 年又聘请内藤湖南出任教授。自此，日本的中国学研究逐渐形成了两大学派，即以那珂通世等人为中心的"东洋史学"派和以桑原骘藏、内藤湖南等人为中心的"支那史学"派。日本国内对于中国史研究的学术派别，影响着学者们对中国史撰述的内容选择。"支那史"的撰述与"东洋史"不同，更侧重于对中国数千年来政治大势变迁的记载，而不是以近世中国作为研究的重点，且多以简要梳理中国古代的大事记为主，便于理解和流传。

被审定为"暂定书目"且在晚清新式学堂中流传较广的日人著中国史，还有那珂通世的《支那通史》，河野通之、石村贞一的《最近支那史》，增田贡的《清史揽要》和三岛雄太郎的《支那近三百年史》，其中以《支那通史》最为知名，在晚清影响颇大，但该书是由中文写就，不属于汉译历史教科书的讨论范畴，故在此不做介绍。

第三节　文明史教科书的译介

"文明史"出现于 18 世纪末的西方，是一种旨在反对传统史学以政治史为中心的叙述性史学，19 世纪末传入日本，20 世纪初开始在日本学界产生较大影响，而"支那向无文明史之体，迩来东西新思想渐次输入，乃有著译文明史者。若饮冰子之《新史学》等，实可谓史界革命家也"[1]。一般人们把法国史学家伏尔泰视为西方文明史学的鼻祖，他首先提出"历史哲学"一词，认为历史不只是单纯的史料堆积，还需要解读史料，对其进行哲学或理论的思考和理解，因此，"文明史"的最初内涵与"历史哲学"大致相通。而日本史学界对文明史的诠释则更为细化，1902 年汪荣宝编的《史学概论》认为："研究各社会之起源、发达、变迁、进化者，是名'文明史'，若商业史、工艺史、学术史、美术史、宗教史、教育史、文学史均属之……与谓'文明史'，宁可谓'文化史'。"[2] 这种对于"文明史"的理解就来自日本。而晚清知识分子对日本的文明史著作的了解至少可推到 1896 年康有为编纂的《日本书目志》，其中列有田

---

① 支那四千年开化史 [M]. 支那翻译会社，1903：127.
② 汪荣宝. 史学概论 [J]. 译书汇编，1902（10）.

口久松的《日本开化小史》、福田久松的《日本文明史略》、物集高见的《日本文明史略》、元良勇次郎和家永丰吉合著的《万国史纲》，同时也提到了日译的西方文明史，如巴克尔的《文明要论》。1902 年梁启超在《东籍月旦》中向国人介绍日本史书时，对文明史推崇有加："文明史者，史体中最高尚者也。然著者颇不易，盖必能将数千年之事实，网罗于胸中，食而化之，而以特别之眼光，超象外以下论断，然后为完全之文明史。"① 并推荐了家永丰吉的《文明史》、永峰秀树的《欧罗巴文明史》、高山林次郎的《世界文明史》、川口卯吉的《支那开化小史》和《日本开化小史》、白河次郎与国府种德合著的《支那文明史》等著作。20 世纪初，在新史学思潮和历史教育改革的推动下，近代学人开始从日本译介了为数不少的"文明史""开化史"著作，这些文明史书籍叙述简洁、条理清晰、篇幅适中，所以有部分被作为历史教科书在晚清新式学堂中广泛流传，其中被官方审定且影响较大的汉译文明史教科书，有《万国史纲》和《世界文明史》两部。

《万国史纲》，由日本学者家永丰吉、元良勇次郎合著，中国学者邵希雍译，1903 年 6 月由上海支那翻译会社出版发行。该书共三编，上世编为古代东洋、希腊和罗马，中世编为暗黑时代、复兴时代，近世编为宗教改革时代、政治革命时代，该书主要关注各国的政治、学术、工艺、宗教、文学等文明史内容，"虽于王侯将相之事迹，征战之实谈等，不能尽详。至于历史之对于世界文明，有如何影响，则一一论究，莫或遗焉"②。谢无量为《万国史纲》作序说"吾国数千年不知有新史体，由左丘明至于今，所以为史者，交错相纠，不可悉纪，学者头白而不能究，是以民智日坐暗下"，而这种"文明史"，则着重论述历史"盛衰兴坏之故、文明变迁之大势"，能够根除旧史"庞杂而无条理"之病。③ 梁启超也认为该书"最重事实之原因结果，而不拘于其陈迹"④。该书篇幅适中，翻译出版后，鉴于此书"通体叙述简明，颇挈纲领，而于历代之政治、学术，则再三致详，可谓繁简得宜，采撷有法"⑤，于是被学部定为历史教科书使用。

---

① 梁启超. 东籍月旦［M］//饮冰室合集：第 1 册. 北京：中华书局，1989：1410.
② 万国史纲·凡例［M］. 支那翻译会社，1903.
③ 谢无量. 万国史纲·序［M］. 支那翻译会社，1903.
④ 审定书目：书目提要［J］. 学部官报，1908（57）.
⑤ 梁启超. 东籍月旦［M］//饮冰室合集：第 1 册. 北京：中华书局，1989：1415.

《世界文明史》，日本学者高山林次郎所著，原书由东京博文馆于 1898 年 1 月发行，1903 年商务印书馆将此书译成中文出版，同年作新社也将该书翻译出版，该书共三编：第一编为"非文明史的人类"，第二编为"东洋之文明"，第三编为"欧罗巴"，该书在教育界和学界都有一定的影响，被学部审定作为学堂教科书使用。《新民丛报》为商务印书馆译本所登的广告说道："世界文明愈趋愈进，然皆有所自来。是书分纪东西洋各国政教学术，循流溯源，凡有可为今日文明之证者，无不备载。展卷读之，不啻萃全世界民族之精华，供吾赏玩。即欲去野蛮而进文明，亦可以识其途径。负文明思想者曷取读之。"① 梁启超在《东籍月旦》中言此书叙述全世界民族文明发达之状况，自宗教、哲学、文学、美术等，一一具载，"可以增学者读史之识"②。

汉译自日本的文明史教科书对中国近代史学有着深远的影响，当年直隶留日学生向国人介绍日人历史教科书编纂法时指出，编纂历史分为两种，近代史与开化史。日本的文明史学是在西方文明史学特别是伏尔泰、基佐、巴克尔等文明史家的作品直接影响下而兴起的，对于打破传统史学一味着眼于政治史、军事史的狭隘观念，拓展历史研究的领域和视野，具有重要意义。尽管日本的文明史作品与西方文明史家的论著相比，存在公式化的倾向，机械地叙述学术、宗教、风俗、产业等方面的内容，无法从整体上反映出一个国家、地区文明演进的内在规律，但传入中国的汉译文明史教科书依然对中国的历史教科书有着很大影响，例如吕瑞廷、赵澄璧编写的《新体中国历史》，每编之后都有开化史，如第一编秦汉三国史的第五章即"秦汉三国之开化"，包括制度、学术、宗教、技艺、产业、风俗等方面的历史。章太炎在 1902 年的《新民丛报》上撰文说道："顷者东人为支那作史，简略无义，惟文明史尚有种界异闻，其余悉无关闳旨。要之彼国为此，略备教科，固不容以著述言也。"③

晚清的汉译历史教科书，从内容上看并不全面和平衡，注重对世界近代史的译介和学习，且涉及的国家范围仅限于欧洲几大强国和近邻的日本、朝鲜等国；注重对各国近代改革历史的译介，企图从中寻求适合中国的改革路径，纯粹的历史知识追求显然不是国人译介外国历史的初衷，这在一定程度上也影响

---

① 上海商务印书馆新译各种书籍 [N]. 新民丛报，1903-08-21.
② 梁启超. 东籍月旦 [M] //饮冰室合集：第 1 册. 北京：中华书局，1989：1415.
③ 章太炎. 章太炎来简 [N]. 新民丛报，1902-08-04.

到汉译历史教科书的总体格调。此外，西方的一些史学观念和编纂方法通过汉译历史教科书输入中国，为改造国史提供了范例，晚清士人的世界史观念的形成，很大程度上都依赖于这些汉译世界史。译介自日本的东洋史与支那史教科书，也部分承袭了西方史学的一些观念，国人借道日本，吸纳了一些先进的史学观念，促进了新史学的产生。但同时，西方的落后历史观，如"欧洲中心论""人种说"也进入中国，一定程度上对中国人民的感情造成了伤害。

第四章

晚清汉译历史教科书的主要特点

晚清汉译历史教科书的出现和兴起，适应了晚清中国社会的教育改革需求，也符合了当时社会的历史形势，不仅使中国民众得以了解到其他国家的历史沿革和发展情况，更为这一时期先进的知识分子和改革派们提供了借鉴。而这一现象的出现，不仅与当时的社会背景有关，也与汉译历史教科书本身的特点息息相关，无论是译著对象的选取、编纂体例的创新，还是译者在原著基础上对译作进行的变通与重构，都构成了晚清汉译历史教科书独有的特点，使其在晚清西学东渐的潮流中脱颖而出，被作为新式学堂的教科书使用。

第一节　译著对象选取的针对性

清末的学制改革和新式学校的建立，使得教科书受到重视。作为学校历史教育的载体，历史教科书除需传授基本历史知识外，还承担着传播正统历史观、价值观以引导民众的功能，所以既反映着学者的立场，也反映着国家政权对历史和教育的态度。而汉译的历史教科书，大部分主要是从已经被译介成中文的版本中进行选择，因此，在对象的选择上，也是具有针对性地选择那些适于作为教科书的史著。

一、"省悟强弱兴亡之故"

汉译历史教科书进入中国的时期，是中国近代史上社会情况最复杂、内忧外患最激烈的时期，两次鸦片战争的失败、甲午战争的失败和一系列不平等条约的签订，给国民带来了巨大的屈辱与挫折。这一时期的国人，首先"开眼看世界"，了解西方，再"师夷长技"，求富、自强，进而促使社会改革，实现救亡图存。到了19世纪末，中国人认识到向西方学习的层面不能仅仅停留在物质层面，而是应该深入制度，于是一系列近代化教育改革的措施开始被提出来。《奏定中学堂章程》强调："凡教历史者，注意在发明实事之关系，辨文化之由来，使得省悟强弱兴亡之故，以振发国民之志气。"① 可见，"省悟强弱兴亡之故"成为晚清历史教育的重要目标之一，那么对于历史教科书的选择，势必也以这一标准进行。

最初引入历史教科书的西方传教士们，认识到历史书籍更能够引发中国人的关注，结合历史、结合中国的实际情况，能收到更好的效果，于是将书籍译介的主流从介绍西方物产风俗、自然科学和科技方法变为介绍西方近代改革历程，旨在为中国社会提供借鉴，汉译的西方历史教科书就是在这种背景下出现的。

对历史发展进程内在理路的思考，是西方历史观念中的一项重要内容。启蒙时期许多杰出的思想家对历史的变化和发展提出了各自的主张和看法，建立了明确的历史观。历史学在社会变革时期所起的推动作用在我国历史上也屡见不鲜，而晚清中国学者因有感于国家外患内乱，认为以往"空谈误国"的学术不再适应中国社会，于是掀起了反对"空疏之学"的学术思潮，这一时期的文化导向必然就要向着符合社会现实的方向发展，"'鸦片战役'以后，志士扼腕切齿，引为大辱奇戚，思所以湔拔……又海禁既开，所谓'西学'者逐渐输入，始则工艺，次者改制。学者若生息于漆室之中，不知室外更何所有，忽穴一牖外窥，则粲然者皆昔未睹也，还顾室中，则皆沈黑积秽。于是对外求索之欲日炽，对内厌弃之情日烈。欲破壁以自拔于此黑暗，不得不先对于旧政治而试奋斗，于是以其极幼稚之'西学'知识，与清初启蒙期所谓'经世之学'者相结合，别树一派，向于正统派公然举叛旗矣"②。而西方的历史著作在记载各国历史时，往往注重对其近代资产阶级改革的描述，这不仅能够激发中国上层知识分子变法图强的意识，从而推动社会改革，将这些著作作为历史教科书使用，

---

① 奏定中学堂章程 [M] //舒新城. 中国近代教育史资料：上. 北京：人民教育出版社，1961：509.

② 梁启超. 清代学术概论 [M]. 北京：中华书局，1954：52.

也便于人们在学习西方国家强弱兴替的历史中思考近代中国之所以落后的深层次原因，从而达到"省悟强弱兴亡之故"的目的。

例如晚清著名的汉译世界史教科书《泰西新史揽要》，在记载英国的历史时，先是专列一章记载18世纪英国的境况：

> 留心时事者咸谓英国之富强冠于万国，庸讵知百年以前英民之困苦又几甲于五洲乎？……然英民当积困未苏之后，更困之以锋镝，通计一国中壮佼之男子四五百万，而戮力行间退守进攻者乃一百万，既尽抛其本业，复日蹈于危机，其苦已不可思议，况乎英廷以战争为重，其于救民之政日久未遑兼顾，浸假而乱离溃散，民情迫而思变，其为祸亦不可思议……今将一百年前英民之情事胪列于后，所愿谋国者奉法而引为戒也。①

然后用了大量篇幅记载英国"除积弊"的过程：

> 一千八百三十二年既改制度，凡昔之所定律法，专利于一业及一门一家者悉予删除，而以平等视众人，不论为富为贫、为主为友，酌定新律，无畸轻畸重之病，所谓分利于众人也。且凡旧律之大害于小民者，自一千八百三十二年为始，垂四十年逐渐删改厘定，务俾小民皆获盈宁之乐。盖自与法兰西大战而后，遍国人心皆已深明利弊，皆思重新整顿，直至一千八百三十二年甫立，除弊以利民之根云。②

改革之后的英国发展迅速，用"郅治之隆"两章内容从农工商业、交通运输、文化发展、科技进步等各个方面记载了英国19世纪的兴盛图景，并评价道：

> 所幸英民各奋坚忍之志，虽值艰难困厄而同仇敌忾，不以挫败隳其操，不以贫窭动其心。③

---

① 李提摩太，蔡尔康．泰西新史揽要［M］．上海：上海书店出版社，2002：51．
② 李提摩太，蔡尔康．泰西新史揽要［M］．上海：上海书店出版社，2002：81．
③ 李提摩太，蔡尔康．泰西新史揽要［M］．上海：上海书店出版社，2002：51．

晚清第一部汉译美国史教科书《联邦志略》则完全是一部反映美国建立并成为强国的历史，使得中国人第一次全面地了解了美国的历史演变进程，从建国历程、政治制度、社会、经济等各方面做了较为详细的描述。其卷序依次为："觅新土""分野度数""创国原由""百姓自脱英吉利国之制""开国以后史略""原居苗人""户口册""山川""土产""田农""工作""贸易""国政""制例""布政""审察""刑法""济贫""辨教邪正""土音本源""学馆""书籍""各艺""仁会""五伦""礼仪规模""推度将来"。同时，作者在讲述美国殖民地人民如何英勇抗击英王、建邦立国之后，还花了很大篇幅来介绍美国的政治司法制度是如何之完备、民主以及社会是如何礼乐教化、文明。还在书中说道："……欲如是，则必立国法，定章程，勿横征税饷，勿刻剥小民，使农工商贾共踊跃而乐利无穷。由是百姓足而君无不足，仓廪府库可永无匮乏之忧……由是邦本固而民皆可用，敌国外患，不致有侵伐之虞。即或大兵临境，而我之国富兵强，亦何畏彼哉。然非于太平之日，预防失国之心，兢兢业业，慎始慎终，上畏上帝，下念小民，清心寡欲，敬身修德，而乃暴虐纵恣，赏罚不平，致触上帝自怒，惹万民之怨，则众叛亲离，国家解体，亦安有不失位者哉。是在乎为君者之自取耳。"①

这些汉译的世界史著作，将西方各强国的历史发展详细记载并呈现在中国读者面前，各国政治之变革、政体之兴废、思想之潮流，无一不是其强弱兴亡的重要原因，对这些原因的分析与思考，让人们对晚清中国的现状有了更加清晰的认识，将改革作为拯救国家于危亡之际的必然之势。例如，梁启超1900年在写给康有为的信中就曾说到《泰西新史揽要》对他的启发：

> 至欧人文明与法无关之说，弟子甚所不解，不必据他书，即《泰西新史揽要》，亦可见其概。英国为宪政发达最久最完之国，流血最少，而收效最多者也。而其安危强弱之最大关键，实在一千八百三十二年之议院改革案；而此案之起，乃由法人影响所及（英民闻法人争权之事而兴起），此案之得成，亦由执政者惮于法之惨祸，而降心遽许之。此《新史揽要》所明言也（他书言之尤详）。欧洲中原日耳曼、奥斯马加、意大利、瑞士诸国，皆因并吞于拿破仑。时拿氏大改其政治，而自予人民以自由，人民既得尝

---

① 蔚利高 . 联邦志略：卷 27 ［Z］. 江左老皂馆藏梓.

自由之滋味，此后更不能受治于专制民贼之下，故历千辛万苦而争得之，以至有今日。观于拿破仑第一次被放，而维也纳会议起；拿破仑第二次被放，而俄、普、奥三帝神圣同盟兴。维也纳会议，神圣同盟，皆为压制民权而设也。但观于此，而知法国革命影响于全欧者多矣。弟子谓法人自受苦难，以易全欧国民之安荣，法人诚可怜，亦可敬也。泰西史学家无不以法国革命为新旧两世界之关键，而纯甫难是说，然则此十九世纪之母何在也？（弟子以为法国革命即其母，路得政教其褪母也。）①

二、"激动爱国精神"

湖南留日学生曾鲲化于 1903 年著有《中国历史》，他在该书出版时道："十世纪中国历史之特色，必有十百千倍于十九世纪西洋反动时代……痛国家之裒革，愤种族之犬羊，忾然创办东新译社，就我国之性质上习惯上编辑中学校各种教科书，熔铸他人之材料，而发挥自己之理想，以激动爱国精神，孕育种族主义为坚确不拔之宗旨。"② 将"激动爱国精神"作为编写教科书的指导思想。事实上，在汉译历史教科书的阶段，人们也将这作为选择教科书的重要标准。

甲午战争的战败与戊戌变法的无疾而终，让晚清社会的中国人产生了强烈的挫折感和失落感，有人醉心西学，成了"全盘西化"的鼓手："凡物之极贵重者，皆谓之洋……大江南北，莫不以洋为尚。"③ 1903 年 4 月 17 日的《大公报》描述有些青年人的崇洋心理："他们看着外国事，无论是非美恶，没有一样不好的；看着自己的国里，没有一点是的，所以学外国人唯恐不像。"④ 一些醉心欧化的人甚至要求取消中国的语言文字，改用"万国新语"。面对这种消极的民族主义情绪，一些有识之士认为，必须将中国历史的学习放到重要的位置上来，《民族精神论》一文说："民族精神滥觞于何点乎？曰其历史哉，其历史哉。"⑤ 章太炎也认为，一些醉心欧化的人之所以缺少爱国心，主要在于对中国历史的无知，"因为他不晓得中国的长处，见得别无可爱，就把爱国爱种的心，一日衰

---

① 丁文江，赵丰田. 梁启超年谱长编［M］. 上海：上海人民出版社，1983：236.
② 曾鲲化. 中国历史［M］. 东新译社，1903.
③ 陈登原. 中国文化史：下［M］. 上海：世界书局，1935：300.
④ 大公报［N］. 1903-04-17.
⑤ 民族精神论［J］. 江苏，1904.

薄一日。若他晓得，我想就是全无心肝的人，那爱国爱种的心，必定风发泉涌，不可抑制的"①。而此时的中国还未出现可以作为教科书的中国史著作，于是日本学者撰述的东洋史与"支那史"著作就成了汉译历史教科书选择的对象。无论是桑原骘藏的《东洋史要》、田中萃一郎的《东邦近世史》，还是市村瓒次郎的《支那史要》，以及市村瓒次郎与浅川龟太郎合著的《支那史》，都作为官方审定的中国史教科书被使用。这些教科书介绍中国的历史，摆脱了传统史书以朝代划分的方法，用时代划分历史，更清晰地呈现了中国历史进程的不同阶段。例如，《支那史要》以"古代史、上世史、中世史、近世史、今代史"作为划分历史的方法，以及《东洋史要》以"汉族增势时代、汉族盛势时代、蒙古族最盛时代、欧人东渐时代"作为划分历史的方法。这种"时代体"的划分方法，对于改造旧史学的助力很大，历史不再以朝代的更替和帝王的名号作为标志了，社会的思潮和风气的变迁成为时代划分的标志。而这些原著的编纂者与传统士大夫也有着根本的区别，他们有着新的知识结构，受到西方史观的影响，视野更开阔，史著的编纂通俗易懂，并经过择要增补，附以插图，也有利于让国人对中国史的学习产生兴趣，这种全新的史学面貌有利于启发国人对国家历史的新认识，从而激发爱国精神。

此外，不同于传统的中国史撰述注重史实考证和微言大义，在西方进化史观指导下撰述历史的日本学者，往往不仅仅记载历史，还注重对历史的系统化分析。1899 年，王国维在为《东洋史要》写的序中说：

> 自近世历史为一科学，故事实之间不可无系统。抑无论何学，苟无系统之知识，不可谓之科学。中国之所谓历史，殆无有系统者，不过集合社会中散见之事实，单可称史料而已，不得云历史。②

1901 年，梁启超在《中国史叙论》中，明确提出封建史学和资产阶级史学的区别："前者史学不过记载事实。近世史家必说明其事实之关系，与其原因结果。前者史家不过记述人间一二有权力者兴亡隆替之事，虽名为史，实不过一

---

① 汤志钧. 章太炎政论集 [M]. 北京：中华书局，1977：276.
② 王国维. 东洋史要·序 [M] //东洋史要. 上海：东文学社，1899：4.

人一家之谱牒。"① 而日本的史学家，就摆脱了这种简单记载历史的模式，不仅对历史的方方面面都予以关注，还探索历史发展的因果关系和社会进化的轨迹，例如《东洋史要》就"详载中外各国古今治乱、政刑、地理、人种、教育、制度、风俗、士农工商等事，询属无美不备"，而《东邦近世史》则"注意于民间文明之进步"，对中国历史上的重大事件予以分析解读，这种撰述方式不仅有利于推动史学的进步，更重要的是，这种对历史的加工再现能够让人对历史发展的相互联系和因果关系产生思考，从而在更清晰地认识中国历史的基础上，产生更为强烈的爱国之心。

通过分析日译的中国史教科书可以得知，这些著作对近代以来中国历史的记载尤为重视，晚清以来的中国，内忧外患，通过对这段历史的记载，能警醒国人，这是晚清历史教育的自觉追求，而历史教科书又不能过多地辅以史学评论，于是就需要通过客观陈述但有意近代史实的方式实现这一目的，日著的历史教科书在内容的选择上发挥了重要作用。以《支那史要》为例，该书共六卷，其中卷五为近世史，卷六为今代史，时间自道光迄至中国台湾及伊犁之纷议期间，记载了清代以来我国政治大势的变迁。这种对近代历史的梳理，往往能够让人结合现实，分析国家兴亡之理，从而激发国民意识和爱国之心。

重视中国史以"激动爱国精神"的这种思想，从汉译历史教科书阶段一直持续到国人自编中国历史的阶段，作为近代中国特定历史时期"弱势话语"的集中展现。② 丁保书在编撰《蒙学中国历史教科书》时就指出："易姓变代，并吞缩削，地舆之沿革，历史上之一大原因也。况近代以来，欧西各国，潜谋侵夺，各据要害，租界为名，港场尽失。是编自春秋战国，迄最近形势，各附地图，详细指示，以识古来并合之由，以起近今丧亡之痛，长学识，雪国耻，是在吾党。"③ 钟毓龙在编撰《新制本国史教本》时也强调："本书要旨，在发挥吾国国民之特色，更推究其贫弱之原因。而社会、风俗、制度、学术，以及近世以来外交之失败，均特加注重，以唤起爱国雪耻之心。……近世以来，外交失败，日甚一日，偿款割地，丧师辱国，屈指不能悉数。既已亏辱于当时，宜

---

① 梁启超. 中国史叙论［M］//饮冰室合集：第 1 册. 北京：中华书局，1989：11.
② 李帆. 浅析清末民初历史教科书中的"国耻"与"亡国"话语［J］. 人文杂志，2017（2）：89.
③ 丁保书. 蒙学中国历史教科书［M］. 上海：文明书局，1903：2-3.

图振起于今日。本书于国耻一点，特加注重，庶使学者读之，有所警惕，而增进其爱国雪耻之心。"① 可见，国人自编中国史教科书的意图，与选取汉译中国史教科书的意图一致，都在于用中国的史实构建起爱国要旨，以激励国人自强之心。

三、塑造"理想国民"

1902 年、1904 年清政府先后出台《钦定学堂章程》和《奏定学堂章程》，根据新学制，无论是地方性的小学、中学，还是"以端正趋向，造就通才为宗旨"的大学堂，都设置有历史课程。初等小学设"历史"，"其要义在略举古来圣主贤君重大美善之事，俾知中国文化所由来，及本朝列圣德政，以养国民忠爱之本源"②。高等小学设"中国历史"，"其要义在陈述黄帝尧舜以来历朝治乱兴衰大略，俾知古今世界之变迁，邻国日多，新器日广，尤宜多讲本朝仁政，俾知列圣德泽之深厚，以养成国民自强之志气，忠爱之性情"③。可见，晚清的历史教育，都将"国民"一词列入教育的对象中。

"国民"一词在汉语里最早出现是在先秦时期，《周礼·春官·墓大夫》有"令国民族葬"，《左传·昭公十三年》有"先神命之，国民信之"，此后，《史记·东越列传》中有"威行于国，国民多属，窃自立为王"，《汉书·王子侯表下》有"坐恐猲国民取财物"。可见，古人所使用的"国民"一词，与近代以来的"国民"，在内涵上有很大的差别，传统观念中的"国民"一词，与"臣民""庶民""黎首"等词有着相似的含义。而近代意义上的"国民"一词，和近代以来出现的很多新词语一样，是 19 世纪末根据日文翻译过来的，"日本学者池上荣子研究明治初期日本的公民权与国族认同，指出明治日本在吸纳西方政治观念时，并没有将 citizenship 与 citizen 译作'市民权'与'市民'，而是将之译作'国民'。这种语意上的偏移，透露出近代日本的国民建构，未尝以一个相应的'市民社会'（civil society）为基础，而是与其国族打造（nation-

---

① 钟毓龙. 新制本国史教本（师范学校适用）：上 [M]. 上海：中华书局，1915：2.
② 奏定学堂章程 [M] //璩鑫圭，唐良炎. 中国近代教育史资料汇编·学制演变. 上海：上海教育出版社，1991：295.
③ 奏定学堂章程 [M] //璩鑫圭，唐良炎. 中国近代教育史资料汇编·学制演变. 上海：上海教育出版社，1991：321.

building）的历史进程紧密相关"①。

日本在明治维新时期向西方学习成熟的近代民族国家制度体系和公民理论，其中带有较多专制和国家主义色彩的德国学派的理论，成为日本建构近代民族国家的理论指导原则，于是德国学派关于国家、民族、国民等一系列问题的理念对日本的改革产生了很大影响。德国学派与英法等国的近代民族国家思想、公民理论不同，英法的公民是以个人为本位的，国家只是公民实现其个体利益的工具，而笼罩在浓厚国家主义色彩中的德国，国民不过是作为国家这个最高目的的工具。以德国的理论作为指导的日本，将英法的以个人为本位的citizenship 与 citizen 译作"国民"，这是建立在日本当时的社会发展水平之上的，而这种"国民"观念对近代中国的知识分子产生了很大影响。1905 年出版的一本《国民必读》对"国民"做了如下定义："须知国民二字，原是说民人与国家，不能分成两个。国家的名誉，就是民人的名誉；国家的荣辱，就是民人的荣辱；国家的利害，就是民人的利害；国家的存亡，就是民人的存亡。"并进一步解释国家与国民的关系："国家譬若一池，民人就是水中的鱼。水若干了，鱼如何能够独活？国家又譬若一棵树，民人就是树上的枝干。树若枯了，枝干如何能够久存？"② 梁启超在《新民说》中有言："新民云者，非欲吾民尽弃其旧以从人也。新之义有二：一曰，淬厉其所本有而新之；二曰，采补其所本无而新之。二者缺一，时乃无功。"③ 除此之外，福泽谕吉、中村正直等日本的近代启蒙思想家的"国民"思想被晚清知识分子们积极学习和引进，梁启超在《论自尊》一文中，开头便引用了福泽谕吉的"独立自尊"之语，可见日本近代思想对梁启超国民思想的塑造产生的重大影响。

晚清知识分子们对"国民"的认识，实际上是与当时社会达尔文主义的流行紧密相关的。严复的《天演论》发表以后，中国知识分子深受其影响，观念为之巨变，认定了"生存竞争，优胜劣败"乃是决定当今世界国家民族盛衰的不二法则。"故今日欲抵挡列强之民族帝国主义，以挽浩劫而拯生灵，惟有我行

① 沈松侨. 国权与民权：晚清的"国民"论述（1895—1911）［M］//中央研究院历史语言研究所集刊. 南京：江苏古籍出版社，2002：675.
② 陈宝泉，高步瀛. 国民读本［M］. 南洋官书局，1905：2.
③ 梁启超. 新民说［M］. 郑州：中州古籍出版社，1998.

141

我民族主义之一策；而欲实行民族主义于中国，舍新民末由。"① 以梁启超为代表的近代知识分子，深受伯伦知理的"国家有机体论"的影响，认为国家乃是由其国民全体凝聚而成，国家的强弱盛衰，取决于国民，"在民族主义立国之今日，民弱者国弱，民强者国强"②。于是先进知识分子开始倡导具有近代意义的国民思想。而如何才能造就合格的国民呢？"所谓国民者，断非今日下一令曰：凡为吾国之民，皆当为国民以保国，明日下令曰：凡为吾国之民，皆当为国民以保种，循是空言所能造成者也！必先广播国民之种子，然后可静观国民之结果，广播国民之种子，舍教育奚由，舍国民教育奚由。"③ 可见，"国民"的养成必须依靠教育来实现，原因在于"夫教育者，所以提振国民之精神，感发国民之志气，使人人得成为国民之资格，能担当国家之责任者也"④。这种通过教育来培养"国民"的方式反映在历史教育上，也就是把"塑造国民"作为教育的目的，因此在晚清的教育改革中，就将"国民"一词列入了学堂章程。在这样的教育目的下，汉译历史教科书作为引进和学习近代西方与日本"国民"观念的重要窗口，也就承担起了"塑造理想国民"的职责。

以国家为本位的"国民"观念，更注重国民的整体性和国民对公共事务的参与，使得近代知识分子们所塑造的国民更接近于古希腊雅典的共和主义公民，这与近代西方建立在个人主义基础之上的自由主义公民有着很大的差异性。因此，汉译历史书籍中对共和制度的重视就成为其被选择成为教科书的重要原因。以传教士艾约瑟编译的《希腊志略》为例，这部历史教科书介绍了希腊的发展历史，还对希腊史在欧洲的地位做出了评价，该书卷三为"雅底加上古诸事"，记述古代雅典城邦的形成、雅典早期的贵族政治、梭伦改革、庇西特拉图僭主政治、雅典的民主政治、雅典与斯巴达的矛盾等，其中一节为"民得国政中分"，记载了公元前594至593年梭伦任雅典执政官时民主制改革的内容，"梭伦拟定国制"中称："梭伦初更雅典旧例，诸贵绅外，无论谁氏，举可于国事有言，似和美耳书所言：'民会议国事，为希腊古风。'"梭伦的政治改革，扩大

---

① 梁启超. 新民为今日中国第一急务 [M] //饮冰室合集专集之四. 北京：中华书局，1989：5.
② 梁启超. 就优胜劣败之理以证新民之结果而论及取法之所宜 [M] //饮冰室合集专集之四. 北京：中华书局，1989：7.
③ 万声扬. 中国当重国民教育 [J]. 湖北学生界，1903.
④ 论中国教育当定宗旨 [N]. 大公报，1902-11-07.

了民主的范围，加强了公民大会的权力，贫穷的公民也有参与政治的机会，为雅典的民主政治奠定了基础。在近代知识分子的观念里，"国民"是国家组成的必要部分，是救亡图存的工具，是国家强盛的原动力，而国家是绝对高于国民的，所以在参与国家事务上，国民具有不可逃避的责任与义务。所以，对希腊这种共和主义历史的介绍有利于人们产生对国家利益的优先性认识。

带有浓厚道德主义色彩的公德意识是近代中国知识分子们所大力倡导的国民素质之一。梁启超认为道德的本质在于利群，各国的道德虽因文化的不同而有差别，但无不以能促进群体的进化发展和国家的富强为目的。中国人注重私德而缺乏公德，因此应积极提倡公德。所以强调国民的公德意识，提升个人的素质和公共意识，始终是中国知识分子们关注的目标，梁启超曾经说道："今日谈救国者，宜莫如养成国民能力之为急矣。虽然，国民者其所养之客体也，而必更有其能养之主体。苟不尔者，漫言曰养之养之，其道无由。主体何在？不在强有力之当道，不在大多数之小民，而在既有思想之中等社会。……实则吾辈苟有能力者，则国民有能力；国民苟有能力者，则国家有能力。以此因缘，故养政治能力，必自我辈始。"[①] 所以，对国民素质的培养必不可少，基础教育具有教化大众的功效，而历史教科书在国民教育中更是必不可少，相比中国传统史学的教化功用，外来的汉译历史教科书中体现的各国"养民"制度，尤其有利于教育改革中的中国社会，李提摩太在《泰西新史揽要》中提道：

> 知今日兴国之道，有断不可少者四大端：道德一也，学校二也，安民三也，养民四也。凡精于四法者，其国自出人头地，不精或不全者，不免瞠乎其后，毫不究心者则更在后矣。[②]

尽管近代的道德教育还是以儒家传统的经典著作为主，但汉译的历史教科书也在一定程度上为其注入了新的内涵。

晚清教育中对于"国民"的塑造，包括人们参与政治的自觉性和公德心两方面，但最主要的，还是基于对国家的认识。晚清社会知识分子对国家与人民的认识已经不同于传统的君臣观，一些先进的知识分子开始懂得将普通大众作

---

① 梁启超．论政治能力［M］//饮冰室合集专集之四．北京：中华书局，1989：156.
② 李提摩太，蔡尔康．泰西新史揽要［M］．上海：上海书店出版社，2002：5.

为历史的重要推动力来看待，所以对"理想国民"的塑造，就成为晚清知识分子和统治阶级上层都注意到的问题。尽管这种认识还是基于专制化统治的需求，且"国民"并未独立于"国家"的意志，但这种观念在当时的中国已经是很大的进步。

第二节　编纂体例的创新性

中国传统历史编纂主要有编年体、纪传体、纪事本末体三大体裁，还有国别体、通史、断代史等划分方式，对此梁启超评价道："纪传体以人为主，编年体以年为主，而纪事本末体以事为主，夫欲求史迹之原因结果以为鉴往知来之用，非以事为主不可。"而这种编纂方式到了晚清，在西学的影响下，开始逐渐走出以叙事为中心的编纂形式，建立起了以历史研究为主体的现代史学。在这一过程中，传统的历史编纂学经历了外界影响和自我调适的过程。而编纂体例的转变，是其中最直接、最明显的特点，在这一过程中，汉译的历史教科书有着不可忽视的影响力，这些译自西方和日本的史学著作，运用了新的编纂方式，冲击着中国传统的史书体例。

一、"章节体"的广泛使用

在古代和中世纪，由于时代和阶级的局限，西方历史学家只能对社会的各个侧面，诸如政治、军事、外交和宗教等，做一些直观性的、单一性的记录。因此，适合表达这些内容的西方史书体裁，不外乎多卷本的编年体、传记体和纪事本末体等，这一点与中国传统的史书无异。进入资本主义时代以后，大机器生产改变了人们过去的狭隘观念，资产阶级历史学家开阔了视野，把眼光扩大到了历史学的各个领域，开始认识到历史是一门综合性的学科，他们注意到社会的各方面，重视经济因素和文化因素在历史发展中的作用，他们还用资产阶级的历史进化论来解释历史，把人类社会历史看作一个不断变化的过程，从中寻找因果联系。

史书的形式往往由内容决定，于是在西方近代资本主义发展的历史条件下，为了适应资产阶级的史学，一种新的史书体例——"章节体"出现了。这种体例根据时间顺序，按章节编排历史内容，同时因事立题、分篇综论，具有既分门别类，又综合通贯的特点。

　　在晚清史书编纂体例变化的过程中，"章节体"的出现经历了一个发展的过程。19世纪下半期，译自日本的历史教科书中出现了全新的史学叙事结构，这些史著有的记载西方各国的历史，有的则记载东洋历史，引进到中国后，对中国传统的史学撰述影响甚大。例如近代译自日本的第一部史书《东洋史要》，分为总论、上古期二篇、中古期九篇，每篇又有若干章。以第四篇"佛教东渐"为例，该篇共四章：释迦以前印度状况、释迦出世与阿输迦王时代、大月氏之勃兴与佛教东渐、东汉与西域诸国之关系。虽然是以"篇""章"划分内容，没有正式设"节"，但每章中所分段落已经具有了"节"的形式，称得上是章节体的雏形了。这种体例对国人编写教科书影响甚大，傅斯年说："近年出版历史教科书，概以桑原氏为准，未有变更其纲者。"① 可见，这种以历史分期划分的"篇章体"，作为向"章节体"转换的又一个阶段，对中国史书撰述的影响也颇为深远。《欧洲历史揽要》先以"编"分为四部分，在每部分之后以"章"划分，总共四十八章，每章之后也有若干"节"，这种"编章节"的体例，距真正意义上的"章节体"已经非常接近了。而之后汉译自日本的历史教科书《东邦近世史》《支那史要》，均以"章"划分内容，每"章"之后又有"节"，属比较规范的"章节体"。可见，尽管"章节体"在近代引入中国的过程中经历了阶段性的发展，但毋庸置疑的是，汉译历史教科书在此过程中充当了重要的角色。

　　较之传统史书体例，"章节体"对于任何一个事件都可以探求其因果，详述其首尾。设编立章分节，能清晰地展现历史的阶段性发展和历史发展的主次关系，从而打破了传统史书以帝王将相为中心的格局；顺时按类，因事列目，依照时间顺序来陈述通史庞大的历史容量，打破了中国传统旧史学的循环论；分章节记载历史，使复杂多变的政治、经济、军事、宗教、社会、文化等内容的脉络更加清晰、系统。"章节体"的出现，既是晚清史学发展的结果，也受到社会思潮的影响。西方的历史进化思想传入中国之后，史书的编撰就需要更适应于在历史进化论的指导下来解释历史的演变过程，而晚清学制的变革，需要与历史学科教学配套的教科书，"章节体"恰好顺应了这一时期思想和社会变革的

---

① 王汎森. 中国近代思想与学术系谱［M］. 石家庄：河北教育出版社，2001：1225.

需要。作为教科书，"章节体"能按照讲授课时的要求、讲授对象的深浅程度灵活编排内容，做到篇幅适宜、脉络清晰、简明扼要。所以"章节体"的编纂形式在晚清借由汉译历史教科书传入中国后，很快就被国人推崇，并用于编写中国通史、自编历史教科书。

二、"时代体"的历史划分

王汎森在《戊戌前后思想资源的变化：以日本因素为例》一文中评价桑原骘藏的《东洋史要》，认为其"取西洋'上古''中古''近古''近世'四期来分中国历史，第一期断至秦皇一统，称之为汉族缔造时代；第二期自秦皇一统至唐亡，称之为汉族极盛时代；第三期自五季至明亡，称之为汉族渐衰，蒙古族代兴时代；第四期括清一代，称之为欧人东渐时代。而后来编写教科书的中国人便有意采取这种方法，下笔之际，纷纷以四期来分"。① 从秦到五代的中古时期，中国历史变动较快，统一与分裂交替，既有外族入侵引起的分裂，也有汉唐统一大帝国的建立。尽管有北方民族南下骚扰，但汉族依旧开辟了空前的大版图，达到全盛时期。从五代至明的近古期是蒙古族极盛时代。近古期中，汉族气焰全灭，塞外诸族相继得势，通古斯族先兴，继而蒙古族兴起建立元朝，统一东亚，蒙古族势力更经中亚而席卷西北两部，余威远及欧洲大陆。"要之此期，询蒙古族勃兴之世。彼族与东洋厄运，实为诸事变之主动力。"②

事实上，晚清时期的汉译历史教科书，多采取这种以历史时代观念划分的方法，划分标准包括政治事件、文明时代、民族发展等，在名称上也多以"某时代"区分，于是笔者将这种历史撰述的划分方法称之为"时代体"。

在中国传统的史学发展上，也有着类似的时代划分方法，最常见的就是以王朝更替来划分历史时期的开始与终结，历法纪年也只是以皇帝在位年代来计算的。这种划分法是与古代中国治乱兴衰的易代观念相联系的。此外，中国很早就有了以"世"为历史分期的划分方法，如《韩非子·五蠹》中就有"上古之世""中古之世""近古之世""当今之世"③，《春秋公羊传》的"隐公元年"将历史划分为"所见之世""所闻之世"和"所传闻之世"④，康有为后来

---

① 王汎森. 中国近代思想与学术系谱 [M]. 石家庄：河北教育出版社，2001：162.
② 桑原骘藏. 东洋史要：卷1 [M]. 上海：商务印书馆，1914：9-10.
③ 诸子集成（五）：韩非子集解 [M]. 上海：上海书店，1986：339.
④ 阮元. 十三经注疏：下册 [M]. 北京：中华书局，1980：2200.

在《春秋董氏学》中将该"三世"诠释为"据乱世""升平世"和"太平世"①。但在中国传统的史学中，这种历史划分并非前后相续的，而是以不连续的、零散的形式出现的，这种断"世"是一种模糊的和笼统的概念，并无确切的时间断限和系统性。

日本学者撰述的历史教科书广泛运用"时代体"，如日本学者箕作元八、峰岸米造合撰的《欧罗巴通史》，也分为上古、中古、近古、最近世四卷。还有日本学者小川银次郎撰的《西洋史要》也分为四期：上世史、中世史、近世史、现世史。"时代体"的运用，在支那史教科书中较为常见，除了《东洋史要》，日本学者市村瓒次郎著的《支那史要》也用此方法划分，该书共六卷，其中卷二为古代史、卷三为上世史、卷四为中世史、卷五为近世史、卷六为今代史，分时代记载我国数千年来的历史。

而在早期传教士译介的历史译著中，也出现了这种"时代体"的历史分期著作，例如由李提摩太敦促译介的山西大学堂历史课本《迈尔通史》就分上中下"世记"三个部分，每"世记"又有诸如"曰黑暗时代记""曰中兴时代记"的不同卷。由美国学者彼德巴利撰写的《万国史略》，也分为上古、中古、近世、现世四个时期，分时代叙述五洲的历史。

这种"时代体"的历史划分方法，源于西方社会的分期标准。西方的历史分期是与基督教神学历史观联系在一起的，用以标注历史时间和划分时代用的是"纪元"或"公历"，代表着基督教思想对西方历史的支配，西方的历史以基督出生为准，划分为纪元前和纪元后两部分，历史也就以神的启示和生命为过程。所以基督教世界的一切帝国、国家的历史兴衰是一个连续不断的过程。用"时代体"划分西方历史，正是通行于欧洲的古代、中世纪、文艺复兴等不同时期的划分法的反映。文艺复兴时期的史家反对历史连续性的观点，所以用这种抽象概括来揭示历史演变的具体方法来划分历史时代，也是一种对历史全新的思考方式，"即对时间的测量不是根据它自然性的流逝，也不是根据对时间施加了政治性理解的皇帝纪年，而是在其线性的标尺上寻找其富有社会文化意义上的事件位置，根据这类具有重大历史意义的事件来决定时间间隔的点"②。这种思考方式对西方史学家产生了影响，也就促生了"时代体"历史划分的

---

① 姜义华. 康有为全集：第2集［M］. 上海：上海古籍出版社，1990：671.
② 邹振环. 晚清史书编纂体例从传统到近代的转变［J］. 河北学刊，2010（2）：4.

出现。

三、新体例的创制

除了"章节体"与"时代体"的广泛应用，晚清汉译的历史教科书还出现了一些特殊的体例，这些体例往往是在译介过程中，由译者创制的，其目的是让这些著作与中国传统的体例相结合，或者更适应于其作为教科书的功用。

以英国传教士慕维廉主持译介的《大英国志》为例，该书共八卷，其中第八卷由职官、宗教和地理等八种"志略"组成，作者在该书凡例中指出：

> 英史体例与中国不同，中国设立史官及起居注、实录，而易代修史，具有章程。泰西诸国无史官，士民皆得纪载国事。兹依英士托马斯·米尔纳所作《史记》译出，悉从原本。观者勿以中国体例例此英史也。①

编年体的缺点是难以较集中地反映经济制度和文化状况，因此慕维廉除指出中西两种史书在"史官纪事用时王年号"和"耶稣编年"的方法上不同外，也指出"中国史记列传用纪事体较详，本纪用编年体较略"，而"英史有本纪而无列传（名人事迹具见他书），一代政教兵刑，事无大小，悉统于纪。体例既异，文字遂繁，观者勿讥其凌杂无节也"②。为了与中国传统的纪传体相对应，慕维廉又利用其他相关资料翻译编辑了类似正史"志"，作为第八卷"略述职政地理等志"的内容。职政、刑法、教会、财赋、学校、兵、农商、地理八种"志"的名称，也留下了中国传统纪传体"志"的痕迹。全书前列维多利亚女王世系表，加上英国两幅版图，也算本纪、表、志、图具备，慕维廉称此书属于"本纪体"。

美国传教士谢卫楼编译的《万国通鉴》，则采用了一种更细化的体例——"卷章段体"。该书共四卷，每卷由若干章构成，每章以下又有段，例如第一卷"东方国度"共四章：第一章"论中国事略"，共二十五段，第一段为"上古开国之事：三皇纪略"，第二十五段为"论大清纪略"。第二卷"西方古世代"分八章，第一章"论犹太国事略"，第二章"论伊及国事略"，第三章"论巴比伦

---

① 慕维廉. 大英国志·凡例［M］. 上海：上海墨海书馆，1856：2.
② 慕维廉. 大英国志·凡例［M］. 上海：上海墨海书馆，1856：3.

和亚述国事略"，第四章"论玛代国和波斯国事略"，第五章"论腓尼基人事略"，第六章"论喀颥基人事略"，第七章"论希利尼国事略"，第八章"论罗马国事略"。这种体例，在每页的开头，都有若干类似内容提要的识语，似乎接近后来的小节标题，称之为"段"。这种以卷统章，章下设小段的方式，并不能完全算是"章节体"，因此称之为"卷章段体"更恰当。

同为传教士的李提摩太，在译介的《泰西新史揽要》时，又创制了"卷节体"。该书原著 The Nineteenth Century：A History 共三卷，每卷有几章，每一章中，一般有十至二十节内容，但每章的小节，没有以序列号进行排列，甚至在文中也并没有明显的标识，也就是说，目录中所列的这些章节标题，在正文中并没有出现，正文被划分为三卷后，仅仅对各章的标题进行了注明，而每章中的小节标题，仅仅是在目录中出现，并未在文中体现，各章内容一以贯之。这种史书的叙述结构有着很大弊端，阅读起来有很大不便，读者对该章节文章的主要内容也不易形成结构化的认识，有囫囵吞枣之感。考虑到中国读者的阅读习惯和理解方式，译者在译介过程中对原作的这一缺点进行了弥补，他们采取中西合璧的方式，将中国传统史书的体裁"纪事本末体"与西方卷、章、节合成的史书体例相糅合，创设出一种新的"卷节体"，去掉了原文划分为三卷的体例，将原来的每一章设为一"卷"，共二十四卷，各卷名为原来的章题，并将原来各章中没有序列的小节进行了排序，每卷约十到二十节，沿用了原来的小节名。此外，在正文中继续用卷和节划分内容，每卷以历史事件或历史时期为卷名，每一节虽各有标题，但叙述上是以时间为顺序进行的，这样就能把西方历史上的大事件过程，详其首尾，集中叙述了出来。因此，这种新创制的"卷节体"能够将纵横交错的各类历史事件分篇综述，也能更清楚地表述错综复杂的历史进程在动态发展中的前因后果。

日本学者箕作元八与峰岸米造合著的《欧罗巴通史》一书，采取的虽然是"时代体"的历史划分形式，但在体例上，该书分上古、中古、近古、最近世四卷，每卷下设诸多篇。例如，第一卷为上古史，该卷共四篇，包括"太古西洋诸国兴亡时代""冲突时代""东西文化融合时代""罗马之大统一时代"，采取了这种"卷篇体"的形式。值得注意的是，该书的原本《西洋史纲》中，采取的是卷、篇、章的三级体例，在第一卷上古史的第一篇"太古西洋诸国兴亡时代"下，又有四章内容："エジプト及び西南アジア諸國""アシリアの強大，

四國對立""ギリシア勃興""ベルシア統一",第二篇"ベルシアギリシア衝突時代"下,又有"ベルシアのギリシア侵寇""ギリシア文物""ベロポン子スス戰役""スパルタテベマケドニアの",其余各篇也是如此,可见在对该书进行译介的过程中,译者对原书的体例进行了修改,将原有的"卷篇章"三级体例变为"卷篇体",这种写法,使译本的体例与近代的其他汉译历史教科书类似,这种两级的体例,也与近代化的"章节体"更接近,且更适于教科书的讲授与学习。

得益于新的观念和方法的影响,西方史学和日本史学在编纂体例方面,向中国的史学界展示了一条世界现代学术发展的途径,无论是"章节体"的普遍应用、"时代体"的历史划分,还是一些新式体例的创制,都经由晚清的汉译历史教科书,对中国的传统史学产生了较深刻的影响。这些编纂体例方面的创新,促进了中国史学的革新,并且将这种革新从思想上的酝酿进入实践上的尝试。

第三节 译作的变通与重构

"译者首先必须适应翻译生态环境,才能在这个环境中得以生存,逐步实现自己的需求,否则就有可能被翻译生态环境淘汰。"① 历史著作的译介是一种跨语言、跨文化的交际活动,不同文化之间有着不同的思想基础、世界观和价值观。晚清汉译历史教科书的出现,与以往的西学东渐不同,这一在晚清社会环境下进行的译作,没有完全立足于史书原本,而是采用了与中国本土知识相调和适应的策略,对其进行变通,使其更加适应晚清中国社会的现状,适应近代中国的文化需求,适应中国民众的阅读习惯。除此之外,在这些教科书的译作中,译者还借鉴中国传统史学的观念和形式,对原作进行了形式与内容上的创设性改造,完成了对历史教科书的重构。而汉译历史教科书译作过程中的变通与重构,既包括语言的翻译与运用,也包括史事书写的思想内容,还包括对中西差异的对比处理。经过再次诠释译作后的西方、日本历史著作,在晚清时期的中国,更适于作为历史教科书来使用。

---

① 胡庚申.翻译适应选择论[M].武汉:湖北教育出版社,2004:128.

一、"本土化"的语言变通

语言是文化的重要载体，也是作者表达和叙事的工具。现代诠释学的代表人物伽达默尔曾经说过："诠释的方法不仅提供关于科学应用程序的解释，而且还对预先规定一切科学之运用的问题做出说明——这就像柏拉图所说的修辞学……这是对人之于人以及对'善'的选择最为至关紧要的'最伟大的'问题。"① 因此，在语言的使用中，利用多种表达手段以尽可能表达效果，是翻译书籍的重要环节。

晚清中国的文化，与西方文化有着巨大的差异，中国人对西方文化的态度也不尽相同，其中，文化保守主义者以认同、回归、捍卫中国的文化传统为首要职志，充分褒扬传统文化，对西方文化在中国的传播有着很高的警惕心。19世纪的中国，虽然经历了西方列强坚船利炮的打击，但中国传统文化的影响力依旧根深蒂固，这一时期的文化保守主义，主张中国文化传统的核心部分不能被改变，强调文化的民族性和国度性，反对西方文化的入侵，"文化是民族生命的'内层'，国家及其法律、政府则是保护前者的'外层'。清廷误国，列强进逼，'外层'实亡，中国文化自然岌岌可危。西方侵略者不仅致力于政治经济军事侵略，更可畏的是还试图从文化上亡我中国：'其亡人国也，必也灭其语言，灭其文字，以次灭其种姓，务使其种如坠九渊，永永沉沦。'② 一旦文化澌灭，民族'元气'尽消，中国所面临的将不仅是亡国，而且是亡天下，即陷于万劫不复的灭种之灾"③。在这样的文化背景下将外国的历史著作汉译为中国的教科书，"本土化"的语言变通尤为重要。

首先是在古汉语的运用上，译者们往往大量运用古汉语修辞和表达，以适应中国读者的阅读习惯。以《联邦志略》为例，该书中将"president"（总统）一词译作"国君"："一国之首曰'统领'，其权如国王。立各部之首曰'首领'，其权如中国督抚。"④ 将"parliament"（国会）译为"议事之所"，将

---

① 伽达默尔.诠释学Ⅱ：真理与方法［M］.洪汉鼎，译.北京：商务印书馆，2010：349.

② 邓实.政艺丛书·鸡鸣风雨楼［M］//近代中国史料丛刊续辑.台北：文海出版社，1976：47.

③ 郑师渠.近代中国的文化民族主义［J］.历史研究，1995（5）：90.

④ 蔚利高.联邦志略［Z］.江左老皂馆藏梓.

"States Senate"（参议院）和"House of Representatives"（众议院）分别译为"议事阁""选议处"或"元老院""绅董院"。这些名词对受过中国传统教育者来说，显然减弱了理解上的困难，又不至于与中国的传统名词混为一谈。这与该书在译介过程中，有中国文人的参与有关。1857年，江苏金陵学者宋小宋称："1860年，裨君有复刻邦志之意，出其初草属删订之，书成，因就所知之大略述之以为叙。"① 曾受业于裨治文的梁植则称："是书初作，尔与有劳。今垂二十余年，国事日有增益，吾将重刻新之，子盍为我校乎。植重因师命不敢辞。"② 在这两位中国学者的帮助下，该书的译作在语言方面就达到了"本土化"的效果。

除了对古汉语的运用，在对不同的文化与语言进行译介时，"译者要做出成千上万次选择与处理的决定，以适应另一种文化，适应另一种语言，适应不同的编辑和出版商，最后还要适应读者群"③。晚清时期的中国，虽然有了西方文化的传入，但中西文化之间的差距仍是汉译历史教科书不可忽视的问题，所以在处理有些字句的翻译时，必须加以变通，才能被大多数中国民众尤其是知识分子阶层所接受。

以《迈尔通史》中对"文艺复兴"一词的译介为例，作者在第二卷"中兴时代记"中，用"科学之复兴"来概括这一时代的总体特征，而且出现了"文艺复兴""文学之复兴"等词语：

> 第十四周初，意大利人喜观腊丁希腊之文学技艺，于是两国之文艺复兴。有诗人彼得拉者（生于一千三百零四年，卒于一千三百七十四年）名最噪，次为波喀西俄（生于一千三百十三年，卒于一千三百七十五年）。彼得拉酷爱两国古文家，尊如山斗，每读名人作，辄拟一书，以赞颂其文章之美，拟致何蒙书，有意大利人能知《伊利雅》诗之美者，殆不逾十人云云，时诸儒访求古籍，自修道院大礼拜堂，以至寻常意想不到之处，搜罗殆遍。……法底坎（教皇宫名）书库最著名，教皇尼柯拉第五（在位自一

---

① 蔚利高. 联邦志略 [Z]. 江左老皂馆藏梓.
② 蔚利高. 联邦志略 [Z]. 江左老皂馆藏梓.
③ 胡庚申. 翻译适应选择论 [M]. 武汉：湖北教育出版社，2004：36.

千四百四十七年至一千四百五十五年）所建，文学之复兴也，皇奥有力焉。又希腊失君士但丁城时，文士多逃入欧洲。赴意大利者尤众，携希腊名人著作以俱，皆西欧之人向所未知者。①

而在 Myers 的原书中，第二卷 "The Age of Revival" 中相关的章节为 "The Revival of Learning"，原文为：

The Revival of Classical Learning—About the beginning of the fourteenth century there sprung up in Italy a great enthusiasm for Greek and Latin literature and art. This is what is generally known as the Italian Renaissance, or the New Birth. The Renaissance divides itself as follows：1. The revival of classical learning；2. The revival of classical art. It is with the first only, the intellectual and literary phase of the movement, that we are now concerned. This feature of the movement is called Humanism, and the promoters of it are known as Humanists. The real originator of the humanistic movement was Petrarch (1304—1374). His love for the old Greek and Latin writers was a passion amounting to a worship. He often wrote love-letters to his favorite authors. In one to Homer he laments the lack of taste among his countrymen, and declares that there are not more than ten persons in all Italy who could appreciate the Iliad. Next to Petrarch stands Boccaccio (1313—1375), as the second of the Humanists.②

根据原文和译文对比不难发现，原文中的 Renaissance 一词，在译文中被译作"文艺复兴"，但从"于是两国之文艺复兴"的前后语意来看，"文艺复兴"在此并没有被作为一个专名来使用，原文中说到的 "The Renaissance" 由两个部分组成，即"文"的复兴和"艺"的复兴。"复兴"一词，在汉语中意为"衰落后再兴盛"，《礼记·丧服四制》中说道："王者莫不行此礼，何以独善之也？曰：高宗

---

① 迈尔. 迈尔通史 [M]. 黄佐廷，张在新，译. 上海：山西大学堂译书院，1905：41.
② Philip Van Ness Myers. A General History for Colleges and High schools [M]. Boston：Ginn&Company Publishers，1890：473-474.

者武丁。武丁者，殷之贤王也，继世即位而慈良于丧。当此之时，殷衰而复兴，礼废而复起，故善之。"① 《韩诗外传》中称："昔者周德大衰，道废于厉。申伯、仲山甫辅相宣王，拨乱世反之正，天下略振，宗庙复兴，申伯、仲山甫，乃并顺天下，匡救邪失，喻德教，举遗士，海内翕然向风，故百姓勃然咏宣王之德。"② 可见，对于"复兴"一词的翻译，也是基于中国古代汉语的含义。

同样是对"文艺复兴"的翻译，在《欧罗巴通史》中则用了"文运复活"一词，该书的第三篇"国家主义发生时代"的第一章即名为"文运复活"，记载道：

> 宗教之束缚，与封建之压制，使中古西欧之人心，委缩腐败，又大妨害生产之发达。然人口增殖，能催进民心活动。十字军结局，宗教热心反冷，与他国人异种人接触，广开智识，商业盛大生产致复振兴。故西欧人固有敢为之气象勃勃然起，遂启文运复活之机运矣。③

将这段与日文的原本进行比较：

> 宗教の束縛と、封建の壓制とは、中古西欧の人心をシて、甚シく萎縮せシあ、生產の發達を妨害せり。然るは人口の增殖は、民心の活動を催進シ、十字軍終局の結果は、反りて宗教熱を冷卻シ、他國人・異人種その接觸は、人の識量を廣闊はシ、商業盛大そなり、生產復振興シければ、西歐人固有の敢為の氣象、勃タそシて起り、所謂文運復活の機運を啟きね。④

可以看出，"文运复活"是直接从日文中得来的，并未在译作中进行变通，

---

① 刘沅. 十三经恒解·礼记恒解：卷 49 ［M］. 谭继和，祁和晖笺解. 长沙：巴蜀书社，2016：499.

② 中华文化复兴运动推行委员会，国立编译馆中华丛书编审委员会. 韩诗外传今注今译［M］. 赖炎元，注译. 台北：台湾商务印书馆，1972：320.

③ 箕作元八，峰岸米造. 欧罗巴通史：第 2 册 ［M］. 徐有成，等译. 东亚译书会，1900：63.

④ 箕作元八，峰岸米造. 西洋史纲 ［M］. 六盟馆发兑，1890：137.

也不是中国古代汉语中的词语，但"广开智识""勃勃然起"等词，在原文中分别为"人の識量を廣闊はシ""勃夕そシて起り"，"智识"一词，在汉语中意为"智力、知识"，在《韩非子·解老》中有："故视强则目不明，听甚则耳不聪，思虑过度则智识乱。"① 《周书·齐炀王宪传》中也有："此儿智识不凡，当成重器。"② "勃勃"意为"兴盛的样子"，出自《淮南子·时则训》："勃勃阳阳，惟德是行，养老化育，万物蕃昌。"③ 扬雄的《法言·渊骞》中也提道："勃勃乎不可及也。"④ 明代的冯梦龙在《东周列国志》第四十六回中写道："襄公怜轸之死，亲殓其尸。只见两目复开，勃勃有生气。"可见，"智识"与"勃勃"二词，都是从中国古代汉语中寻出的对应译词。

现代翻译学家尤金·A. 奈达（Eugene A. Nida）提出："要真正出色地做好翻译工作，掌握两种文化比掌握两种语言更为重要，因为词语只有运用在特定的文化中才具有意义。"⑤ 因此，在自然环境、人文社会、宗教信仰、制度、风土人情和思维方式等方面依旧与其他国家存在着差距的晚清中国，在进行历史教科书的译介时，采取适应中国"本土化"的语言变通策略，适应了当时社会的文化背景，也满足了中国民众的阅读习惯，使得汉译的历史教科书风行一时。

二、"经世化"的书写重构

晚清是中国封建社会的转折时期，深受西方列强欺凌，身处社会变革之中的晚清中国学者，有感于国家外患内乱，时局倾危，掀起了"经世致用"的学术思潮，很快这股思潮就影响到政治文化等多个领域，凡是具备进步观点的学者，无不讥议朝政，入古出今，力图改革时弊，抵御外侮。以龚自珍、魏源、徐继畬、康有为等人为代表，撰写了大量经世学说。作为晚清时代学术与思潮背景下出现的汉译历史教科书，势必也会受到这一时期学术界经世致用思潮的影响，有着明

---

① 韩非．韩非子·解老［M］．北京：中华书局，2010：326.
② 令狐德棻．周书·列传第四·齐炀王宪传［M］．北京：中华书局，1983.
③ 刘安．淮南子·时则训［M］//顾迁，译注．中华经典藏书·淮南子．北京：中华书局，2009：142.
④ 扬雄．法言·渊骞［M］//韩敬，译注．全本全注全译丛书：法言．北京：中华书局，2012：350.
⑤ 尤金·A. 奈达．语言文化与翻译［M］．严久生，译．内蒙古：内蒙古大学出版社，1998：102.

显的史学经世思想，而这是在对原文进行了经世化的史学重构之后产生的。

梁启超在《论中国国民之品格》一文中论述道："国有三等，一曰受人尊敬之国。其教化政治卓然冠绝于环球，其声明文物，烂然震眩于耳目，一切举动，悉循公理，不必夸耀威力，而邻国莫不爱之重之。次曰受人畏慑之国。教化政治非必其卓绝也，声明文物非必其震眩也，然挟莫强之兵力，虽行以无道，犹足以鞭笞群雄，而横绝地球，若是者邻国虽疾视不平，亦且侧目重足，动色而群相震慑。至其下者，则薾然不足以自立，坐听他人之蹂躏操纵，有他动而无自动，其在世界，若存若亡矣。若是者曰受人轻侮之国。"① 可见，这一时期先进的知识分子们已经认识到文化、政治对于国家发展的重要性，西方发达国家因为文化昌明、教化卓绝而被世人尊敬，因此对先进国家的历史和政治进行学习，这是晚清社会内忧外患的现状所决定的。作为学习对象的汉译历史教科书，不能仅仅在形式上满足中国读者的需求，更要在思想内容上为近代的社会变革提供借鉴，兼具学术价值和社会功用。所以，晚清汉译的历史教科书，在内容与思想上，都没有完全遵循原著的叙事结构，而是采取了与中国史学家对话的方式，并基于中国的社会背景和晚清学术的经世之风，对史书原著进行了"经世化"的书写重构。

这种重构体现在内容上，首先是在史事的记叙上，重新分配详略记载，并有机地融合了许多旧学新知，用以强调西方国家制度的先进性。

以《泰西新史揽要》为例，对比该书与原著 *The Nineteenth Century*：*A History* 的各卷内容可以发现，译者将原书中的许多章节刻意删去，被删除的章节达十余处之多（其中有些内容是被译者合并至其他章节，此处仅列举出被删除且未被合并的章节）：

原本中 The redress of wrongs-II（《泰》书第六卷，译为"英除积弊二"）中的 The wrongs of dissenters（叛乱问题）、Irish Local Government Act（爱尔兰政府法案）、Changes in the position of women（妇女地位的改革）、Local Government in England（英格兰地方政府）三节；

---

① 梁启超. 论中国国民之品格［M］//郑师渠. 近代中国民族精神研究读本. 北京：北京师范大学出版社，2006：32.

原本中 Chartism（《泰》书第七卷，译为"英民公禀"）中的 The Labour Party in the House of Commons（下议院中的工党）一节；

原本中 Our wars（《泰》书第八卷，译为"战"）中的 The Hague Conference（海牙会议）一节；

原本中 Our Indian Empire（《泰》书第十卷，译为"印度"）中的 The annexation of Upper Burma（上缅甸地区的兼并）、The defence of the frontier（边疆的防卫）二节；

原本中 Our colonies（《泰》书第十三卷，译为"新疆"）中的 The conference of premier（总理会议）一节；

原本中 Russia（《泰》书第十二卷，译为"俄罗斯国"）中的 Peace conference summoned（召开和平会议）一节。

在章节上，译者除了删减之外，也有所增加，《泰》书在原作共二十三卷的基础上增加了一章作为"附记"，而内容则是原作最后一章 The progress of liberty in Europe 的最后三节 Secret societies、The electoral systems of Europe、Education in Europe，译作中将其列入附记中，译为"会党""欧洲新政""欧洲学校"。

译者删去的内容，大致有如下几种：

一是西方各国的内部战争或矛盾，如英国 19 世纪的议会改革、宪章运动、爱尔兰问题、妇女改革、政府工作改革和党派斗争。二是西方国家之间的矛盾，如 1853 年因争夺巴尔干半岛的控制权而在欧洲大陆爆发的克里米亚战争，西方国家之间的战争反映了 19 世纪欧美各国之间为了攫取利益而不惜使用武力的史实。三是西方各国的"新疆域"的状况，这部分内容实际是记载欧美各国在开辟殖民地时对印度等国家的压迫政策。

而译者增加的最后一卷内容实际是前一卷中的附记，在原作中没有被单列出来，仅作为补充式的说明出现。书中用"会党""欧洲新政""欧洲学校"的译名将这三节内容单列成卷，是想将西方政治制度的特点与优势突显出来。译作者认为，西方的政党制度、民主制度和教育是促使西方诸国之所以成为强国的最重要原因：

　　查欧洲各国民间既有举官以治国之权，即永无设会以害国之事，今各处大会党不在欧西而在欧东，如俄罗斯一国仍以权势治其民，故即有尼希利会党，十余年来不但愚人入其会，明人亦乐此不疲。会中之意则谓民间受苦过深，全欲去其旧而谋其新，俟其铲除净尽，民间重联相爱相助之欢，国之大兴必远胜于曩日云云。故俄能去其专恃权势之旧习，而学贴民情，自可上下胥安矣。①

　　于是，他将欧西之体单列一卷，希望中国人读后也能学习这些制度，来实现国家的兴盛。

　　这种史事记叙上的重新分配，是由于《泰西新史揽要》的译者在译作过程中，意图隐藏那些西方国家建立殖民地为其自身发展提供经济支撑的历史，目的是让中国人学习西方先进的政治经济政策来进行社会改革。于是，将西方国家的先进性进行强调，对变革过程中的史事重点加以展示，而对之后产生的负面影响则未加译介。这种重构的方式，让译作呈现出"经世化"的书写特征。

　　除了在史书结构上进行重构，晚清汉译的历史教科书中还加入了许多原著中并未出现过的、译作者对于历史事件的评论，而这些评论，大多蕴含着治乱之由，植入了许多警示晚清当世的叙述，译者借助凝练的评论话语，强调学习各国历史变革对中国救亡图存的重要意义。

　　例如，美国教育学家维廉·斯因顿所著、中国学者张相译作的《万国史要》，就在绪论中添加了关于欧洲历史重要性的评价，认为只有强国的历史值得借鉴，旨在引导国人向西方强国的历史学习：

　　今若溯开进国之现今文明，如合众国、英吉利、日耳曼、法兰西、意大利，则其文明直与罗马之文明相接不断。盖罗马人之文明，由古利司而出，而此两国，皆属亚利安族。然考此等亚利安族，在往昔共住亚洲，尚未离散之时，已早脱于草昧之境遇。于政治、于社交、于宗教、于简易之工艺，已开端绪，亦可想见。是故亚利安族，特为进步之种族，而万国史

_____

① 李提摩太，蔡尔康. 泰西新史揽要 [M]. 上海：上海书店出版社，2002：314.

之大半，实不能不让此族国民，独占共有之文明也。①

再如《大英国志》译者慕维廉在"凡例"中加入了介绍了君主制、君主立宪制和共和制三种政体的内容，旨在通过对比中国、美国、英国三国的政体，启发国人对政治制度变革的思考：

> 史记皆以国政为纲领，天下之大，邦土交错，立国之道，大要有三：一帝为政，礼乐征伐自王者出，法令政刑治间不治贵，如中国、俄罗斯等国是也；一君民共为政，君民皆受治法律下，泰西诸国间有之，而英则历代相承，俱从此号；一民为政，国无帝王，百姓推立一人主之，限以年数，以新继旧，如今之合众国是也。②

在谈到文本的意义时，伽达默尔曾说："文本并非只是文学研究的对象领域的名称，而诠释也远远不仅仅是对文本的科学解释的技术……文本所具有的'被递交性'使得唯有从解释概念出发，文本才能够被构造为一个语言性结构中的中心概念；文本概念只有在与解释的关系中并且从解释出发，才表现自身为真正被给予的东西，要理解的东西。"③ 这种哲学诠释学的观点用来解释晚清汉译历史教科书在书写上的"经世化"最恰当不过，将原著译作教科书，实则是一种二次诠释的过程，这种诠释使得原作的文本具有了"被递交性"，通过文本将原作者的语言转换为译作者的语言，也体现出译作者的思想与观点。伽达默尔说："从诠释学的立场出发，文本纯粹是中间产品，是理解事件中的一个阶段。"④ 所以，我们分析这一诠释过程的中间环节——书写的重构，实际上也是在探究译作者对原作的理解。诠释的过程使译作的内涵超越了原文本，其历史思想亦得到了进一步引申。

对历史发展进程内在理路的思考，是西方历史观念中的一项重要内容。启蒙

---

① 维廉·斯因顿. 万国史要·绪论 [M]. 张相，译. 通记编译印书局，1903：2.
② 慕维廉. 大英国志·凡例 [M]. 上海：上海墨海书馆，1856：5.
③ 伽达默尔. 诠释学Ⅰ：真理与方法 [M]. 洪汉鼎，译. 北京：商务印书馆，2010：337-340.
④ 伽达默尔. 诠释学Ⅰ：真理与方法 [M]. 洪汉鼎，译. 北京：商务印书馆，2010：341.

时期许多杰出的思想家对历史的变化和发展提出了各自的主张和看法，建立了明确的历史观。历史学在社会变革时期所起的推动作用在我国历史上也屡见不鲜。因此，"符合社会变革的需求"这一思想是中西方史学传统中所共有的特点。晚清中国学者因有感于国家外患内乱，认为以往"空谈误国"的学术不再适应中国社会，于是掀起了反对"空疏之学"的学术思潮，这一时期的文化导向必然就要向着符合社会现实的方向发展，"'鸦片战役'以后，志士扼腕切齿，引为大辱奇戚，思所以湔拔……又海禁既开，所谓'西学'者逐渐输入，始则工艺，次者改制。学者若生息于漆室之中，不知室外更何所有，忽穴一牖外窥，则粲然者皆昔未睹也，还顾室中，则皆沈黑积秽。于是对外求索之欲日炽，对内厌弃之情日烈。欲破壁以自拔于此黑暗，不得不先对于旧政治而试奋斗，于是以其极幼稚之'西学'知识，与清初启蒙期所谓'经世之学'者相结合，别树一派，向于正统派公然举叛旗矣"①。因此，汉译历史教科书的"经世化"书写重构，适应了晚清学术的思潮，符合社会变革的知识和理论需求，正如李提摩太所说：

　　此百年中所改诸章程，为自古以来未有之神速。盖昔日凭权藉势之辈恒阻民人不许别出新法，迨救世教既立于世以来，救人之大事未有此百年来之多也。天意欲人递胜于前，以渐几于上天全备之德，惜有在上之权势以阻之，民既有权，则可以博考万物而得万物之理，此百年中地球诸大国已去其权势之大弊，民既大安大盛，自今以后之世人应知欲禁人出新法以益人者，断无可以禁之之势矣。夫世间之弊甚多，不能尽除，时日既常有变通法令，亦必随之而变通，始为无负乎时日。故地球极大之弊，在于识见不到之人，但知有己而恃其权势以压人，阻百姓之长进而貌似太平也，及脱离帝王权势羁绊之苦，将来之民顺天而动，无有不受益至无穷尽者。②

三、"中西印证"的内容补充

在文化的传播过程中，对外来文化进行改造而使之更容易被理解和接受，

---

① 梁启超. 清代学术概论 ［M］. 北京：中华书局，1954：52.
② 李提摩太，蔡尔康. 泰西新史揽要 ［M］. 上海：上海书店出版社，2002：407.

是非常重要的环节，这并不是借助简单的变通性译介或者内容的增删就能够达成的。该文化主体的价值增加或提升，关系到其是否能在传播群体中得到认同，所以在这样一个动态的文化传播过程中，通过文化的不断重构，产生新的意义，就尤为重要。赋予被传播文化新的意义，并通过与原有文化的继承或创新，推动其价值的增长，从而更利于传播。因此，在历史教科书的汉译过程中，译者往往会加入"中西印证"的内容作为补充，有利于读者在对比的基础上学习中外历史，这种方式不仅能够加深记忆，同时也便于人们在传播历史知识的过程中用内化的思维进行讲述，从而能够更高效、更全面地传播史实与思想。

例如，《希腊志略》中的"年表"就采取了与中国朝代相对比的方式，"纪事目录"一栏中的"俄伦比亚会初起""米西尼亚战事始末""代兰得政初行""贝利安德行虐政于哥"分别对应"中国年份"一栏的"周幽王六年""周平王二十一年至襄王二年""周桓王二十年""周襄王二十七年至简王元年"。

除此之外，有一些汉译历史教科书还会在文中加入"按语"，一般是对一些外来词汇或事件用中国化的方式进行解释说明。《泰西新史揽要》就采取了用"华事相印证"的方式，以中国人所熟悉的事物解释原文抽象陌生的名词、句子。例如，第一卷第二十四节"拿破仑俄国木司寇都城之败"中记载了俄国与法国的战争史事：

> 俄兵生长朔方，严寒又非所畏，一闻法国退兵之信，四路追袭其后，法兵急欲归家，各无斗志，虽以拿破仑之善于将兵，亦遂束手无策……未及数日，寒信大至，雨雪载途，法军之冻死者又不知其数。按：俄国地居东北严寒之际，其寒暑针降至尽处尚须短缩三十度，中国以北京为最寒，然北京之寒暑针仅降至尽处为止耳。①

此处按语中，用北京的寒冷程度对比俄国的寒冷，比北京的最低温还要低上三十摄氏度，便于读者想象当时的战争情形。再如第八卷第一节"法皇欲显救世教之大权于犹太国"中记载道：

---

① 李提摩太，蔡尔康. 泰西新史揽要 [M]. 上海：上海书店出版社，2002：15.

欧洲各大国近方辑睦于法，即使与之挑衅，各国或甘心退让，终致师出无名，其奈何？继而憬然曰："土耳其按：华边突厥之种类迁徙至欧洲仍其本名，今译西事者类称之曰土耳其，盖突厥一声之转耳。国有小罅隙，可试我新得之势力，我若设词以强逼之，彼或不遵，则我有辞矣，法、土之衅既构，他国必有坦之者，然后以此祸钟降而为欧洲之大祸……"即遣使语于土耳其王曰："犹太国旧地，贵国之所属也，昔者我救主耶稣生于是，居于是……朕又欲铸一银神及法之国徽按：如中国以龙为旗之类。藏诸圣穴，以表光荣，王无逆朕命。"①

首先用中国的突厥族迁徙解释土耳其国，再用大清的黄龙旗解释法国国徽的价值。

《欧罗巴通史》中也出现了类似的"按语"，如在第三篇"国家主义发生时代"的第一章记载欧洲中世纪的学术时写道：

希腊被突厥侵略，国运日蹙，学者多走意大利避难。故人道派欢迎之。延乞其教。由是高等教育、重要古学之智识风生。渐次传播诸国。大学教授，人道派学者，占其大半。就中如德意志之罗意希伦（Johann Reuchlin）（一千四百五十五年迄一千五百二十二年，明景帝景泰五年至世宗嘉靖元年）、谙拉生斯（Erasmus yon Rotterdam）（一千四百六十七年迄一千五百三十六年，明宪宗成化三年至世宗嘉靖十五年），其名轰扬四方，抑人道派者，其本源于宗教全无关系，不受束缚，有自由活泼之精神，嘲骂当时之弊。擅美术者先意大利复活古代之风，复活式之祖，皮罗提斯葛（Filippo Brunelleschi）（一千三百七十七年迄一千四百四十六年，明太祖洪武十年至英宗正统十一年）研究罗马古时建筑之遗留者，苦心焦虑，终起活泼高尚之复活武。初其各部只模拟古代之风，后渐玩味精粹。如皮赖门替（Bramante）（一千四百四十四年迄一千五百十四年。明英宗正统九年至武宗正德九年）之康岂提阿（Cancelleria）宫殿，及该氏与米克耳阿及罗（Michelangello Buonarotti）（一千四百七十五年迄一千五百六十四年，明宪宗成化十一年至世宗嘉靖四十三年）所造之僧秘脱路（San Pietro【意】＝St.
Peter【英】）寺，诚壮观也。雕刻，亦起活动雄伟之风。又如独奈迭路
（Donatello）、米克耳阿及罗，摩斐地阿之垒，亦杰作也。绘画，中古最劣，
而意大利各地，色彩优美活泼，各数一长，遂至名手辈出，如辽那尔度
（Leonardo da Vinci）（一千四百五十二年迄一千五百十九年，明景帝景泰三
年至武宗正德十四年），富于艳丽雅致之风，米克耳阿及罗，健笔迸溢纸
外，拉发哀罗（Raffaello Santi＝Raphael【英】）（一千四百八十三年迄一千
五百二十年，明宪宗成化十九年至武宗正德十五年）得有神悟，光彩奕然。
同时智识亦发达，发明必需之活字版。从来书籍，每苦誊写，佥不便之，
其费亦甚多。德国马尹支（Mainz＝Mayence【英】【法】）人戈町白耳
（Johann Gutemberg）于第十五世纪之初，创活字版。①

而对比日文的原著：

　　ぎリ自分シア帝國は、トルコ人の侵略を被り、國運日は癈り、學者
多くイタリアは走りて、難お避けシかば、人道派は、歡びて之を迎へ、
延きて以て其教を乞ひぬ。是より高等教育は古學の智識を必要とする風
お生じ、漸次諸國に傳播シて、大學教授には、人道派の學者、其多數を
占め、就中ドイツのロイヒリン一四五五、一五二二エラスムス一四六七、
一五三六の如き、其名四方に轟き。抑人道派は、本源全く宗教に關係な
きを以て、之が束縛を受けず、自由活潑の精神を有シ、反り當時の宗弊
そ嘲罵せり。美術も、先つイタリア於て、古代の風を復活シね。復活式
の祖ブルオレスコ一三七七、一四四六は、古代の建築の殘存せるものを
研究シ、苦心焦慮、終に快活高尚なる復活式を起シぬ。初めは單に其各
部を古代の風に模する止りシが、漸次美の精粹を玩味シ、ブラマンラ一
四四四、一五一四の宮殿、及び同氏そミグル。アンジロ一四七五、一五
六四設計せるサン。ピエトロ寺の如き、雄物を見るに至れり。彫刻にも、
亦活動雄偉の風起り、ドナラロ。ミケル。アンジロの如きは、フヂアス

---

① 箕作元八，峰岸米造．欧罗巴通史［M］．徐有成，等译．东亚译书会，1901：64-65.

の壘を摩するの傑作を出シき。繪畫は、中古に於て最も拙劣を極めシが、
イタリア各地に、彩色・優美・活動等、各一部に秀つる諸派起り、其特
長相合シて、遂に豔麗雅致の風に富めるルレオナルド五一九、五二一、
健筆紙外に逬溢せんそするミグル・アンジロ、美の神髓を悟了寫出せる
ラフエロー四八三、一五二　の如き名手輩出せり。智識の發達と同時に、
之が傳播擴張に必要なる活版の發明あり。從來書籍は、一夕之を勝寫せ
シを以て、其不便いふべからず、其費亦甚だ多かりシが、獨國マインツ
の人ダーランベヒが、第十五世紀の初めに、活版を創めシより、智識を
渴望せる當時の人心を満足セシむるてとを得はりき。①

经过对比可以发现，原本中并未出现那些按语，而译本中出现的按语主要
有两种，一种是在作者翻译的专有名词后补充的英文原名，这与该书原本为日
语所著有关，在译作中文后加入英文名，以免因中日译名的不同让中国读者产
生歧义；另一种按语是对人物生卒年的日期用中国的朝代历法予以注释，以适
应中国读者的习惯。

除了以上所举的事例之外，晚清大部分的汉译历史教科书都在书后设有
"译名对照表""人地诸名表"，这些附表除了列出其原文单词、音译词和性质
之外，对于其出现的小节往往也会进行标注。这种在译作中补充的"中西印证"
的内容，使得原著中抽象的概念在译本中变得具体，从而能够在中国读者的脑
海中形成对西方史事最直观的理解。

法国翻译学家斯达尔夫人（Madame de Stael）在《论翻译之精神》一文中
指出，通过译者的"翻译努力"（translating efforts），读者在译本中获得了比原
著更大的实际快感，使得译本产生了"二度生成效果"（regenerative effect）。②
外国的历史教科书经译介传入中国，其译作过程，不仅在语言上进行变通，在
书写形式上进行重构，还用中西对比印证的方式补充相关内容，这使得晚清时
期的汉译历史教科书有着独特的吸引力，受众甚广，从根本上动摇了传统史学

① 箕作元八，峰岸米造. 西洋史纲［M］. 六盟馆发兑，1890：138-139.
② 费小平. 翻译的政治：翻译研究与文化研究［M］. 北京：中国社会科学出版社，2003：
143.

的观念基础与思维方式。

　　晚清的汉译历史教科书，尽管是在当时教育改革的背景下，由于教科书短缺而出现的应急用书，但这些历史著作多译自西方或者日本的历史名著，无论是译介对象的选取，还是译介者的身份，都是具有针对性的。在晚清中国的社会危机和文化背景下，能够激发国人的爱国热情，以及蕴含着历史变革思想的著作被译介并广泛传播，作为新式学校的教科书使用。这些译作，在译介过程中增加了译者的主观性，无论是体例的创新，还是语言的变通和内容的重构，其目的都是将这些外来史著改造成为能够引起国人共鸣和关注的教科书，既符合了晚清教育制度的改革趋势，也适应了当时社会的变革思潮，满足了当时中国士人学者的文化需求。

第五章

晚清汉译历史教科书的思想内涵

历史教科书作为教育大众的重要读本，又是知识分子与国家政治的重要连接点，在晚清复杂多变的社会背景下，体现着封建统治阶级、资产阶级知识分子以及西方传教士、日本史学家、中国译作者等多个群体的意志。晚清社会，国人的思想认识有了很大变化，如"国家""民主"和"历史进化"思想，都逐渐向近代化转变。晚清国人思想上的这些进步，与汉译历史教科书的思想内涵所体现出的先进性关系甚大，无论是对"主权国家""中国民族"概念的渗透，还是对世界各国民主制度的介绍，以及对历史进化思想的凸显，都对近代国人的意识再造作用甚大。

第一节　近代化的"国家"观念

第二次鸦片战争后，中国传统的"国家"观念遭到严重的挑战。清政府的国际交往日益频繁，奉"朝贡体制"为圭臬的行为范式在处理对外关系时越来越显出它与近代世界格局的不相调适与矛盾性。清政府对世界形势认知上的局限与传统"夷夏之别"观念，逐渐被瓦解。随着以西方为主的外来文化的传入，中国人对"国家"的认识开始发生转变，在此过程中，汉译的历史教科书对时人"国家"观念的塑造尤为重要。

一、"主权国家"的意识

在近代之前，"天下"是解读中国古代文明的一个十分重要的历史范畴，这一观念由"天"这个概念派生而来，"天"是中华民族早期信仰体系的核心，也是理解中国历史的逻辑起点。而"天下"一词，最早出现于《尚书·召诰》的"用于天下，越王显"①。从词源学的角度来分析，"天下"和"天子""中国""四夷""五方"等意义相互关联的词应该大体上形成于同一时期，相对于"天下"而言，古代中国人心目中的"国家"通常是指京畿之地，随着多民族共同体的建构和发展，有时又含有正统和文明的寓意。也有人认为就是指"国之中"，还有人认为特指汉族聚居的区域，总之，"国家"是包容在"天下"之中的一部分。

"天下"观念构成了中国古代多民族国家建构的意识形态的核心，历代统治者都把"天下一统"的目标视为至高无上的政治追求。日本学者渡边信一郎这样分析中国人关于"天下"的认识：其一，天下是超越了民族、地域并呈同心圆状向外扩展的世界，可以将其理解为世界秩序、帝国概念之类。其二，天下就是历史上的"中国"，或者说"九州"，可以理解为处于中原民族强力统治权下的"国民国家"的概念。② 事实上，在中国古代，人们对"天下"的认识包含着两方面的内容，既是对"国家"这一概念的理解，也是对国家秩序的称谓，因为在中国古代人民的意识中，所谓"天下"，不仅是一个地理概念的统称，还是一个与宗法制度与王朝政治紧密联系的共同体。

围绕着以"天"为核心的信仰体系，中国古代先民构筑了一个秩序井然、繁荣祥和的"天国"，把自身对现实的渴求化作丰富多彩的神灵世界。衣食住行、婚丧嫁娶、耕种收藏等，一切的人间生活都寄寓其中。尽管在不同的区域、不同的民族中，存在着内容和形式上的差异，但整体上表现出一种共同的价值取向，这也是中华民族多元一体的文明渊源之一。从人间到天国的想象，又成为从天国到人间的现实摹本。"天高其位而下其施，藏其形而见其光"③"受命于天""法天而治"，将封建王朝的"君权"神圣化，成为历代王朝统治者证明其"合法性"的理论依据，也深刻地影响了中国古代王朝政治建构的进程。王朝国家不断重构的历史，构成了中国历史变迁的主线，奠定了中国古代国家的政治基础和文化传统。而在中国古代王朝形成和发展的进程中，逐步构建了一

① 尚书·召诰［M］.慕平.中华经典藏书·尚书.北京：中华书局，2009：199.
② 渡边信一郎.中国古代的王权与天下秩序［M］.徐冲，译.北京：中华书局，2008.
③ 董仲舒.春秋繁露：卷17［M］.北京：中华书局，2012.

套金字塔式的层级化的权力体系和管理体制，形成了君主权力至上的中央集权的封建官僚政治制度。秦王嬴政创建皇帝制度，建立统一的多民族国家，是中国古代国家形成的标志。汉承秦制，进一步确立了以中原文明为中心、以"天下之治"为目标的帝国秩序，由此得以完善和强化的王朝政治，则奠定了古代多民族国家建构的基础。这种以"天下"观念和"王朝"统治作为社会秩序的"国家"观念，是近代以前的主流认识。

鸦片战争开始后，西方列强凭借强大的武装力量及先进的政治制度，以"霸者"的形象对中国传统的"天下王朝"观念发起进攻，"天朝上国"固有的社会秩序被英国的坚船利炮打乱，面对伴随着硝烟战火的世界新秩序，中国的统治阶层不得不选择接纳。一部分封建士大夫，出于强烈的民族自尊心和时代敏感性，意识到那些渡船而来的欧洲人超出了他们以往对"夷狄"的认知，其中"开眼看世界"的第一人林则徐，组织编撰了《四洲志》，目的就是开始探究世界形势；还有编撰《海国图志》的魏源、著《瀛寰志略》的徐继畬等人，这是最早开始摒弃"天下王朝"观念的先进的中国人。而以道光帝为首的清政府仍然做着"天朝上国"的美梦，"大皇帝统驭寰瀛，薄海内外，无不一视同仁，凡外藩而来中国贸易者，稍有冤抑，立即查明惩办……该统帅懿律等，著即返棹南还，听候办理可也"①。

随着民族矛盾的不断激化，越来越多的有识之士开始认识到，天子"居中国受天命治天下"的时代已经一去不复返，中国不再是世界的核心，而来自欧洲和东亚的威胁也并非古代的"制夷"之法可以应对。同时，随着中国的门户大开，西方的学术传入，一些与中国传统夷夏观完全不同的国家观念开始引起了先进知识分子的注意。教育制度的变革，又将这些观念引入新式学堂的知识内容中，汉译的历史教科书就成为向国人传播近代"国家"观念的载体。

汉译的历史教科书中蕴含的"国家"观念，首先是对"国家"边界的划分。以《支那通史》为例，该书中就有对中国边界的划分：

> 支那帝国又名大清国，亚细亚洲之大国也。土地之广亚于露英，人民之众冠于列国。东隔东海与我日本相望，南临南海接壤安南、南掌、缅甸。

---

① 茅海建. 天朝的崩溃：鸦片战争再研究 [M]. 北京：生活·读书·新知三联书店，2005：174.

西南以喜马拉雅山与印度分界，东北有乌苏里江、黑龙江，北有阿尔泰山，西有天山、葱岭，皆以与露国分界。①

作者进一步认为，大清国虽以"国"为名，但这"国"没有领土主权的国界、国疆的意思，只是一个变迁的、不固定的名字：

　　　　国号随变，无一定之称，国人自称曰中国，盖以为居天下之中也，又曰中华或曰华夏，犹言文明之邦也，此皆对夷狄之称，而非国名也……今之国号，即所以别于前朝也，与外国相对亦用此称。②

《大英国志》在卷一的"开国纪原"中就指出英国的边界："大英（本名比利敦）在欧罗巴西北，海水环之。其民种初名'瑟尔的'，后有'丢度尼'种，入而居之。"③ 其他汉译历史教科书，也都在介绍各国历史时，注意说明各国的地理边界，更有甚者如《罗马志略》，用地图的形式将国家的边界清晰标注。

汉译的历史教科书中关于"国家"边界的概念，与近代殖民帝国主义列强企图瓜分中国的现实相结合，传统的"天下"思想逐渐消弭，取而代之的是有边界国家的意识。作为一个现代民族国家，此时中国需要一个实质的国族边界（national border），而非异化的族群边缘（ethnic frontier）。④

有了国家边界的意识，还需要建立"主权"意识。清政府在与西方列强的谈判中，对于国家主权所包括的内容毫无争取，所竭力维护的仅仅是清朝在"天下秩序"中的地位，而对于"领事裁判权""协定关税"这些危害国家法律主权、经济主权的条约内容却非常漠视。第二次鸦片战争之后，清政府与英法签订《天津条约》，予以各国列强最惠国待遇、领事裁判权、协定关税、保护传教等权利，而咸丰帝无法容忍的，只有"公使驻京"这一条，咸丰帝甚至为了向各国要求取消"公使驻京"的权利，提出清朝对各国全免关税作为交换。⑤

---

① 那珂通世. 支那通史 [M]. 东京中央堂，1890：1.
② 那珂通世. 支那通史·地理概略 [M]. 东京中央堂，1890：5.
③ 慕维廉. 大英国志 [M]. 上海：上海墨海书馆，1856.
④ 王明珂. 华夏边缘：历史记忆与族群认同 [M]. 杭州：浙江人民出版社，2013：243.
⑤ 茅海建. 近代的尺度：两次鸦片战争军事与外交 [M]. 北京：生活·读书·新知三联书店，2011：195.

可见在晚清时期，清政府对国家主权的认识与近代国家观念所涵括之主权概念完全相悖。

而在汉译历史教科书中，介绍了当时世界各主要国家的政治历史沿革、文化教育制度等，其中还涉及各国与其他国家交往的情况，这些知识中包含了政治与外交的相关知识，"主权国家""平等外交"的观念由此被介绍到中国。例如，《西洋史要》中就有意大利与希腊交往的史实，《世界近世史》中也有"土耳其之蚕食四方，东罗马帝国奄奄一息之时，学士之有先见者，知亡国之不远，往往逃乱于四方……"①。近代，由于社会生产力发展，商品经济发达，伴随着主权独立的民族国家大量出现，欧洲国家之间的竞争日趋激烈，国际关系日益复杂，欧洲国家为了协调彼此之间的利益与冲突，在不断交往和协商中产生了为欧洲国家普遍接受的国家主权观念。这些史实在一定程度上启发中国民众，国与国之间的文化抑或是政治交往属于正常现象，应该在平等的基础上进行。

伴随着民族危机的加重和国家主权意识的出现，晚清时期的中国民众对"国家"的认识进一步深化了，传统的"天下王朝"不再是人们引以为豪的资本，近代化的"主权国家"观念开始逐步建立。

二、"民族国家"的理论

晚清时期的中国是一个民族众多、文化纷繁、地域广袤的帝国，在中国民众从"天下王朝"的国家观向近代国家观的转变中，许多边疆地区，如内蒙古、西藏、新疆等，在近代都面临着分裂的危险。

　　　臣窃惟欧洲诸国，百十年来，由印度而南洋，由南洋而中国，阗入边界腹地，凡前史所未载，亘古所未通，无不款关而求互市。我皇上如天之度，概与立约通商，以牢笼之，合地球东西南朔九万里之遥，胥聚于中国，此三千余年一大变局也。西人专恃其枪炮、轮船之精利，故能横行于中土，中国向用之器械，不敌彼等，是以受制于西人。居今日而曰攘夷，曰驱逐出境，固虚妄之论，即欲保和局守疆土，亦非无具而能保守之也。士大夫囿于章句之学，而昧于数千年来一大变局，狃于目前苟安，而遂志前二三十年之何以创巨痛深，后千百年之何以安内而制外，此停止轮船之议所

---

① 松平康国. 世界近世史［M］. 东京专门学校出版部，1901：32.

由起也。臣愚以为国家诸费皆可省，惟养兵、设防、练习枪炮、制造兵轮之费万不可省。求省费则必屏除一切，国无与力，终不得强也……今则东南海疆万余里，各国通商传教，往来自如，麋集京师及各省腹地。阳托和好之名，阴怀吞噬之计，一国生事，诸国构煽，实为数千年之变局。①

这是光绪元年，李鸿章上德宗奏折中的话，指出了晚清西人来中国进行侵略的野心。晚清时期的中国，两次鸦片战争、英法联军侵华、天津教案、伊犁事件、台湾之变、马江之乱……东西方帝国主义接二连三地相逼而来，从前以王朝自居、文明自诩、四邻朝贡的"天下王朝"遭受了前所未有的震荡。列强对边疆地区的侵略更是肆无忌惮，中国的民族危机特别是边疆危机日益恶化。

而晚清部分学人，对民族国家的统一有着深刻的认识，不断向当权者提出建议，向民众普及多民族国家的观念，制止边疆的分裂。康有为在《上清帝第三书》中，就曾忧心忡忡地向光绪帝描述了另一多民族国家——土耳其被分裂的惨痛教训："土耳其为回教大国，陆兵甲天下，不变旧法，遂为六大国割地废君，而柄其政，属地布加利亚、罗马尼亚、塞尔维亚并裂土为王。"② 他认为，土耳其分裂成多个民族国家，主要原因是其国民缺少民族认同。而梁启超则认为，黄种人应该团结起来对抗白种人的民族主义侵略。他在《论国民与民族之差别及其关系》一文中说道："吾中国言民族者，当于小民族主义之外，更提倡大民族主义。小民族主义者何？汉族对于国内他族是也；大民族主义者何？合国内本部、属部之诸侯，以对于国外诸族是也。……自今以往，中国而亡则已，中国而不亡，则此后所以对于世界者，势不得不取帝国政略，合汉、合满、合蒙、合回、合苗、合藏，组成一大民族。"③

康梁等资产阶级改良派认为，中国人只有摈弃传统的"夷夏之辨"观念，"以强敌为师资"，才能保国、保种、保教，挽救民族危亡。在甲午战争后的维新变法思潮中，"夷夏之辨"开始被打破，传统民族观念被动摇，晚清知识分子们开始向国人普及和介绍多元化民族的观念和民族主义思想。1901年，梁启超

① 布兰德，梁启超.李鸿章传［M］.高山，译.北京：新世界出版社，2016：252.
② 汤志钧.康有为政论集：下册［M］.北京：中华书局，1981：147.
③ 梁启超.论国民与民族之差别及其关系［Z］//新民丛报合订本，1903：32-33.

在《中国史叙论》一文中首次提出了"中国民族"① 的观念。1902 年，梁启超又在《论中国学术思想变迁之大势》一文中提出了"中华民族"的观念："齐，海国也。上古时代，我中华民族之有海权思想者，厥惟齐。故于其间产出两种观念焉，一曰国家观，二曰世界观。"② 而后，他又在《历史上中国民族之观察》等文中多次提到"中华民族"，并就"中华民族"自始是单一民族还是由多民族融合而成、有无"最重要之民族"和"最重要之族为何"等问题进行了考察。③ 在清末，使用"中华民族"这一观念的还有立宪派的代表人物杨度，他在 1907 年发表的《金铁主义说》一文中不仅多次提到"中华民族"，并且还比较清楚地说明了"中华"作为民族名称的由来和特征："中国向来虽无民族二字之名词，实有何等民族之称号。今人必目中国最旧之民族曰汉民族，其实汉为刘家天子时代之朝号，而非其民族之名也。中国自古有一文化较高、人数较多之民族在其国中，自命其国曰中国，自命其民族曰中华。即此义以求之，则一国家与一国家之别，别于地域，中国云者，以中外别地域远近也。一民族与一民族之别，别于文化，中华云者，以华夷别文化之高下也。"④ 同年，章太炎在《民报》上发表《中华民国解》一文，其中也提到了"中华民族"，一次是转引杨度的话，另一次是他自己的论述。他说："中国魏晋以来，异族和会者数矣。稽之谱牒，则代北金元之姓，视汉姓不及百一，今试于通都广市之间四方所走集者，一一询其氏族，旧姓多耶？抑吊诡殊恒之姓多耶？其间固有私自改变与朝廷赐姓者，征之唐宋人姓氏书中其数犹最微末。夫岂徒中华民族之空模，而以他人子弟充其阙者。"⑤ 而在对"中华民族"这一概念进行定义时，梁启超指出，"中华民族"是多民族融合的产物："现今之中华民族自始本非一族，实由多数民族混合而成。"⑥ 杨度更是强调："中华之名词，不仅非一地域之国名，

---

① 梁启超.中国史叙论［M］//饮冰室合集：第 1 册.北京：中华书局，1989：11.
② 梁启超.论中国学术思想变迁之大势［M］//饮冰室合集：第 1 册.北京：中华书局，1989：21.
③ 梁启超.历史上中国民族之观察［M］//饮冰室合集：第 8 册.北京：中华书局，1989：1.
④ 杨度.金铁主义说［M］//杨度集.长沙：湖南人民出版社，1986：373.
⑤ 章太炎.中华民国解［N］.民报，1907 年第 15 号.
⑥ 梁启超.历史上中国民族之观察［M］//饮冰室合集：第 8 册.北京：中华书局，1989：4.

亦且非一血统之种名，乃为一文化之族名。故《春秋》之义，无论同姓之鲁、卫，异姓之齐、宋，非种之楚、越，中国可以退为夷狄，夷狄可以进为中国，专以礼教为标准，而无亲疏之别。其后经数千年混杂数千百人种，而称中华如故。以此推之，华之所以为华，以文化言，不以血统言，可决知也。故欲知中华民族为何等民族，则于其民族命名之顷，而已含定义于其中。与西人学说拟之，实采合于文化说，而背于血统说。华为花之原字，以花为名，其以之形容文化之美，而非以之状态血统之奇，此可于假借令意而得之者也……未来不仅国中久已无满、汉对待之名，亦已无蒙、回、藏之名词，但见数千年混合万种之中华民族，至彼时而更加伟大，益加发达而已矣。"① 可见，晚清先进的知识分子们不仅认识到了"中华民族"的"多元一体"的民族特征，而且已经认识到，中国是由多民族共同组成的"民族国家"。

这些民族国家观念的形成，与晚清引入中国的西方和日本学者对于民族问题的研究不无关系，而在汉译的历史教科书中，就有着对西方和日本的民族观念和民族主义思想的介绍。19、20 世纪交替之际，随着西方人种学、人类学、民族学、考古学等学科的迅猛发展，随着西方、日本殖民势力对中国侵略、渗透的进一步加剧，中国的民族问题，受到西方、日本学者的关注。对于中国民族源自何方的问题，西方、日本学者做了种种考释，提出种种说法。有主张来自巴比伦的，有主张来自亚洲南方的，有主张来自亚洲北方的，有主张由美洲迁入的，有主张来自埃及的，也有主张来自帕米尔—昆仑山的……其中，以"巴比伦说"的影响力最大。"巴比伦说"的提出者为法国汉学家拉克伯里，其主要著述有 *Early History of the Chinese Civilization*（《早期中国文明史》）、*Western Origin of the Early Chinese Civilization from 2300 B. C to 200 A. D*（《早期中国文明的西方起源——公元前 2300—公元 200 年》）、*Traditions of Babylonia in Early Chinese Documents*（《早期中国文献中的巴比伦传统》）等。他认为，公元前 23 世纪左右，原居西亚巴比伦及爱雷姆一带已有高度文明"迦克底—亚巴克民族"，他们在酋长奈亨台（Kudur Nakhunti）的率领下，自土耳其斯坦东迁，沿着塔里木河到达昆仑山脉，进入今甘肃、陕西一带，在征服了附近原有的部

---

① 杨度. 金铁主义说［M］//杨度集. 长沙：湖南人民出版社，1986：374.

落之后，深入黄河流域，建立国家。①

拉克伯里的论著大多在19世纪80年代发表，不过这一学说当时并未受到国人重视，直到日本学者白河次郎、国府种德的《支那文明史》一书传入，才在中国思想界引发了热潮。1900年6月，日本学者白河次郎、国府种德合著的《支那文明史》出版，1903年由上海竞化书局翻译出版，该书共十一章：世界文明之源泉及支那民族、原始时代之神话及古代史之开展、支那民族自西亚细亚来之说、学术宗教之变迁概论、政治上之观念及君主政体之发展、历数地理之发达及变迁、建筑上木之发达及变迁、文字书法及绘画之发达及变迁、支那之应用欧罗巴印刷术、音乐杂剧及乐器之发达及变迁、金属之使用及舟车。其中，第三章"支那民族自西亚细亚来之说"，就全面介绍了 *Western Origin of the Early Chinese Civilization from 2300 B. C to 200 A. D*（《早期中国文明的西方起源——公元前2300—公元200年》）一书，对拉氏所主张的黄帝来自巴比伦、中国文字来自楔形文字、中国文明与巴比伦文明的诸种相似之处等内容进行推介。《支那文明史》在被译介出版后，在国内影响甚大，在《审定书目：本部审定中学暂用书目表》《审定书目：书目提要》中被列为教科书。

尽管晚清学人对于民族主义和国家问题的认识更多地来自西方的政治学说，如德国政治家伯伦知理的《国家学》等，但作为汉译历史教科书的《支那文明史》，对西方学说中关于中国民族问题的介绍，一定程度上帮助近代国人树立了民族国家的意识，而这种意识的觉醒，对当时的中国尤为重要。甲午战争后，大多数中国人已经清醒地意识到亡国灭种的危机根植于帝国主义的侵略本性，而民族主义则是中国人救亡图存的有力武器，他们指出："今日地球诸国所谓凌厉无前者，帝国主义也。而此帝国主义实以民族主义为之根柢，故欲遏此帝国主义之潮流者，非以民族主义筑坚墉以捍之，则如泛桃梗于洪涛之上而已矣。"②"今日若再不以民族主义提倡于吾中国，则中国乃真亡也。"③ 只有实行民族主义的国家，才能抵制帝国主义的侵略扩张，挽救民族危亡。

---

① Terrien De Lacouperie. *Western Origin of the Early Chinese Civilization from 2300 B. C. to 200 A. D.* ［M］. Osnabriuck, Otto Zeller, 1966：4–25.

② 杨笃生. 新湖南［M］//张枬, 王忍之. 辛亥革命前十年间时论选集：第1卷. 北京：生活·读书·新知三联书店, 1977：623–624.

③ 余一. 民族主义论［J］. 浙江潮, 1903（1）.

第二节 多元化的"民主"思想

晚清时期的中国，随着现代意义上的国家观念的确立和人们民族意识的觉醒，社会对政治制度的改良要求日益急切。在外来文化的影响下，民权意识逐渐被一些先进的知识分子予以重视。"民主"这一概念涉及的不仅仅是制度层面的内涵，作为普通民众同样重要，因此，汉译历史教科书中的"民主"思想，既包括对西方民主思想与制度的介绍，也包括对"民权"的推崇、对国民权利的重视，作为"民主"构建的重要基础，这二者共同构成了晚清"民主"思想的主要内容。

一、对民主体制的梳理

近代意义上的"民主"一词在晚清时期被引入中国，在这个时期，民主被当作一种政治制度与社会理想。晚清是我国从封建社会向现代社会转变的特殊历史时期，在这个时期，中、西方思潮发生汇集与碰撞。一方面，中国传统文化得到了进一步的继承与发展；另一方面，西方文化也强烈地影响着中国，各种思潮、学派和教派的纷纷传入，对中国传统思想发出挑战，在中国思想界产生了巨大的冲击。中国人在西方的社会学说被介绍进来，且已经看到了先进制度下的强国之后，就开始对东西方的政治制度进行对比，反思封建君权在近代社会的不合理之处。此时，西方民主思想的传入让国人找到了救国良方，有识之士们纷纷开始对西方民主思想进行宣扬与传播，以求达到救国救民的目的。

美国著名的政治学家亨廷顿认为："现代民主是西方文明的产物，它扎根于社会多元主义、阶级制度、市民社会、对法治的信念、亲历代议制度的经验、精神权威与世俗权威的分离以及对个人主义的坚持，所有这些都是在一千多年以前的西欧开始出现的。在17和18世纪，这些传统激发了贵族和正在兴起的中产阶级要求政治参与的斗争，并造就了19世纪的民主发展。这些要素也许可以在其他的文明中找到其中的一二个，但是，作为总体，它们仅存于西方之中。

也正是这些要素说明了为什么现代民主是西方文明的产物。"① 这就意味着,晚清中国的民主必须依靠模仿或移植西方的民主制度才能出现和发展。

1833 年 8 月,德国籍传教士郭士立在广州创办了中文月刊《东西洋考每月统记传》,在这本期刊中多次介绍了英国、美国的民主政体。1853 年 9 月,由传教机构"马礼逊教育会"主办,英华书院印刷的《遐迩贯珍》于香港发刊,该报刊登了多篇介绍英美(尤其是英国)民主制度的文章。创办于 1868 年 9 月 5 日的《万国公报》,在 1874 年刊载文章称: "美国民主曰伯理玺天德(president),自华盛顿为始。"1879 年刊载的《纪两次在位美皇来沪盛典》一文称:"篇中所称伯理玺天德者,译之为民主,称之国皇者。"② 并在《华盛顿肇立美国》一文中称:"美国虽得自主而尚无人君治理,故通国复奉顿为民主,四年任满,再留任四年。……美国有民主以顿为始。"③ 正式将"民主"一词引入中国。不过在这一时期,对"民主"一词的翻译,其语义往往是 Republic、President 和 Democracy 三者兼而有之。

但在晚清,报刊的阅读量往往有限,因此对民主制度的了解和认识,多集中在近代知识分子上层,随着新式学堂的出现,普通民众也能够接触到来自西方的各类学说。而汉译历史教科书,因多是对世界强国的历史记载,所以西方先进的民主制度自然就成为史事记载的重要部分。

《希腊志略》作为介绍欧洲国家早期历史的汉译历史教科书,也是中国最早的古希腊史专著,其中就有专门的章节介绍雅典的民主制度。例如,卷三"雅底加上古诸事"中就先介绍了"梭伦律例":

> 民庶并托梭伦更订新例,可代德拉哥律用。伊古以来,各国为家长者,均能操兹时国家所独有之权。为父者,于悖逆之子,可执之致死(见《申命记》二十一章十八至二十一节)。无子女者,既寿终后,本身产业,同族人均分。至其时梭伦以为不然,拼子女为奴,并子女性命生死之权。父母不应持无子女人寿终论,产业不必定令族人分得。故伊新订例云:父母不可赞出子女,兼不可将子女质押出;无子女之人临危,随己意将产业,遗

① 塞缪尔·亨廷顿. 第三波: 20 世纪后期民主化浪潮 [M]. 刘军宁,译. 上海: 上海三联书店,1998: 5.
② 纪两次在位美皇来沪盛典 [N]. 万国公报.
③ 华盛顿肇立美国 [N]. 万国公报.

予己所愿赠之不拘谁氏；父母在堂，子须尽心奉养，惟幼时父母从未教读诗书者不在此例。梭伦复立新章，体民均联为声气，竭力防患。国无额兵，亦无巡捕，缉盗请奸，尽由于民。国内有何患，持二种论议人，致成两不相下时，倘有两不依附之若等中立人，有明条科罚。梭伦新订条例功，将终时将前时禁入会道可否者开释，因事逐出城者赦回。亚族人俱回雅典。①

而后在第十五节"五百人议政会"和第十六节"民会"中，又着重介绍了雅典议会的情况：

> 梭伦之立国制也，议政会人四百，按约年四族，一族百人。革雷易用五百人，十支派中各举五十人，于梭伦按财产多寡分等第之法无改。贵族所有之利益，俱不加手更易。第有一事分地为低模时，除奴蝉不计外，凡居于雅底地者，无论其先人在本地、在他国，举收为低模中百姓也。外国人来寄迹贸易之客民，亦得雅典民名分。素于国中为子民者，均觉较前得益多。至贵绅礼神之仪节，依旧遵守，亦以身出贵族为夸张。论及治国安邦诸政务，俱依新分十支派居之低模而定矣。……革雷欲民会于国政中之分，较梭伦时益多。意谓民会中所议诸事，既须先于议政会商酌试办，亦应冀议政会理事，较前尤出色爽妥。视五百人共商一事，得当不易。遂分为数部，每一部为一支派，选举之人，在内理事。无论何贵绅大家富户，举不能使本族人充何一部之全员数。自是而后，议政会、民会于国事大有关涉，而名分由渐增矣。②

《联邦志略》中也在"建国立政""设官分职""理刑规制"三节中详细介绍了美国的民主制度建立与发展的历程，先描述了美国建国和确立政治制度的历史：

> 夫宇内之国政，大要不同者有三。一曰权由士出，惟君是专，如中华

---

① 法伊夫，克赖顿.《希腊志略》《罗马志略》校注［M］.艾约瑟，编译.陈德正，韩薛兵，校注.北京：商务印书馆，2014：60.

② 法伊夫，克赖顿.《希腊志略》《罗马志略》校注［M］.艾约瑟，编译.陈德正，韩薛兵，校注.北京：商务印书馆，2014：64-65.

安南，土耳其等国是也。一曰君民同权，相商而治，如英法等国是也。一曰君非世及，惟民所选，权在庶民，君供共职，如我联邦国是也。夫我联邦之政，法皆民立，权不上操其法之已立者，则著为定例，上下同遵，未立者，则虽事关国计，君人者亦不得妄断焉。盖其庶务以众议为公，凡政以无私为贵，故立法于民义有取也。考我国自十三地同盟后，英王闻之，益怒增兵卒，攻敌相寻，凡我同盟之地，咸有兵忧烽火之惊，难以言喻。向例十三地内，戴甲兵者甚少，总揆兵数不过三百余万，尔时各自为兵，莫不以一当十，计与英敌约有七年之久，彼此死伤之民，殆有不可以数计者。……迨乾隆之四十七年，英王自度难胜，因遣使议和，而我联邦之民，亦厌兵告罢。于是年冬，遂与英立和约。约成之次年，英师退，联邦之戍卒，仍解甲为民。华帅遂亦退休林下。其后各邦无事，共际承平，乃相与培国基，新政典。公议同联之邦，各派绅董齐于边邦之都，会议开创政体计十三邦，共派绅董议立政体凡七条。议成绅董缮写传知邦会，各听邦民细为商改，如是者数年，迨乾隆五十有二载，政体乃定。其略云，兹我联邦之民，因欲联络永坚，一心公正，彼此平康，互相保卫，永利国邦，恪遵自主等务。特此会集，公同议定，开创政体，以为新国，世守成规，所有七条，俱列于左。……一凡立法权柄总由国会中元老绅董两院司掌，外职不得逾分办理。其元老之数归各邦会中公同选举，按每邦两员，一任六载。绅董之数，由各邦民众公举，视民数为准，一任两年。至于各邦选举元老绅董之期，及一切仪注，皆由邦会修定，或由国会通知均可。所有两院办公自应各有本院规例，毋得互相越。该院员之俸金，例由国会定数给发国中诸税，有应充正用，及一切政务章程皆当先由绅董草议，然后与元老会商，始归国君详察施行。他如国内关税，铸宝、借贷、贸易、银号、驿报、信同、测量、寄籍等务概归国会承办。会中设有未定事件，即尊如国君，亦不得自专独断焉。其一切在国职员，例无爵位高卑之别。①

除了汉译历史教科书，在晚清中国作为民主观念传播的媒介还有许多，如传教士所办的报刊、洋务派主持译介的西学书籍等，但相对于汉译的历史教科书，其他的传播方式都无法避免碎片化、功利化，且普及程度远远低于教科书

---

① 蔚利高. 联邦志略 [Z]. 江左老皂馆藏梓.

这一载体。在晚清复杂的社会政治环境中，西方的民主观念时常被时人拿来列举和对比，而对于这一观念背后的深层次的发展与流变，人们往往所知不详，仅仅看到作为一种表象的西方民主政治制度的先进性。而历史教科书中对这一制度的详细记载和历史发展过程的梳理，使人们对民主政治的内容有更深入的认识，也可以更好地为近代中国人反对封建专制、建立民主政体提供理论上的指导。

二、对"民权"的重视

中国传统社会没有民权观念，政治权力历来属于帝王，帝王君临天下的合法性依据大体有三：一为替天行道之"天命"；二为缔造国祚之"勋业"；三为造福于民之"圣德"。在中国古代，这些思想所发挥的作用，保证了君主专制权威未受到学理上的挑战。而中国近代的民主观念根源于西方的民主思想，它同近代资本主义的科技、文化、政治观念一样，都是鸦片战争后国门大开而从西方传入中国的，这种民主观与中国古代"民本"思想的不同之处在于：古代"民本"思想中并没有出现过真正意义上的由人民来自主行使权利或管理国家，儒家的"重民"只是将"民"作为巩固政权的基础，人民并不是国家的主人，无所谓"民治"和"民有"，更谈不上"民享"。而中国近代社会，在西方列强欺凌造成的民族危机下，君权的合法性逐步受到质疑。在一些先进的知识分子看来，封建专制对人民权利的压抑，造成了近代中国在抵御外侮上的无力。

到了戊戌变法时期，康梁就提出了明确对应于"君权"的"民权"，认为中国积弱之根源，在于"三代以后，君权日益尊，民权日益衰"[1]，为了救国保种，避免瓜分豆剖，"今日策中国者，必曰兴民权"[2]。梁启超认为，君主之权假之万民，非自有其权，"国人皆曰政府可设，而后政府设；国人皆曰政府可废，而后政府废；国人皆曰宪法律令可行，而后宪法律令行；国人皆曰宪法律令可革，而后宪法律令革"[3]，"国也者，积民而成，国家之主人为谁，即一国之民是也。故西国恒言，谓君也，官也，国民之公奴仆也"[4]。梁启超还在《时务报》上发表文章，认为必须限制君权、官权，张民权，使"人人有自主之

---

① 梁启超．西学书目表后序 [M] //饮冰室合集：第1册．北京：中华书局，1989：128．
② 梁启超．论湖南应办之事 [M] //饮冰室合集：第1册．北京：中华书局，1989：41．
③ 梁启超．民权篇 [N]．清议报，1899-08-11．
④ 梁启超．中国积弱溯源论 [M] //饮冰室合集：第1册．北京：中华书局，1989：16．

权""西方之言曰：人人有自主之权。何谓自主之权？各尽其所当为之事，各得其所应有之利，公莫大焉，如此则天下平矣。……权也者，兼事与利言之也。使以一人能任天下之所当为之事，则即以一人独享天下人所当得之利，君子不以为泰也。……地者积人而成，国者积权而立，故全权之国强，缺权之国殃，无权之国亡。何谓全权？国人各行其固有之权；何谓缺权？国人有有权者，有不能自有其权者；何谓无权？不知权之所在也。无权恶乎起？曰：始也，欲以一人而夺众人之权，然众权之繁之大，非一人之智与力所能任也，既不能任，则其权将糜散堕落，而终不能以自有。虽然，向者众人所失之权，其不能复得如故也，于是乎不知权之所在。"① 在《论君政民政相擅之理》一文中，梁启超更是明确地指出民权代替君权是历史发展的必然趋势，他将西方资产阶级政治理论与中国古代公羊三世说结合起来，认为人类社会制度的演变发展是遵循"多君为政之世——君为政之世——民为政之世"这样的规律，在梁启超看来，提倡"民权"，是国家由君主之世向民政世过渡的必经之路。

此外，严复也在《辟韩》一文中指出，秦以后之"君"，都是窃国的"大盗"，只有"民"，才是天下的"真主"。因此，他强调要改变中国的贫弱，只有"去其害富害强"②。此外，赵而霖也主张"急开议院"，通上下之情，化门户之见，才能致国家于富强。直至维新派与守旧派的论战中，都将"要不要兴民权，设议院，实行君主立宪"作为论战的重要内容，可见，议会制度与君主立宪，作为保证国民参与政治的重要途径，成了晚清维新派主张的"民权"的主要内涵，而这部分内容在汉译历史教科书中体现得尤为明显。

以《大英国志》为例，该书对英国议会制度与君主立宪的发展历史所记颇为详细。在卷一中，作者就介绍了构成英国宪政传统的"日耳曼原始民主遗风""英之先民各分，部落有大小，皆有议会，有事必众，议乃成推一人主之，或用教士亦操大权。"③ 在卷三中，作者指出，在诺曼王朝时期，"征服者维廉"依旧选择遵守"萨索尼朝"（盎格鲁萨克逊王朝）所制定的法律，这说明英国的政治制度具有延续性特征。④ 在卷四的"北蓝大日奈朝"（金雀花王朝），作者详细地介绍了英国法制史中，英国王亨利二世与教会的抗争，以及 1164 年

① 梁启超. 论中国积弱由于防弊 [N]. 时务报，1896-10-27.
② 严复. 辟韩 [N]. 直报，1895-03-13，1895-03-14.
③ 慕维廉. 大英国志·开国纪原 [M]. 上海：上海墨海书馆，1856.
④ 慕维廉. 大英国志·萨索尼朝 [M]. 上海：上海墨海书馆，1856.

《克拉伦敦宪章》（Constitution of Clarendon）的制定和创立巡回审判制度的情况。在该卷的"约翰纪"中，还介绍了 1215 年英国《大宪章》（Magna Carta）制定出台的情况及其所蕴含的自由精神：

> 耶稣一千二百十五年六月十五日复核议十九日乃定名马格那查达之约法。言君赐民得自主也，共六十条，言简意显，法制咸定，上不能虐民，下之财产身家得以自保。此约流传于后，虽遇悍君，更张其制，百姓始而隐忍，后必强人主俯从此约。至今我英民得自主尚赖此也。[①]

此外，《大英国志》卷四的"显理第三纪"和"义德瓦的第一纪"两节中，还有关于英国议会制度的内容，包括 1265 年"西门会议"和 1297 年的《大宪章确认书》。在卷六"斯丢亚而的朝"的"惹迷斯第一纪"一节中，记载了来自苏格兰的詹姆斯一世因为肆意加强王权，破坏英国"国王在议会中"（King in the Parliament）的传统，导致议会与之抗争的历史：

> 志国有下院，议士所以辅益王家。王有大过，必匡之，惹迷斯（詹姆斯一世）不知，乃以度外置之。……下院议士不合、不喜，遵从法律。刑官长哥克（柯克）持法与王相抗，不肯从王所欲。于是，执政大臣诘问哥克曰：王者诏令与众议士所议之律权相等否？对曰：非众议士所议之律，王者不能变法，如王者颁令言某人、某事、犯某法，前此未有例禁，不得为犯法也。王喜自主欲使海高密衙门（the courts of High Commission，意为宗教事务高等法院）兼辖政事，遽执人下狱。询之哥克，答言：斯马得有斯权非古马格那律也，诸刑官亦以为不可。王大怒，廷责之曰：如此言，则我反在律法下矣，此言非叛逆而何？哥克侃侃言曰：王固在上帝与律法下。持正不挠，缘此罢官。[②]

此外，作者还用较为详细的文字记述了 1689 年英国"光荣革命"的经过，论证了英国君主立宪制政体的由来及合法性基础：

---

① 慕维廉. 大英国志·北蓝大日奈朝［M］. 上海：上海墨海书馆，1856.
② 慕维廉. 大英国志·斯丢亚而的朝［M］. 上海：上海墨海书馆，1856.

越二月英王之冕未有所属，维廉（威廉）当国摄政，特未为王。上下两院劝之下令于民，选众集议。一千六百八十九年正月二十五日，议会既集谋定君位。众议士，两院中人凡三等：一号多利（托利党），其人谓，王者受命于天，位以世传，惹迷斯第二（詹姆斯二世）固当王，惟国之政教毋得自专而已；一则谓，此故王不足恃，而王之家不可废，王即复位必波罗特士（protestantism，意为基督教新教），但人代之为政；一名辉格（辉格党），其意不谓，上帝立君传国以世，以为今君民之约已废，王怠弃律法而大去，其国此位当择有德者居之。下院中辉格人居多。二十八日下院议士会，议立一文书言：惹迷斯第二颠覆国之典刑，绝弃君与民之初约，偏听加特力人（天主教徒），欲翦灭教法，以致去国逊位，而此座遂虚。明日又立一纸言：今百姓意此波罗特士之国不宜加特力人为王。上院中亦同此议，然惟多利上院议士前议迥异。上院中欲波罗特士代王为政者四十九人，其不欲者五十一人。前议有君与民之初约传闻异辞，信者五十三人，不信者四十六人。亦议君位已虚之事，是者四十四人，非者五十五人。复有人言，王自遁去，非逊位也。下院议士闻上院议士之言，皆去两院议，辄不合。维廉才而辨，且操得言之权曰：今余此职，若有代者，余即去之。余固非缘余妇，余妇在一日之君也，若不听，余自为政，余弗能尔等善议之，余可回荷兰也。下院议士终执前议，上院议士不得已从之。两院议定二月十二日维廉与马利同为英王，政权一操于维廉。议若无子则王之冕传于故王之次女安是役（安妮）也。传国以世之礼废，而去加特力之王后，亦永不许加特力人为王。阿兰日部长之王英虽以其妇为王，女而得立。然立君之常例非民，为政特遇事变则立君由民耳。众议士如意于维廉马利，献条例云：王自擅权弃律非国之典。百姓有言，得达于王。国家无事勿设兵额。立议士毋许赡狗，众议士得常图议国政。维廉夫妇一一从之。十三日众议士乃上冕于朝，立为英王。①

"民权"思想在晚清的出现与传播，主要依靠的是资产阶级改良派在报刊著作中的宣传呼吁，但作为教科书的《大英国志》，在新式学堂的使用率很高，该

---

① 慕维廉. 大英国志·斯丢亚而的朝［M］. 上海：上海墨海书馆，1856.

书中记载的英国的议会制度、君主立宪制度等内容，对近代普通民众理解西方的"民权"思想有着很大影响，一定程度上也促进了近代资产阶级改良派的社会变革。

第三节 历史进化思想

1895 年，中国近代著名的资产阶级知识分子严复怀着"警世"的强烈愿望，开始向国人介绍西方的先进思想，先后翻译了赫胥黎、孟德斯鸠、亚当斯密等西方著名作家的作品，将西方近代的政治、经济、学术思想传播到中国。他于 1898 年出版的《天演论》，翻译自英国学者赫胥黎宣扬达尔文进化论的著作《进化论与伦理学》一书，向国人系统地介绍了西方社会进化论的思想。这种观念，"直接否定了'天不变，道亦不变'的封建教条、复古史观、循环史观，促使人们冲破凝固的、形而上学的思想方法和僵化的、封闭的思维模式，为史学变革奠定了理论基础"[1]。清末历史译著的发展，使得中国人得以了解西方的历史沿革、政治制度和风土文化，西方先进的思想为国人带来了救亡图存的新启示。尽管中国古代传统的朴素辩证法思想和变易发展的历史观由来已久，但基于西方社会达尔文主义思潮下产生的历史进化思想，在急需改革的晚清中国，仍然具有强大的借鉴作用，社会变革迫切需要新的理论武器和思想指导，而来自西方的历史进化思想，就可以为中国社会的改革提供有力的理论依据，营造浓厚的思想舆论氛围。晚清的汉译历史教科书中，对这一思想也有着明显的体现。

一、译介旨趣中的历史进化思想

汉译历史教科书的译作者们，大多对晚清中国的社会现状有着切身体会，试图通过让中国人了解西方国家在物质、制度和文化等方面的发展历史，掌握社会发展的规律，用理性的方式推动社会变革，顺应历史的进化趋势，因而在译介之初，他们就将历史进化思想作为其旨趣，意图贯穿在著作中。

---

① 庞天佑. 进化论与中国近代史学的变革［J］. 湛江师范学院学报（哲学社会科学版），1995（1）.

例如，由作新社译著的《万国历史》，译作者在绪论中就说道：

> 所谓历史者，从时代之顺序，而记事物之迁流者也，自古至今，苟为人生已往之事，无一而非历史……一国之中，即有国史，所以记载世事迁嬗之由，与夫人事变迁之实者也。①

阐明了译者对"历史"的看法，即认为历史是一个变化的过程，并非一成不变。而在对"万国史"做评价时，则认为：

> 所谓万国史者，自其名观之，似大地之上，无论何国，皆当编之于历史之中，而不知世界一切之国名，于历史上无甚关系者，亦正不少，故无关于文明进步者，万国史中，皆所不载。而古来最有关于吾人之利害，而有益于文明进步之国民，其唯东西二洋之人种乎？然此二人终所处之地，甚为辽远，关系之事，亦因之而少，故分此二人种之历史为二部，一为东洋历史，一为西洋历史，今所记者，系专属西洋历史之统系，而所以称之为万国史者。②

译者将世界历史舞台上的主要参与者定为"东西二洋之人种"，认为历史的缔造与其他国家的人民"无甚关系"，只有"有益于文明进步"的国民才能被载入史册，这与社会达尔文主义中强调人种差别和阶级存在的合理性的观点不谋而合，在历史思想上体现着历史进化的思想，将社会不平等和种族主义的思想贯彻入历史编纂的旨趣中。

《泰西新史揽要》的译者，则在序言中就提出了"兴中国之策"：

> 泰西于近百年之内，民富于昔者五倍，中国之民岂独不能增五倍之富乎？民既增五倍之富，有不能御他国者乎？且不特御一国，即御他洲各国亦无所难……动曰以兵力御敌国，无论兵凶战危不可妄动，即使杀敌致果无往不利，亦且下酿生灵之祸，上干造物之和，孰若深味此书，见诸行事

---

① 作新社. 万国历史三卷·绪论 [M]. 上海：上海作新社，1903：1.
② 作新社. 万国历史三卷·绪论 [M]. 上海：上海作新社，1903：1.

而隐御外患于无形乎？且夫中国之地擅欧罗巴全洲之广也，中国之民合欧罗巴全洲之众也，然而欧洲府库岁入二千八百兆金，中国则仅得二十八分之一者，无他，新法之未兴也。新法既兴，国未必岁增千兆巨金，而数倍于今日者惩前毖后，一旦尽祛锢习而迪新机，转祸为福，此正天之所以兴中国也。①

译者分析了清末中国社会贫弱的原因在于没有根据时势进行变法，因而与欧洲各国拉开了差距，只要"兴新法"，中国便可以摆脱当时的困境，实现国富民强。历史进化思想中最重要的内涵即顺应环境的变化，适时做出改变，从而达到"适者生存"的目的，可见，译者提出的主张变法革新来改变中国社会，使之适应世界历史潮流的观点也是对历史进化思想的体现。

万木学堂的课外读物《列国岁计政要》，译者在序言中说道：

  余至清河，人有自上海来者，言彼间人士倡为自由之说，其祸为最烈，而振民若为之巨擘。余诚怪而不信，亦无以相难也……余观其书，盖强弱多寡之所著验，而是非得失之所从出，其理昭然于事物之际，而苦于东西人之不相喻，非译不传，振民为之，是也。②

译者将"振民"作为改变中国社会之"祸"的方法之一，是将民众作为推进历史发展的主要动力，这种进步的观点也是历史进化思想的体现。

二、史书撰写中的历史进化思想

除了在译介旨趣中体现历史进化思想，汉译历史教科书还通过记载和宣扬欧洲各国在物质、制度和文化层面的发展进步，表明任何一个国家和地区发展的历史都是一部不断适应环境、生存竞争的历史，在此过程中的成败与否，决定着这个国家和民族的命运。清末的中国内忧外患，而欧美各国已经完成了资产阶级改革，实现了近代化，在当时的世界历史格局下，近代化的程度决定了这一时期各国竞争的成败。在西方的历史译著中，充斥着对欧美各国变法革新

---

① 李提摩太，蔡尔康．泰西新史揽要·凡例［M］．上海：上海书店出版社，2002：7.
② 林乐知，郑昌棪．列国岁计政要·译序［Z］//西学军政全书十二种．清光绪石印本．

的记载，"进步"和"改革"的史事贯穿始终，历史进化思想在史事记载中体现得尤为突出。

1882 年，美国公理会传教士谢卫楼在潞河男塾讲授"西国纲鉴"一课时，依据一系列西方专史资料、政治指南、辞典及百科全书，编译出一部世界历史教材——《万国通鉴》。这部译著采取了全新的历史分期方法，不同于以往的按照朝代更替或按照西方基督教的"纪元"进行分期的方法，将西方历史划分为古世代、中世代和近世代，根据历史发展的重要节点进行分期，这种划分法，"标志着一种对时间全新的思考方式，即对时间的测量不是根据它自然性的流逝，也不是根据对时间施加了政治性理解的皇帝纪年，而是在其线性的标尺上寻找其富有社会文化意义上的事件位置，根据这类具有重大历史意义的事件来决定时间间隔的点，而历史分期法则是识别这些引起变化之点的好手段"①。这种新的历史分期方法，表明了作者对历史进步的新认识，史事的记载不能单纯地以朝代更替或者时间顺序作为纵向脉络，正如历史的发展不能单纯从时间上进行考量，而是应该从历史发展的进步性上进行区分，在变革频繁的时代，历史的分期可以更密集，而相对稳定的时期，即使经历较长的时间，当处在同一历史阶段时，也不必将其强行割裂开，这一做法可谓贯彻了历史进化思想中"渐变的进化积累"理论，肯定了历史进化的无限性和重要性。

1909 年，英国循道会传教士高葆真将 W. Arthur Cornaby 所著的 *Hector Macphersons' A century of intellectual development* 进行编译，著成《欧洲近世智力进步录》一书②，在部分教会学校作为教科书使用。该书记载了欧洲一些国家在宗教改革、思想变革和经济改革等方面的历史，其中第二章"法国才士之感动"，将卢梭、福勒特等人的事迹予以重点介绍，称赞其为"欧洲舣舣有名誉之士"；第三章为"天文之感动"，记载了哥白尼、开普勒、牛顿等人追求科学的事迹；第五章为"生物学之感动"，重点介绍了赫胥黎、斯宾塞、达尔文等人的物竞天择理论。作为传教士的高葆真认为，欧洲近代的这些新思潮的代表人物，并非"弃上帝主宰"的，而是欧洲近代智力进步的推动者，是他们促进了欧洲历史的发展和进步，他在文中对赫胥黎等人的进化观点进行了细致的描述和记载，并

---

① 邹振环. 西方传教士与晚清西史东渐：以 1815 至 1900 年西方历史译著的传播与影响为中心 [M]. 上海：上海古籍出版社，2007：201.

② 张晓. 近代汉译西学书目提要（明末至 1919）[M]. 北京：北京大学出版社，2012：354.

对其持肯定观点。另外，从该书记载的内容可知，其是将欧洲各国进步革新的主要事迹和人物加以梳理，可见历史进化思想不仅影响着译者对史事的评价，也是其撰述的指导思想。

《大英国志》中的卷八由职官、宗教、地理等八种"志略"组成，将英国的政体演变、历史沿革和文化发展的细节，以及资本主义的发展脉络透过对英国历史的记载梳理出来。历史的发展和演进从来不是一成不变的，更不是一蹴而就的，而是不断向前发展过程中不断改革、变通而造就的，这是历史进化思想的重要内涵。译者慕维廉作为英国历史发展和中国社会状况的体验者，深知当时的中国处于历史发展的转折期，而该书不仅仅是汉译的历史教科书，还是"第一部由英国学者编译的英国历史书籍，将英国历史的许多第一手资料带给中国读者"①，因此在历史的延续性书写方面，体现着历史进化的思想。

而《泰西新史揽要》中对英国历史的记载，先专列一章记载18世纪英国的境况：

> 留心时事者咸谓英国之富强冠于万国，庸讵知百年以前英民之困苦又几甲于五洲乎？……然英民当积困未苏之后，更困之以锋镝，通计一国中壮佼之男子四五百万，而戮力行间退守进攻者乃一百万，既尽抛其本业，复日蹈于危机，其苦已不可思议，况乎英廷以战争为重，其于救民之政日久未遑兼顾，浸假而乱离溃散，民情迫而思变，其为祸亦不可思议……今将一百年前英民之情事胪列于后，所愿谋国者奉法而引为戒也。②

然后用了大量篇幅记载英国"除积弊"的过程：

> 一千八百三十二年既改制度，凡昔之所定律法，专利于一业及一门一家者悉予删除，而以平等视众人，不论为富为贫、为主为友，酌定新律，无畸轻畸重之病，所谓分利于众人也。且凡旧律之大害于小民者，自一千八百三十二年为始，垂四十年逐渐删改厘定，务俾小民皆获盈宁之乐。盖

---

① 邹振环. 西方传教士与晚清西史东渐：以1815至1900年西方历史译著的传播与影响为中心［M］. 上海：上海古籍出版社，2007：147.
② 李提摩太，蔡尔康. 泰西新史揽要［M］. 上海：上海书店出版社，2002：51.

自与法兰西大战而后，遍国人心皆已深明利弊，皆思重新整顿，直至一千八百三十二年甫立，除弊以利民之根云。①

改革之后的英国发展迅速，书中就用"郅治之隆"两章内容从农工商业、交通运输、文化发展、科技进步等各个方面记载了英国19世纪的兴盛图景。如此一来，从18世纪的民不聊生到19世纪初期的改革，再到改革后的国富民强，英国历史的治乱兴衰就清晰地展现了出来。

历史进化观强调国家的兴衰更替有着其内部规律，人们应该把握这种规律，推进科技和政治的进步，从而得到发展。大多数汉译历史教科书，都是将各国从弱到强的历史过程作为叙述框架，将历史进化观贯穿其中，使读者明白，国家若要改变积贫积弱的面貌，必须立足现实，进行适应性改革，必须符合社会发展的规律，推动政治上的改革。这种史书的撰写方法，是在历史进化观指导下进行的，同时也传递和体现着历史进化观。

晚清的汉译历史教科书涉及内容较为庞杂，对中国人能够"睁眼看世界"，了解西方各国的历史沿革和变法历程有着重要的意义，中国人启目探察域外历史和文明，"使受过教育的中国人能得到向来很难得到的关于西学方面和关于西方世界总的方面的丰富的资料。而且直到19世纪最后几年为止，它们是这些知识的基本来源"②。而历史进化的思想以显性或隐性的方式贯穿在这些汉译历史教科书中，一定程度上也促进了历史进化思想在中国的进一步传播和发展，后来逐渐成为中国资产阶级改革派进行变法维新的理论基础和指导思想，也成为中国新史学产生和发展的重要理论。

---

① 李提摩太，蔡尔康. 泰西新史揽要 [M]. 上海：上海书店出版社，2002：81.
② 费正清. 剑桥中国晚清史（1800—1911）[M]. 中国社会科学院历史研究编译室，译. 北京：中国社会科学出版社，1985：641.

第六章

晚清汉译历史教科书的价值

20 世纪初声势浩大的新史学思潮的兴起深受西方和日本史学的影响，而汉译历史教科书亦是中国学界对西方史学的最初认识的一条不可忽视的渠道，其历史分期的理念、体例的创新和历史进化思想的影响，都促进了中国史学的发展。汉译历史教科书的价值体现在教育方面，主要是促进了历史教材的近代化，其在晚清的历史教育中具有重要地位，清末民初出现的自编历史教科书深受汉译教科书的影响，无论是在体例上还是在内容上都不再按照传统史书的撰述形式，由此推进了历史教材近代化的逐步实现。晚清汉译历史教科书的价值体现在对国人的思想启迪方面，最突出的价值在于开阔了中国人的眼界，使国人对"世界"的认识上升到了新的层面，促进了近代"救亡图存"运动的发展。

第一节　促进了中国史学的发展

中国的传统史学，是将"以史为镜"作为治史的要旨鉴戒史学，一直把"存史""教化""资政"作为治史的目的，而近代严重的民族危机使先进的知识分子愈益感到落后的危机即外部压力的沉重，发出了"变法图强"的时代强音，史家的视野开始转向整个世界。域外史学伴随着汉译历史教科书的兴起，对国人开始产生影响，以进化论为理论核心的新史学，也得以利用这一时代的转变而出现。中国史学的发展，与中国近代的西学东渐及"救亡图存"的思想环境有直接的联系，也与汉译历史教科书的影响息息相关。晚清的史学在"究当世之务"中表现为"科学化"的发展、对"新史学"思想提出的促进作用、进化观的普及与近代民族意识的强调，成为传统史学到近代史学的桥梁。

一、史学的"科学化"发展

晚清的汉译历史教科书，大多来自西方与日本。不同于中国的传统史学以"教化"作为史学的主要功用，西方的史学讲求科学化的论证和解释方法，同时注重借鉴自然科学和社会科学，与历史学之外的地理学、政治学、哲学等学科联系紧密，这种观念影响到了中国近代史学的思想。随着晚清西学东渐和汉译历史教科书的发展而引入的"科学"观念，使得20世纪初中国史家开始以"科学"的眼光回望传统史学，由此引起了中国史学在历史观、史学观、治史方法与精神、材料解释、史学表达形式等方面的变革，是中国史学由传统向近代转型的初步阶段。其中以梁启超为代表的史学家们认为"中国无史"，主张以西方的"科学"标准全面改造传统史学，倡导"史学革命"论。近代中国的人文学科在摆脱传统"经学"的束缚之后，又急切地投入"科学"的怀抱。"科学"的地位在近代中国的不断提升，涉及社会科学知识领域的"泛科学化"，这构成了近代中国史学追求"科学化"的历史语境。

史学科学化的兴起，从外来影响上，主要是受到西方历史学说和其他社会科学的影响。15世纪以来，随着科学在西方的巨大成功，科学主义思潮在19世纪的西方颇为流行，在这种背景下，人文社会科学家开始认为，对人类社会的研究也可以像自然科学研究一样，近代的西方史家也深受这种思潮的影响。时人衡如在谈到近代西方的史学时说道：

"是故新历史之兴起，依鲁滨逊之研究，所以促进之者，其重要原因，盖有二端：一为自然科学之发展，一即社会科学之兴起是也。十九世纪中，自然科学之发展，一日千里，举世震惊，一切思想文物悉为之改变，而历史家亦不能不拜其佳贶。鲁滨逊谓：六十年来，历史学家所用之方法有重要之改革者，其要点皆得之于自然科学。以批评之眼光，严密考查史料全部或一部，推翻许多向所认为可信之著作，一也；立志叙述事实，不顾情面，不加修饰，二也；充分觉悟过去时代中平庸寻常之事实，在人类事业进行中占重要之位置，而不务记述惊奇特异之行，三也；摈弃一切神学的、超自然的及以人为中心之学说，而务求自然合理之结论，四也。然而近世科学之大有助于历史者，尤莫过于进化之观念。自达尔文之《物种由来》，而世人之思想乃由不变以趋于变，由保守而趋于进步，由古今一致之观念，而变为古今相衔（Historical Continuity）之观念。杜威所谓：自斯以还，人心'自隐伏于特殊变化后方之真髓，而移至特殊变化如何得达其目的或失败，自一次铸造一切万物之智慧，而移至万物方在铸造中之特殊智慧，自一终究之善之理想，而移至用一分心思，以利用现状即可得之粗陋愚蠢即可失之公道与幸福'。盖至能表明此观念之影响者矣。至于新起之社会科学，其有助于历史者亦甚多，若人类学、古建筑物学、社会心理学、动物心理学，乃至于比较宗教学、经济学、社会学皆是。……如是，历史乃成为科学的，而不复沾沾于政治之事实，英雄之行为；亦不复恋恋于证明人类违反上帝之命而得罪。其所为者：乃本于批评的精神，叙述真确之事实，以造成一完全之过去时代之观念，而助吾人了解现在情形之所以发生之故者也。"①

当代美国学者 B. A. 哈多克也指出："19 世纪时构造历史理论遵照的是自然科学的理论准则，从培根到启蒙运动有一种持续不断的传统，它主张研究人的行动与研究自然现象之间不存在明显的区别。"②

西方史学的"科学化"，在晚清通过历史译著、人文社会科学著作等途径传入中国以后，开始对中国的史学产生作用。其中，以西方实证主义"科学史学"的示范作用最为突出。"实证主义"是以自然科学为基础的学术方法，柯林武德曾指出："实证主义可以定义为为自然科学而服务的哲学，正如在中世纪，哲学是为神学而服务的一样。但是实证主义者有着他们自己的有关自然科学是什么的见解。他们认为它包括两件事：首先是确定事实，其次是构成规律。事实是被感官知觉所直接确定的，规律是根据归纳法来概括这些事实而构成的。在这一影响下，出现了一种新的历史编纂学，可以称之为实证主义的历史编纂学。"③ 实证主义这种与自然科学的联系，在近代"科学主义"语境下，正是中国近代史家热情接纳并长期尊奉的根源。以英国实证主义史家巴克尔关于"历史科学"的思想为例，他的《英国文明史》在近代中国有多个译本，1903 年南洋公学翻译刊刻了该书卷一的前五章，1907 年的《学部官报》又刊载了魏易节译的该书前三章，该书在晚清也曾作为教科书在部分新式学堂使用。该书明确提出，历史进化有其内在"法则"，只要以"科学"的方法进行研究，就能求

---

① 衡如. 新历史之精神 [J]. 东方杂志, 1922, 19 (11).
② 哈多克. 历史思想导论 [M]. 王家丰, 译. 北京：华夏出版社, 1989：169.
③ 柯林武德. 历史的观念 [M]. 何兆武, 张文杰, 译. 北京：商务印书馆, 1997：109.

得历史的规律，史学也就能成为与物理学一样精确的科学。西方实证主义史学的传入，与日本近代的史学思想传播也有关系。日本近代史学界元老坪井九马三所著的《史学研究法》主要受欧洲当时实证主义思潮的影响，这股思潮随着日本学者著作的历史教科书传入中国，对中国史学变革产生了重要的启迪意义。

受此影响，中国近代史学的书写逐渐向"科学化"转变。20世纪初，史学的"科学化"逐渐开始萌芽，主要表现为将"科学"观念引入史学领域，带来了传统史学观念、历史观、方法论意识、史学研究专题化、史书编撰体例等方面的变化。但是，这一时期的史学"科学化"还处于初始阶段，主要停留在观念变革及外在形式的变化上，还没有从根本上改变传统史学的面目。

1901年，梁启超提出："二十四史非史也，二十四姓之家谱而已。"① 此后，晚清的学者们从不同角度论述了"中国无史"的困局，马君武在《法兰西近世史》译本序中说："吾中国尘尘四千年，乃有朝廷而无国家，有君谱而无历史，有虐政而无义务，至于今日。"② 1902年10月31日《新民丛报》转载新加坡《天南新报》上的《私史》一文，指出中国旧史皆为"一人一家之谱"，"甚矣中国之无公史"。1903年，黄炎培、邵力子、张伯初等人编译的《支那四千年开化史》中也指出："二十四史于兴灭成败之迹，聒聒千万言不能尽，乃于文化之进退，民气之开塞，实业之衰旺，概乎弗之道也……恫哉！我国无史。"③ 1902年邓实在《政艺通报》上发表《史学通论》，指斥中国旧史"则朝史耳，而非国史；君史耳，而非民史；贵族史耳，而非社会史。统而言之，则一历朝之专制政治史耳"。他认为造成这种现状的原因，主要在于史家缺乏近代西方史家的"史识"："呜呼，中国无史矣，非无史，无史家也；非无史家，无史识也。"④ 此后他又在《国学微论》中从史材、史志、史器、史情、史名、史祖等方面分析道："悲夫，中国之无史也。非无史也，无史材也；非无史材，无史志也；非无史志，无史器也；非无史器，无史情也；非无史情，无史名也；非无史名，无史祖也。呜呼！无史祖、史名、史情、史器、史志、史材，则无史矣，

① 梁启超.新史学［M］//饮冰室文集：第9册.北京：中华书局，1960.
② 福本诚.法兰西近世史［M］.马君武，译.出洋学生编辑所，1902.
③ 黄炎培，邵力子，张伯初，等.支那四千年开化史［M］.上海：上海广益书局，1903.
④ 邓实.史学通论［M］//沈云龙.近代中国史料丛刊续编·光绪壬寅政艺丛书.台北：文海出版社，1976：18.

无史则无学矣，无学则何以有国也。"①　以当时人的"科学"观念而言，作为一门"科学"，应当是能说明事物之间因果联系，探讨事物公理、法则之学问，是一种有系统的知识体系，而非散乱的事实之记述。所以在这种意义上，晚清的士人们就评价传统史学为"无史"。

从学术发展的内在理路看，近代史学的革新，主要是由于人们对传统史学的不满。王国维在评价中国晚清的史学变革时说："我朝三百年间，学术三变，国初之学大，乾嘉之学精，道咸以降之学新。今者时势又剧变矣，学术之变盖不待言。"②　梁启超在《清代学术概论》中将清代的学术分为启蒙期、全盛期、蜕分期，随着外来文化的输入，学者"对外求索之欲日炽，对内厌弃之情日烈"③。所以，从晚清学术的大背景来看，厌弃旧学、群趋西学之风已经成为晚清时代的学术主潮。

传统史学以经学为基础，当到了晚清，经学解体之后，史学在无所凭依的情形下，只得汲汲寻求外援，转而将"科学"作为改造旧史学的理念。近代学人正在探索中国学术转型之路时，外来科学的引入、科学文化的兴起及知识领域的泛科学化趋势，为史学变革提供了突破的方向。所以，在学术要"经世致用"的外在压力下，人们希望史学经过"科学化"会大大提高其功用，史学的"科学化"从而成为史学发展的目标。

二、进化史观的普遍接受

晚清汉译历史教科书中的历史进化思想，同样对近代史学的发展有着促进作用，大多数史家已经对这一理念表示认同，研究人类进化现象的"文明史"也成为学界关注的重点之一。

例如章太炎就认为，文明史重在彰显群体进化、社会文明的发展，因为社会有机体是由多种因素"相翕应相维系而起"，因而人类历史必有某种"理法纲维于其间"，治史者应探讨其间的因果关系总和，说明历史盛衰荣枯之理，揭示历史进化的内在规律性。而中国旧史无论编年、纪传、纪事本末体史书，皆满

---

① 邓实. 国学微论 [J]. 国粹学报，1905（5）.
② 王国维. 沈乙庵先生七十寿序 [M] //观堂集林：卷23. 石家庄：河北教育出版社，2000.
③ 梁启超. 清代学术概论 [M]. 北京：中国人民大学出版社，2004.

足于记述孤立、琐碎的史迹，而于史迹间"其中之关系"无所措意，"中夏之史，贵在记事，而文明史不详，故其实难理"①。因此，旧史"徒知记事"，实难"当意"②。

1901年，章太炎在《中国通史略例》中，提出要编写一部不同于旧史的新通史，而编写的指导思想是"熔冶哲理"，即熔铸心理、社会、宗教诸学的"新理新说"入史，对史实的诠释应参照其他民族历史演变的过程予以说明，"草昧初启，东西同状，文化改进，黄白殊形，必将比较同异，然后优劣自明，原委始见。是虽希腊、罗马、印度、西膜诸史，不得谓无与域中矣。若夫心理、社会、宗教各论，发明天则，祭人所同，于作史尤为要领"③。强调史学研究要从事实中归纳出"原理"，并指斥中国旧史缺乏"原论"，"中国自秦汉以降，史籍繁矣，纪传表志肇于史迁，编年建于荀悦，纪事本末作于袁枢，皆具体之记述，非抽象之原论"④。典志体记叙名物制度略有渊源流变，也没有归纳出演变的原理，"然于演绎法，皆未尽矣"。1902年，章太炎在给梁启超的信中说道："今日作史，若专为一代，非独难发新理，而事实也无由详细调查。惟通史上下千古，不必以褒贬人物、护述事状为贵。所重专在典志，则心理、社会、宗教诸学，一切可熔铸之。典志有新理新说，自与《通考》《会要》等书徒为八面锋策论者异趣。亦不至如郑渔仲《通志》，蹈专己武断之弊。然所贵乎通史者，固有二方面：一方以发明社会政治进化衰微之原理为主，则于典志见之；一方以鼓舞民气、启导方来为主，则必于经传见之。"⑤ 可见，在章太炎看来，新史学要想区别于旧史学，关键在于史家能否"深知进化之理"⑥，具备历史进化的观念，从而对历史现象进行宏观概括。

1906年，汪荣宝也在《本朝史讲义》的叙论中说道："中国旧史无论官、私史，然纪传之属，详于状个人，而疏于谈群治，编年之作，便于检日月，而

① 章太炎. 尊史［M］//章太炎全集：第3册. 上海：上海人民出版社，1985：420.
② 章太炎. 致吴君遂书［M］//章太炎政论选集：上册. 北京：中华书局，1977：165.
③ 章太炎. 中国通史略例［M］//章太炎全集：第3册. 上海：上海人民出版社，1985：203.
④ 章太炎. 中国通史略例［M］//章太炎全集：第3册. 上海：上海人民出版社，1985：359.
⑤ 章太炎. 中国通史略例［M］//章太炎全集：第3册. 上海：上海人民出版社，1985：331.
⑥ 章太炎来简［N］. 新民丛报，1902年第13号.

难于寻始终。要之，事实散漫，略无系统，可以为史料，不可以为历史……历史之要义，在于钩稽人类之陈迹，以发现其进化之次第，务令首尾相贯，因果毕呈。近世历史得渐成为科学者，其道由此。"① 1908 年，署名"蛤笑"的作者在《东方杂志》上撰文说道："历史之为书，所以留人群以往之迹，以为将来之鉴者也。以广义言之，则天体之运行，地势之变迁，与夫一切动植物之类族辨种，胥属于历史之学科。以狭义言之，则观察人间社会进化之现象而已。"② 将进化思想作为历史书写的指导思想。

汉译历史教科书中传递的历史进化思想，使近代的先进知识分子们得以突破封建复古史观的束缚和历史循环论的桎梏，为史学的变革提供理论依据。这一点在梁启超的思想中体现得尤为突出。他说："自达尔文《种源说》出世以来，全球思想界忽开一天地，不徒有形科学为之一变而已，乃至史学、政治学、生计学、人群学、宗教学、伦理道德学，一切无不受其影响。斯宾塞起，更合万有于一炉而冶之，取至赜至颐之现象，用一贯之理而组织为一有系统之大学科。伟哉！近四十年来之天下，一进化论之天下也。……进化论实取数千年旧学之根柢而摧弃之、翻新之者也。"③ 他在《新史学》中更是系统阐述了历史进化观，在他看来，史学之"新"，正是由于进化论这种新的历史解释理论，而"理论"正是时人推崇"科学"的一个方面，他指责中国旧史的"四弊""二病"中，"能铺叙而不能别裁""能因袭而不能创作"，就是指旧史家记史陈陈相因，没有对历史做出新的解释，究其根本则在于旧史家没有新理论、新史观的指导，缺乏"科学"的理论。所以在"史学之界说"中，他反复言说的"进化""公理公例"，用进化论评价中国传统的史学观念，批评其"倒退论"和循环史观的不科学："孟子曰：天下之生久矣，一治一乱。此误会历史真相之言也。苟治乱相嬗无已时，则历史之象当为循环，与天然等，而历史学将不能成立。……吾中国所以数千年无良史者，以其于进化之现象见之未明也。"④ 又说："前人以为黄金世界在于昔时，而末世日以堕落，自达尔文出，然后知地球人类，乃至一切事物，皆循进化之公理，日赴于文明……达尔文者，实举十九

① 汪荣宝. 中学中国历史教科书·本朝史［M］. 上海：商务印书馆，1909：3.
② 蛤笑. 史学刍论［J］. 东方杂志，1908，5（6）.
③ 梁启超. 进化论革命者颉德之学说［M］//饮冰室文集：第 12 册. 北京：中华书局，1960.
④ 梁启超. 论学术之势力左右世界［M］//饮冰室文集：第 6 册. 北京：中华书局，1960.

世纪以后之思想，彻底而一新者也。政治法制之变迁，进化也；宗教道德之发达，进化也；风俗习惯之移易，进化也。数千年之历史，进化之历史；数万里之世界，进化之世界也。故进化论出，而前者宗门迷信之论，尽失所据。"① 在梁启超看来，只有历史进化论才是最合理、最科学的历史观。在提到如何建立新史学时，他又说道："欲创新史学，不可不先明史学之界说……第一，历史者，叙述进化之现象也。……进化者，往而不返者也，进而无极者也。凡学问之属于此类者，谓之历史学。明此理者，可以知历史之真相矣。……吾中国所以数千年无良史者，以其于进化之现象见之未明也。""历史者叙述人群进化之现象而求得其公理公例也。……是故善为史者，必研究人群进化之现象，而求公理公例之所在，于是有所谓历史哲学出矣，历史与历史哲学虽殊科，要之，苟无哲学之理想者，必不能为良史，有断然也。"②

以进化观考察中国历史，近代的史家们还提出了许多系统的社会发展理念，例如康有为在《论语注》中主张，人类社会是一个"由独人而渐至酋长，由酋长而渐立君臣，由君臣而渐为立宪，由立宪而渐为共和"③ 的政制进化过程；梁启超在《论君政民政相嬗之理》④ 中提出"三世六别"的政体进化论，并在《中国专制政治进化史论》⑤ 中将中国的政治制度分为族制、酋长、神权、封建、专制、立宪君主及革命民主六个阶段；章太炎认为《韩非子·五蠹》中关于上古、中古、近世的观念与进化观相通；刘师培认为《春秋》大义与历史进化论相通，主旨都在于"明人群之进化"，《公羊》言"通三世"，"以验人群进化之迹"，最能体现《春秋》之义旨，"盖人群虽有变迁，然事迹秩然，如必循当然之阶级，春秋立三世之文，遵往轨而知来辙，殆即此义也"⑥。他认为，中国史书记事周详，"然治化进退之由来，民体离合之端委，征之史册，缺焉未闻"⑦，无由探人类进化之迹。而旧史观囿于循环论的历史观，更不能说明人类进化的过程，"中国前儒，推论世运，以为世界递迁，一治一乱，始终循环，周

---

① 梁启超．新史学［M］//饮冰室文集：第9册．北京：中华书局，1960．
② 梁启超．新史学［M］//饮冰室文集：第9册．北京：中华书局，1960．
③ 康有为．论语注［M］//姜义华，张荣华．康有为全集：第6集．北京：中国人民大学出版社，2007：210．
④ 梁启超．论君政民政相嬗之理［M］//饮冰室文集：第4册．北京：中华书局，1960．
⑤ 梁启超．中国专制政治进化史论［M］//饮冰室文集：第4册．北京：中华书局，1960．
⑥ 刘师培．周末学术史序·中国社会史［J］．国粹学报，1905（1）．
⑦ 刘师培．周末学术史序·总序［M］//刘申叔先生遗书：14册．

流不息"①。《周易》言阴阳相生，《春秋》讲乱极则治，随着"进化学理日昌"②，这些旧说都可以用历史进化思想解读。

三、"新史学"思想的产生

"新史学"③ 思想的提出是近代史学发展史上的重要事件，不仅影响着近代史学的编纂与知识分子的历史观，还在近代中国学术史上掀起了一场史界革命，其造成的震撼与影响力，直至今日都是史学界研究的重要课题。而"新史学"思想的产生与发展，与晚清汉译历史教科书也有着不可忽视的联系。

1896 年，梁启超在《时务报》上刊登《西学书目表》，其中就重点介绍和推介了一些西方史学著作，并对其中几部给予了高度评价，包括后来作为汉译历史教科书使用的《泰西新史揽要》《迈尔通史》《大英国志》等。1897 年，梁启超提出了学习西方历史的需要，他认为："中国之史，长于言事；西国之史，长于言政。言事者之所重在一朝一姓兴亡之所由，谓之君史。言政者之所重在一城一乡教养之所起，谓之民史。故外史中有农业史、商业史、工艺史、矿史、交际史、理学史等名，实史裁之正轨也……撰记之家，不一而足。择要广译西人变法之史，情状若何，亦所谓借他人之阅历而用之也。"④ 这种对西方历史的认识将他从旧学狭隘的知识藩篱中解脱出来，而以西学作为自己治学的准绳。这种转变引起了梁启超史学思想的变化，他于 1901 年、1902 年分别发表《中国史叙论》及《新史学》两篇文章，系统阐述了他的"新史学"思想，被后世看作他号召史学变革的标志。在这两篇文章中，梁启超以西方史著的理论与内容为本位，对中国传统的史学编纂提出了批判，指出传统史学在思想内容上有"四弊"："一曰知有朝廷而不知有国家；二曰知有个人而不知有群体；三曰知有陈迹而不知有今务；四曰知有事实而不知有理想。"在体例形式上存在"二病"："其一，能铺叙而不能别裁；其二，能因袭而不能创作。"⑤

---

① 刘师培．小学发微补［J］．国粹学报，1905（5）.
② 刘师培．小学发微补［J］．国粹学报，1905（5）.
③ 在近现代中国史学史上，被称为"新史学"的流派众多，如梁启超倡导的"新史学"、何炳松介绍的美国"新史学"以及后来的马克思主义史学等，而本书中讨论的"新史学"，是限于晚清时期，以梁启超等人为代表，以《中国史叙论》和《新史学》的发表为开端，以批判传统史学、号召建立新史学为目标的"新史学"。
④ 梁启超．变法通议·论译书［M］//饮冰室合集．北京：中华书局，1989.
⑤ 梁启超．新史学·饮冰室史学四种［M］．扬州：江苏广陵古籍刻印社，1990.

在对传统史学进行了批判之后，梁启超开始尝试全新内容的历史编纂，他陆续撰写了大量的外国简史和中外名人传记，如《雅典小史》《朝鲜亡国史略》《加利爱国者噶苏士传》《意大利建国三杰传》等，主要记载西方国家的历史发展，涉及西方世界的地理、民族、人种等各方面知识。由此可见，梁启超"新史学"思想的产生与实践，离不开西方史著的影响，在流亡日本之前，他已经通过大量作为历史教科书的汉译史著积累了一定数量的世界历史知识与进化论观点，因此在日本阅读了一些理论性著作之后，思想内涵很快得以成型并提炼，最终形成了影响近代中国史学进程的重要思潮。

1929 年梁启超去世后不久，民初著名的新闻记者、专栏作家徐彬彬在《时报》发文时说道："梁氏最著名之《新史学》及《论中国学术思想变迁之大势》，多以日人所著为蓝本……此固传译介绍，不同剿窃，且独擅之文格，亦有润色之功能也。"① 研究梁氏的学术史不难发现，新史学思想中部分认知，都离不开他所借鉴的外来书籍。在这一点上，日本学者撰写的史著在理论上给予了更多参考，其中就有《欧罗巴通史》《东洋史要》《支那通史》这几部汉译历史教科书。如梁启超在《新史学》中对史学的特质进行分析时就用到了《欧罗巴通史》中强调的进化史观："宇宙间之现象有二种：一曰为循环之状者，二曰为进化之状者。何谓循环？其进化有一定之时期，及期则周而复始，如四时之变迁、天体之运行是也。何谓进化？其变化有一定之次序，生长焉，发达焉，如生物界及人间世之现象是也。循环者，去而复来者也，止而不进者也；凡学问之属于此类者，谓之天然学。进化者，往而不返者也，进而无极者也；凡学问之属于此类者，谓之历史学。"② 之后，梁启超开始以进化论为理论依据，建构"新史学"的理论框架。

梁启超还在《中国史叙论》中吸收了《东洋史要》关于时代划分的观点，《东洋史要》在第四章"区分时代"中写道："凡一群之事，必有始终因果之关系，决不能于彼此之间划然有所分别也。虽然，时或因一事变起而有足使当时大局面目一新者，史家为便编述，特据此等事变以为准的而区分时代焉。"③ 这种按照引起时代变化的事件来进行历史分期的观点，被梁启超认同和吸收，他

---

① 徐彬彬. 梁启超［N］. 时报，1929-01-26.

② 梁启超. 新史学［M］//饮冰室文集. 北京：中华书局，1960.

③ 桑原骘藏. 东洋史要［M］. 樊炳清，译. 上海：东文学社，1899.

在《中国史叙论》第八节"时代之划分"一节中说道:"人间社会之事变,必有终始因果之关系,故于其间若欲划然分一界线,如两国之定界约焉,此实理势之所不许也。故史家惟以权宜之法,就其事变之著大而有影响于社会者,各以己意约举而分之,以便读者。虽曰武断,亦不得已也。"①

而《支那通史》记载和取材的特点也被梁启超所吸取,他在《中国史叙论》中提出"史之界说":"前者史家不过记述人间一二有权力者兴亡隆替之事,虽名为史,实不过一人一家之谱牒。近世史家必探察人间全体之运动进步,即国民全部之经历及其相互之关系。"② 强调史家应该注重普通大众在历史进程中的作用,而不该像"前者史家"那样,只着眼于帝王将相的历史。

这些被作为晚清历史教科书的日本史著,促进了梁启超"新史学"思想的深入,在历史观上,他主张改变过去"唯古是尚""一治一乱"的落后循环史观,用进化史观指导历史撰述;在内容上,他主张史家应该突破以帝王将相为中心的历史撰述,把史书记载的范围扩大到普通大众和人类社会的各方面。

四、历史书写中的民族意识

汉译历史教科书中对于民族意识的记载实则并不突出,而近代史学的发展却受到教科书的教化作用,从而激发出爱国主义的思想内涵,在此基础上,国民意识的觉醒和救国自强风潮的兴起,让近代史学更具有了民族化的特征。

在变法自强期盼的"牵引"下,康有为、严复、谭嗣同、梁启超、章太炎等人先后都和现代历史学发生了紧密的联系,"他们从西方历史中探求西方何以强的因由,又从中国历史中寻找中国何以弱的根源,他们从中西历史中寻求自强的办法,又为维新变法建构合法性,他们从历史中汲取他国危亡的教训,又从历史中发掘中国可以复兴的希望"③。俞旦初指出,甲午战争之后志在通过维新变法复兴中国的知识分子,"为了维新变法,救亡图存,特别重视史学的作用,把史学作为一种有力的工具。他们往往或者借考中国古史问题来提供维新运动的历史根据,以减少推行变法的阻力,或者介绍外国历史以为中国变法图

---

① 梁启超. 中国史叙论 [M] //饮冰室合集:第 1 册. 北京:中华书局,1989:15.
② 梁启超. 中国史叙论 [M] //饮冰室合集:第 1 册. 北京:中华书局,1989:17.
③ 姜萌. 族群意识与历史书写:中国现代历史叙述模式的形成及其在清末的实践 [M]. 北京:商务印书馆,2015:58.

强的借鉴"①。唐才常在《史学论略》中也说道："溺水求援，衣不待解；落井下石，万良已甘心，不先使之洞烛古今中外情形，而望其奋起，是奏韶镬于聋俗，固亡怪已。"②

较早在史学作品中体现民族意识的近代史家是康有为。1902 年春，康有为的弟子由于政治愿望落空而"愤怒交并""纷纷怨怒"，甚至要求效仿华盛顿，实行革命自立以"保国民"③。康有为于是撰写了《答南北美洲诸华商论中国只可行立宪不能行革命书》和《与同学诸子梁启超等论印度亡国由于各省自立书》两封长信，来阐述种族革命之不适于中国。他认为中国疆域、民众以及"五千年国俗之旧"，不独与美国迥异，而且与法国亦差别巨大，以此基础直接进行革命，其结果必是"内乱相残，必至令外人得利"④，必如印度一样陷入"亡国绝种"的境地⑤。康有为同时指出，普鲁士、意大利、日本、印度等国历史已经证明，"凡物合则大，分则小；合则强，分则弱"⑥。在中国自然条件不如印度、人民力量不如印度的情况下，中国只有"合苗疆、甘回、楚勇之劲卒，加江、浙、川、粤之智巧殷富，练民兵则有二千万之多，拓财源则有七十万万之富，若以数年译书游学，增其智巧，虽以称雄大地而有余，而何至于亡?"⑦ 在中国积弱、众强环伺的情况下，"宁攻数百年一体忘怀之满洲，以糜烂其同胞，而甘分一统大同之中国，以待灭于强国；若此之谋，一何与毕士墨克、嘉富耳相去远也!"⑧ 康有为在《大同书》中提道："其教化相等、面目相等，既经混一之

---

① 俞旦初 . 简论 19 世纪后期的中国史学 ［M］//俞旦初 . 爱国主义与中国近代史学 . 北京：中国社会科学出版社，1966：18.
② 唐才常 . 史学论略 ［M］//湖南哲学社会科学研究所 . 唐才常集 . 北京：中华书局，1980：40.
③ 康有为 . 答南北美洲诸华商论中国只可行立宪不能行革命书 ［M］//姜义华，张荣华. 康有为全集：第 6 集. 北京：中国人民大学出版社，2007：312.
④ 康有为 . 答南北美洲诸华商论中国只可行立宪不能行革命书 ［M］//姜义华，张荣华. 康有为全集：第 6 集. 北京：中国人民大学出版社，2007：317.
⑤ 康有为 . 与同学诸子梁启超等论印度亡国由于各省自立书 ［M］//姜义华，张荣华. 康有为全集：第 6 集. 北京：中国人民大学出版社，2007：335.
⑥ 康有为 . 答南北美洲诸华商论中国只可行立宪不能行革命书 ［M］//姜义华，张荣华. 康有为全集：第 6 集. 北京：中国人民大学出版社，2007：324.
⑦ 康有为 . 与同学诸子梁启超等论印度亡国由于各省自立书 ［M］//姜义华，张荣华. 康有为全集：第 6 集. 北京：中国人民大学出版社，2007：343.
⑧ 康有为 . 答南北美洲诸华商论中国只可行立宪不能行革命书 ［M］//姜义华，张荣华. 康有为全集：第 6 集. 北京：中国人民大学出版社，2007：325.

同教同养，即无自分其民族之高下，则平等相亲，固自易易。"① 在他看来，满族、汉族、蒙古族等生活在中国的各民族，应当团结为一体。后来他又指出，"于一国之中分满、汉界；于内地之中分省界，同省者亲，异省者视若外国" 等行为，实在是"不可解"的恶俗。中国人"浸于旧日天下之义，故知有身家而不知有国家，知有私而不知有公"，"好分而不好合，好散而不好聚"，"是故中国人虽多，实为独人"，中国要富强，必须破除各种群体界限，"合一国之群之强"。②

梁启超对民族意识在历史书写中的体现，也有着较为深刻的认识，他在《历史上中国民族之观察》一文中指出："世界眈眈六七强，方俎置我中国汲汲谋剖食日不给，而我于其间乃有所谓省界问题者，日益滋蔓，人人非之，人人蹈之，莫之为而为，莫之致而致也。吾于畴昔宦界、商界、普通之习惯见之，吾于近今东中留学界益见之。知识愈开进，关系愈复杂，而此现象愈显著。呜呼，其恶果未知所终极也。吾方有事于国史，泛滥群籍，辄有感触尔。乃即今日之果，以推寻昔日之因，更思易今日之因，以市求他日之果，遂发表其研究所得以作是篇。……此论其将唤起我民族共同之感情，抑将益增长我民族畛域之感情，非所敢言也，材而择之，是在读者。"③ 该文附录有《史记匈奴传戎狄名义考》，梁启超在这篇文章中提到了八个民族问题，分别是汉族"自初本为一民族"或"多数混合而成"；如是组合而成"其单位之分子"是否可寻出；汉族形成之后是否还有与他族"混合"；民族混合时期的"迁徙交通"问题；"迁徙交通之外更有他力以助长其混合乎"；中国以外更有汉族所立国与否；汉族能够同化"外来之族"何以"各省各府各州县反不能为完全之自力同化"；"自今以往我族"是否能够"进于完全同化"。通过探讨这八个问题，梁启超在最后得出结论，即汉族"自始本非一族，实由多数民族混合而成"，形成汉族的除了"炎黄一派之华族"，还有苗蛮族、蜀族、巴氏族、徐淮族、吴越族、闽族、百

① 康有为. 大同书 [M] //姜义华，张荣华. 康有为全集：第 7 集. 北京：中国人民大学出版社，2007：43.
② 康有为. 论强国富民之法 [M] //姜义华，张荣华. 康有为全集：第 7 集. 北京：中国人民大学出版社，2007：206.
③ 梁启超. 历史上中国民族之观察 [M] //饮冰室合集. 北京：中华书局，1989：1.

粤族、百淮族。① 梁启超还在《中国文明之传播》一文中，将汉以前的中国文明传播分为几个时期：禹夏以前为文明传播第一时期，此时期以河南为中心向四周传播，第一大事为"我族与苗族之战争"；夏商千年间为第二时期，此时期实黄河流域文明修养滋长之时期；春秋时期为第三时期，此时期文明突飞猛进，而且封建制有力地推动了文明之普及，而且因春秋诸霸"取军国主义，故能蚕食附近诸蛮族以自强。而被蚕食之诸蛮族部落，非灭亡则同化，而我文明即普殖于其地"②；战国时期为第四时期，"实我文明之成熟时代也，全盛时代也"，随着兵力向各方向传播；汉代为第五时期，"我文明统一时代"，而汉武帝被梁氏尊为"中国文明最有关系之人"，"真我国史上第一之伟人"。其因在于汉武帝北拒匈奴，"以免中国文明被蹂躏"，西开西域，"为东西文明交通之发轫"，东灭朝鲜，使其为"汉代文明新播之地"，南服诸蛮，"则川、广、云、贵之不为异域"。③ 借助对中国文化传播与民族融合过程的梳理，将各民族之间的联系予以展示，突出民族意识。

严复也对历史书写中的民族意识颇为关注，他甚至将以国史来培养国族意识的想法上升到了"立国"的高度。他在《导扬中华民国立国精神议》一文中说："知国于天地，其长存不倾，日挤强盛者，必以其民俗、国性、世道、人心为之要素。此所由来旧矣。且不独吾国之圣经贤传所言为然，乃至观诸外国，其中国亡种灭，或为异族所奴隶，亦以道德扫地，人心靡涣为之先，从未有好义首公，忠信相扶之名，而不转弱为强，由衰而盛者，著诸历史，其故可深长思也。"④

通过书写历史的方式，来体现民族意识，激发国人的爱国之心，构建民族认同感，这种思想不仅体现在近代史学的观念层面，更是影响了近代历史的编纂。丁宝书因感于"近今丧亡之痛"，为了让儿童能"长学识，雪国耻"，在编著《蒙学中国历史教科书》时，"以卫种族张国威为主，凡遇有卫我同种，力悍

---

① 梁启超. 中国文明之传播［M］//夏晓虹.《饮冰室合集》集外文. 北京：北京大学出版社，2005：492.

② 梁启超. 中国文明之传播［M］//夏晓虹.《饮冰室合集》集外文. 北京：北京大学出版社，2005：494.

③ 梁启超. 中国文明之传播［M］//夏晓虹.《饮冰室合集》集外文. 北京：北京大学出版社，2005：503.

④ 严复. 导扬中华民国立国精神议［M］//王栻. 严复集：第 2 册. 北京：中华书局，1986：342.

外侮者，必称道勿衰，以壮我幼年之气"：黄帝的开疆拓土征服部落、周公的话戎兵击夷狄、齐桓公的尊王攘夷、秦始皇的击匈奴开南疆、汉武帝的征讨四方、张骞的交通西域、班超的征服西域、郭子仪的讨回绘吐蕃、忽必烈的雄视欧亚等都得到了丁宝书的表彰。丁保书在此即表彰周公、齐桓公的攘逐夷狄，又表彰被汉人视为"夷狄"的忽必烈，在丁保书看来并不矛盾，因为他认为"交通愈广，畛域愈廓，今黄种与白种竞争，尤昔汉族与非汉族竞争也"①。张元济在1902年撰文指出，教育当"以国民精神为主，故学成之辈，无不知爱其国，卫其种"②。他在1903年出版的《商务新编小学历史教科书》序言中也写道："处今日物竞炽烈之世，欲求自存，不鉴于古则无以进于文明，不观于人则无由知其不足"，学习本国历史，旨在"养其爱国保种之精神，而非欲仅明于盛衰存亡之故焉"。③

　　近代中国，受到列强的欺压，人民愚昧贫困，政府腐败软弱，中国沦为半殖民地半封建国家，在这种背景下，各族人民需要团结一心，构建民国认同，抵御外侮。戊戌变法失败之后，中国社会中不仅存在着新旧冲突，知识分子阶层也开始出现分化。在这种背景下，必须建立起国人的民族意识，在团结各族民众的情况下坚持救亡图存。汉译的史著和历史教科书为民族主义的历史书写提供了书写范式和思想基础，人们虽然从属于汉、满、蒙、藏、回、苗等不同的民族，但都身处"中华民族"这个大的民族体系中，应当团结起来抵抗西方列强。在这样的现实需求下，近代历史书写的民族意识被大大加强了。

第二节　推进了历史教材的近代化

　　国人早已意识到外来教科书并不能完全替代国人自编历史教科书，学堂采用日本教科书只能作为一种权宜之计。时人出于对民族感情的考虑说道："近年以来稍稍有历史课本出，然大都取日本成书，点窜一二以为之，颇有伤于国民

---

①　丁宝书. 蒙学中国历史教科书［M］. 上海：文明书局，1903：2.

②　张元济. 答友人问学堂事［M］//张元济. 张元济诗文. 北京：商务印书馆，1986：170.

③　张树年. 张元济年谱［M］. 北京：商务印书馆，1991：45.

之感情，谈教育者时以为憾。"① 1903 年 10 月《文明书局编辑蒙学中外历史教科书约旨》一文对日人所著教科书提出了尖锐的批评："顾近岁以来，各学堂多借东邦编述之本，若《支那通史》、若《东洋史要》，以充本国历史科之数。夫以彼人之口吻，取吾国史料为彼学校外国历史之科，吾率取其书用之，勿论程级之不审，而称谓辞气之间，客观让作主位，令国民遂不兴其历史之观念，可忧孰甚焉。"② 国学社也说："自顷海内，明智之士，亦尝有意于教科书矣。然率勇于译述，而怯于编著，工于谈外情，而拙于言国故。甚或三千年之历史，十八省之地志，亦复求书异域，奋笔抄胥。呜呼！抑可谓穷矣。"③ 东新译社也认为："译外国教科书以充国民读本，皆于学界之进化，国魂之发达，无丝毫影响，而反生大障碍者也。"④ 随着教育改革的深入和新史学思想的发展，晚清历史教科书进入新的历史阶段——自编阶段。晚清学人开始尝试掌控历史教科书的编纂权，改变原有的历史书写形式，实践新的历史编纂理论，开始自己编纂中国史的教科书，这标志着我国的历史教科书开始从翻译向自编转变。晚清历史教科书进入新的历史阶段后，基本上实现了教材的近代化，在体例上，基本都抛弃了传统史学的编年体或纪传体，而是采用了章节体。脱离了中国传统史书的记事模式，这些教科书从形式和内容上看，受到汉译历史教科书的影响最甚。

一、国人自编历史教材的大量出现

1903 年，文明书局出版了丁宝书编写的章节体《蒙学中国历史教科书》⑤。在"编辑大意"里，作者写道：

> 顾近岁以来，各学堂多借东邦编述之本，若《支那通史》、若《东洋史要》，以充本国历史科之数。夫以彼人之口吻，述吾国之历史。于彼我之间，抑扬不免失当。吾率取其书用之，勿论程级之不审，而客观认作主位，令吾国民遂不兴其历史之观念，忘其祖国所自来，可惧孰甚。窃不自量，

---

① 新书介绍：最新高等小学中国历史教科书［J］. 东方杂志，1904（1）.
② 文明书局编辑蒙学中外历史教科书约旨［N］. 大公报，1903-10-19.
③ 国学社编辑教科书启［J］. 教育世界：卷 25.
④ 东新译社开办之原由及其特质［M］//横阳翼天氏. 中国历史. 东新译社，1903.
⑤ 丁宝书. 蒙学中国历史教科书［M］. 上海：文明书局，1906.

编成此册，以我国人述我国事，如以孙子述父祖之德行。凡予族姓，庶闻
而兴起。念厥先缔造之不易，而以护恤保存，为人人应尽之义务乎！

可见，在 20 世纪初年，国人就已经有了自编历史教材的意识，并在考量教
科书的重要性之后，认识到汉译历史教科书的使用并非长久之计。这部《蒙学
中国历史教科书》不仅有黑白插图、历史地图，书后还附有中国历史大事年表，
适合教学需要，1906 年经学部审定通过，在中小学堂使用。

1902 年，著名出版家张元济出任新成立的商务印书馆编译所所长，当时中
国的新式学堂纷纷成立并呈燎原之势，张元济意识到新式教科书还是使用汉译
外国教科书的现状，于是开始着手国人自编历史教材的工作。同年，夏曾佑担
任商务印书馆编译所编辑，致力于中国古代史研究，于是他首先写出了《中学
历史教科书》。因商务印书馆在出版的第一批教科书时均冠以"最新"字样，所
以此书在刚出版时定名为"最新中学教科书·中国历史"，该书文字采用繁体竖
排方式，共三册分两次编排出版。该书原计划写五册，实际只写了三册。第一
册初版发行在清光绪三十年（1904），光绪三十二年（1906）发行到了六版，第
二、三册于同年出版，至（1909）发行到了五版。全书均由上海商务印书馆出
版。1933 年，商务印书馆将其改名为《中国古代史》重排出版，并列入大学丛
书。该书的出版，为国人自编历史教材的大量出现开了先河，也为以后的中学
历史教科书奠定了基础。

1905 年，刘师培编写的《中国历史教科书》由国学保存会出版。刘师培出
身于经学世家，后曾留学日本，他在治史实践中深感"读中国史书有二难：上
古之史多荒渺，而记事互相歧；后世之史咸浩繁，而记事多相袭。中国廿四史
既不合于教科，《通鉴》《通典》《通考》，亦卷帙繁多。而近日所出各教科书，
复简略而不适用。欲治中史，非编一繁简适当之中国历史莫由"①。在这一指
导思想下写成的《中国历史教科书》，全书共三册，迄至西周末，注重记载中国
历史中社会生活的各个方面，如对古代田制、农器、商业、财政、工艺、宫室、
衣服、饮食等经济发展过程，都列有专课论述。此外，受到进化论和日本文明
史的影响，该书"咸以时代区先后。即偶涉制度，文物于分类之中，亦隐寓分
时之意"，"于征引中国典籍外，复参考西籍，兼及宗教、社会之书，庶人群进

---

① 刘师培. 中国历史教科书·凡例 [M]. 上海：国学保存会，1905：2.

化之理，可以稍明"①。

　　这一时期，始自 19 世纪中叶的史学变革在中西文化的不断接触和交流中逐步深入，汉译的历史教科书对中国传统史学产生了极大的影响，再加上梁启超、章炳麟等先进知识分子的大力呼吁和倡导，国人自编的历史教科书蔚然成风，在数量上呈激增趋势，仅 1903 年之后的三年间，民间出版的各类历史教科书就多达 28 种，其中中国史和世界史各 14 种。其中，根据北京师范大学图书馆所藏图书的统计，这一时期出版的中国史教科书就有姚祖义的《最新中国历史教科书》②、章嵚的《中学中国历史教科书》③、陈懋治的《高等小学中国历史教科书》④、汪荣宝的《中国历史教科书本朝史》⑤、陈庆年的《中国历史教科书》⑥。此外，还有秦瑞玠编写的《普通西洋历史教科书》⑦、傅岳棻编写的《西洋历史教科书（中学堂用）》⑧、祝震的《最新中等西洋历史教科书》⑨ 和《最新中等中国历史教科书》⑩、赵懿年编写的《中等历史教科书·中国史》⑪、戴克敦和钱宗翰编写的《绘图中国白话史》⑫、吕瑞廷编写的《新体中国历史》⑬ 等。

　　其中特别值得一提的是，戴克敦、钱宗翰编写的《绘图中国白话史》还显现了白话文历史教科书的雏形，为新文化运动时期出现的白话文历史教科书提供了借鉴。20 世纪初的国人自编历史教科书，大多由文言文写就，直到 1920 年，商务印书馆出版了吕思勉编的《自修适用白话本国史》，这是中国第一部白话文历史教科书，吕思勉在该书序例中说："全用白话"，目的是"取其于现在

①　刘师培. 中国历史教科书·凡例［M］. 上海：国学保存会，1905：5.
②　姚祖义. 最新中国历史教科书［M］. 上海：商务印书馆，1904.
③　章嵚. 中学中国历史教科书［M］. 上海：文明书局，1908.
④　陈懋治. 高等小学中国历史教科书［M］. 上海：文明书局，1908.
⑤　汪荣宝. 中国历史教科书本朝史［M］. 上海：商务印书馆，1909.
⑥　陈庆年. 中国历史教科书［M］. 上海：商务印书馆，1909.
⑦　秦瑞玠. 普通西洋历史教科书［M］. 上海：文明书局，1907.
⑧　傅岳棻. 西洋历史教科书（中学堂用）［M］. 上海：商务印书馆，1909.
⑨　祝震. 最新中等西洋历史教科书［M］. 南洋官书局，1906.
⑩　祝震. 最新中等中国历史教科书［M］. 南洋官书局，1906.
⑪　赵懿年. 中等历史教科书·中国史［M］. 科学译部，1908.
⑫　戴克敦，钱宗翰. 绘图中国白话史［M］. 彪蒙书室，1908.
⑬　吕瑞廷. 新体中国历史［M］. 上海：商务印书馆，1909.

人的思想，较为接近"①。该书文笔生动，把深刻的道理通俗地表达出来。1924年，商务印书馆又出版了李泰芬的《新著中国近百年史》，供中等学校使用。1925年，中华书局出版了金兆梓的《新中华初级本国史》。这些白话文历史教科书的出现，标志着中国历史教材从内容到形式上都实现了近代化。

由国人自编和印刷出版的历史教科书，最初都是旧式的环筒页线装本。人民教育出版社图书馆藏有1902年作新社出版的《万国历史》，这是一本洋装本的世界史中学教科书。印刷者虽然是"上海英租界四马路惠福里第三十五号作新社印刷局"，却是"明治三十五年阳历七月十六日印刷"，这应该是在日本印刷的。因为作新社是留日学生戢翼翚与日本著名女教育家田歌子合作开办的，假如是在上海印刷的话，那么"明治三十五年阳历七月十六日印刷"这一行字是不应该出现的。1903年张元济主持商务编译所以后，商务印书馆与以出版教科书而闻名日本的金港堂各出资金10万元，成立了商务印书馆股份有限公司。该公司从日本引进资本，招聘编辑顾问和印刷专家，促使中国历史教科书由旧式线装改为新式洋装。大约从1905年以后，洋装本的历史教科书逐渐占据主流。此外，自编的教科书在文字排版设计上也有新的突破，绝大部分在文字排版方面继续沿袭清末历史教科书的模式，采取传统的竖向编排模式，也有少数中国历史教科书封面采取横向编排的文字。

二、自编历史教科书内容和体例的变革

对于这一现象，俞旦初评价道："二十世纪初，在新史学思潮的影响和推动下，一些学者纷纷提出新的修史方案，发表自己独特的史例，有些且着手重新编写中国历史的工作，不同于旧史的新史陆续问世，在历史学界出现了一派百家争鸣、生动活泼的景象，又进一步给新史学增添了光彩……在以往的中国近代史学史的研究中，一般讲到二十世纪初年新编的中国历史中，多推夏曾佑和刘师培等人的中国历史教科书……在二十世纪初年，所谓重新编写中国历史，主要是编写历史教科书，以适应新兴学校和社会教育的需要，还谈不上什么学术性的专著。这是当时中国史学发展实际情况的反映。因此，这里初步考察到的新编中国历史，也多是在新史学思潮中各有代表性的一些中国历史教科

---

① 吕思勉.自修适用白话本国史·序列［M］.上海：商务印书馆，1920.

书。"① 陈其泰则将夏曾佑与梁启超同视为新史学的代表人物，"梁启超《新史学》和夏曾佑《中国古代史》的相继完成，是近代史学发展上的重要事件，它们一是以史学评论的形式，一是以通史著作的形式，标志着自觉以新的历史哲学为理论指导、在内容上和著述形式上又都明确地提出新要求的近代史学著作正式产生了。"②

　　事实上，这些自编历史教科书的书写，不仅仅受到近代新史学思潮的影响，也受到汉译历史教科书的影响，当然，在一定意义上，新史学思想的产生与汉译的历史教科书也不无关系。汉译的历史教科书，在记载对象上，并不以封建帝王将相的家谱为主要线索，而是以人为主，在内容上注意历史与人的关系，寻求历史进化的轨迹。这些思想在自编历史教科书中就有着很明显的体现。

　　夏曾佑在《最新中学中国历史教科书》的开篇就提出"中国种族之原"问题，按照他的看法就是历史书写要"发明今日社会之原"，且要关乎"三端"："一关乎皇室者，如宫廷之变、群雄之战，凡为一代兴亡之所系者，无不详之，其一人一家之事，则无不从略。虽有名人如与所举之事无关，皆不见于书。一关乎外国者，如匈奴西域西羌之类，事无大小，凡有交涉，皆举其略所以代表。一关乎社会者，如宗教风俗之类，每于有大变化时详述之。"③ 夏曾佑在该书中还注重对社会文化史的记载，在每章中都设若干节来叙述文化方面的历史，其中涉及学术、制度、婚姻、宗教、思想等内容，如在"化成时代"一章的共25节中，用了12节分别叙述了"孔子""老子""墨子""百家争鸣"等内容。又如在第二编第一章的第73节《三国末社会之变迁》、第74节《三国末社会之变迁》中综合记载了战国到三国时期社会风气的变迁，第二章的第38节《魏晋南北朝隋之风俗》记载了从魏晋到隋的风气，总结出"崇尚门第之风"为魏晋南北朝的风俗特点，也注意到了南北朝时期民族间风俗的交融。

　　刘师培则在《中国历史教科书》中说：

　　　　读中国史书有二难：上古之史多荒渺，而记事互相歧；后世之史咸浩繁，而记事多相袭。中国廿四史，既不合于教科；《通鉴》《通典》《通

① 俞旦初. 二十世纪初年中国的新史学思潮初考 [J]. 史学史研究, 1982 (4).
② 陈其泰. 中国近代史学的历程 [M]. 郑州：河南人民出版社, 1994.
③ 夏曾佑. 最新中学中国历史教科书 [M]. 上海：商务印书馆, 1904.

考》，亦卷帙繁多。而近日所出各教科书，复简略而不适于用。欲治中史，非编一繁简适当之中国历史莫由。西国史书，多区分时代，而所作文明史，复多分析事类。盖区分时代，近于中史编年体；而分析事类，近于中国"三通"体也。今所编各课，咸以时代区先后。即偶涉制度、文物于分类之中，亦隐寓分时之意，庶观者易于了然。中国史书之叙事详于君臣而略于人民，详于事迹而略于典制，详于后代而略于古代，今所编各课，其用意则与旧史稍殊，其注意之处，约有数端：一、历代政体之异同；二、种族分合之始末；三、制度改革之大纲；四、社会进化之阶级；五、学术进退之大势。今日治史，不专赖中国典籍。西人作中国史者，详述太古事迹，颇足补中史之遗。今所编各课，于征引中国典籍外，复参考西籍，兼及宗教、社会之书，庶人群进化之理，可以稍明。①

阐明了中国传统史书以朝代为序、以帝王为记载对象的特点，认为其不适于作为教科书使用，而能够作为教科书的历史书籍，应该是简明扼要，并涉及多方面内容知识的。陈懋治在《高等小学中国历史教科书》② 开篇也是先论述了中国的地理、人种、历朝盛衰的问题，然后才从上古开始记载历史事件。

在体例方面，这些国人自编的新式历史教科书彻底摈弃了中国传统史学的纪传体、编年体和纪事本末体，完全采用了"史学革命"所倡导的章节体，突出的优点是善于提炼概括，以进化的观念把握整个历史进程，给学生以完整的历史概念，且图文并茂，具有较强的知识性、理论性和可读性。周予同指出："我们研究中国现代史学的转变，更应该注意，夏氏一书，在形式或体裁方面，实受日本东洋史编著的影响……这类书影响于中国史学界较早而较大的，大概是日本两书；更其是前者，因为用汉文写的关系，影响更大。"由此可见，汉译的历史教科书对这些国人自编历史教科书的体例影响之大。

以夏曾佑所著《最新中学中国历史教科书》为例，该书采用了章节体的体裁，将中国历史分为四章共170节内容加以叙述，按时间顺序叙述历史的演变更替，使读者对通史发展线索一目了然。作者将全书分篇、章、节几个部分，篇中分章，章中设节，各篇各章设章设节的数目不定。各册正文之前有序凡例

---

① 刘师培. 中国历史教科书·凡例［M］. 上海：国学保存会，1905：2.
② 陈懋治. 高等小学中国历史教科书［M］. 上海：文明书局，1908.

或按语，书中有史表，使史事纷繁时期的历史条理清晰，重点突出。书中的"注"，交代引用材料的来源，还有扼要说明；在书末还附有所写到的历史人物的简要说明，引用书目的简单介绍；在那些内容较为繁杂的节后还有小结概括。另外，该书还配有历代沿革地图、黑白插图，便于教学。这些努力都大大便利了读者的学习，也为后来的编者所效法和改进。

刘师培所著的《中国历史教科书》，采取的是以课为标题的形式，将中国历史分为上下两册，其中每册有 36 课，体例工整，内容划分合理，适合作为教科书使用。其中第一册，主要介绍了中国古代地理、交通、政治、文字、风俗、田制等方面的历史，第二册则重点介绍西周的历史，也包括政治制度、地理风俗、宗教礼仪等方面，此外，该书"各课之后，偶附年表及帝王世系表、历代大事表，而职官、地理各表及封建、井田、学校等图，亦偶列焉"①。

还有的教科书中出现了插图，1904 年文明书局出版的汪承镛主编的《高等小学国史教科书》② 中也附有"历代沿革地图"，陈懋治编著的《高等小学中国历史教科书》③ 中附有"洪水泛滥世界湮没之图""雄视欧亚之忽必烈画像""讲理学之朱子画像""平定长发贼之曾国藩画像""外交家之李鸿章画像"等。采取这种新式体例撰写的历史教科书，结构更为明了清晰，便于教学使用，对知识的分类也有利于加强记忆，提高学习的效率。

此外，这一时期国人自编的历史教科书，无一不以进化论和因果关系作为其编纂主旨，并意图将史学建设为科学并通过教科书加以传播，使其成为大众的基本观念。所以在指导思想上，多以生存竞争、优胜劣败的西方社会进化史观来解释社会历史的发展，夏曾佑就提出：

> 循夫优胜劣败之理，服从强权，遂为世界之公例。威力所及，举世风靡，弱肉强食，视为公义，于是有仁智勇者出，发明一种反抗强权之学说，以扶弱而抑强，此宗教之所兴，而人之异于禽兽也。④

曾鲲化在其所著的教科书《中国历史》中说道："撰写历史要调查历代国民

---

① 刘师培. 中国历史教科书·凡例 [M]. 上海：国学保存会，1905：3.

② 汪承镛. 高等小学国史教科书 [M]. 上海：文明书局，1904.

③ 陈懋治. 高等小学中国历史教科书 [M]. 上海：文明书局，1908.

④ 夏曾佑. 最新中学中国历史教科书 [M]. 上海：商务印书馆，1904.

全部运动进化之大势，摘录其原因结果之密切关系，以实现国民发达史之价值，而激发现在社会之国魂。"① 这种进化思想指导下的历史观，在民族危机深重的近代中国，具有一定的进步意义。而这种思想特点，也是受到汉译历史教科书进化思想的影响。

受到汉译历史教科书关于民族主义的思想影响，晚清国人的历史教科书编纂，在内容和思想上也充分体现着民族主义的思想内涵。1903年商务印书馆出版的蔡元培等人编写的《中国历史教科书·序》中说：

> 盖处今日物竞炽烈之世，欲求自存，不鉴于古，则无以进于文明，不观于人，则无由自知其不足，虽在髫龄不可不以此植其基也。其于本国史独详，则使其自知有我，以养其爱国保种之精神，而非欲仅明于盛衰存亡之故矣。②

曾鲲化在教科书《中国历史》中称要"别树光华雄美之新历史旗帜，以为我国民族主义之先锋"③，他在创办东新译社时，也曾说道：

> 痛国家之脔割、愤种族之犬羊，怜然创办东新译社，就我国之性质上习惯上编辑中学校各种教科书，熔铸他人之材料而发挥自己之理想，以激动爱国精神，孕育种族主义为坚确不拔之宗旨……虽算术几何，亦多合爱国爱种之分子焉。④

丁宝书在《蒙学中国历史教科书》中称"雄视欧亚之忽必烈"，元朝是"亘古未有之大帝国"⑤；陈懋治在《高等小学中国历史教科书》中称"雄视欧亚之忽必烈"，元朝是"自古未有之一大帝国也"⑥；陈庆年在《中国历史教科书》中叙述了元朝建立后开启东西洋交通，使"我福建之泉州、福州诸港，为

---

① 曾鲲化. 中国历史·总论［M］. 东新译社，1903：6.
② 蔡元培. 中国近代教育史资料汇编·普通教育［M］. 上海：上海教育出版社，2007.
③ 曾鲲化. 中国历史［M］. 东新译社，1903.
④ 曾鲲化. 东新译社开办之原由及其性质［M］//中国历史·附录. 东新译社，1903.
⑤ 丁宝书. 蒙学中国历史教科书［M］. 上海：文明书局，1902：46—47.
⑥ 陈懋治. 高等小学中国历史教科书［M］. 上海：文明书局，1908：57.

当时世界第一商场"① 的历史，旨在鼓舞国人士气，激发人们的爱国热情。

在清末出现的国人自编历史教科书中，最能体现民族主义的是汪荣宝撰写的《本朝史讲义》。该书在叙述清朝入主中原的历史时，不像革命派那样突显清军的暴行，也不将满汉在这一时期的冲突归置到满汉两族的冲突上，而是采取较为温和的语言进行叙述，旨在将各民族之间的矛盾弱化，从而将中华民族团结起来，以抵抗外侮。在叙述清军攻打扬州时，汪荣宝写道：

> 大兵越六合进攻，去扬州二十里而营。肇基请背水一战。可法谓野战不如凭城，乃分阵据守，亘七昼夜。城卒破。可法被执，大呼曰"吾史督师也"，遂见杀。肇基率所部巷战，力尽亦死。时四月二十五日也。大兵留十日乃南行。②

该书还特别重视国家疆域的形成、各族的融合与冲突，以及与西方国家的交往与冲突。全书共二十六章，专章论述民族问题的共有十三章：第二章"创业之始及塞外各部之征服"、第五章"朝鲜及内蒙古之臣服"、第九章"台湾之收复"、第十章"中西国际之由来"、第十一章"东北经略及中俄交涉"、第十二章"准噶尔之膺惩"、第十三章"西藏之平定"、第十五章"青海及准部之叛乱"、第十七章"准部之荡平"、第十八章"回部之征定"、第十九章"苗族之剿治及西南诸国之附属"、第二十二章"回疆之骚动"、第二十三章"鸦片战争"、第二十五章"英法同盟军之入寇"。可见晚清自编历史教科书的编纂，通过对中华民族对外矛盾的重视和对各民族之间关系的记载，在内容上深刻地体现着民族主义的特点。

三、自编历史教科书的历史分期

受到汉译历史教科书"时代体"的历史分期方法影响，国人自编的历史教科书对中国历史的划分也多有明确的历史分期，采用"上古""中古""近古""近世"和"现世"等来表示。

例如，受到桑原骘藏的《东洋史要》的四期历史分法影响，1923 年出版的

---

① 陈庆年.中国历史教科书：第5卷 [M].武昌：两湖高等学堂，1903：18.
② 汪荣宝.中学中国历史教科书·本朝史：第1编 [M].上海：商务印书馆，1909：51.

由顾颉刚编著的《现代本国史》，就将从秦到唐末称为"中古时期"，这一时期，北方民族南下，五胡进入中原，使得中原文化南迁，同化了少数民族人民，成就了隋唐统一帝国，对中国民族发展有重要意义。同时佛教的传入给中国思想文化带来了活力，成为后来近古期中国哲学的基础，因此，顾颉刚称中古期为"中国民族文化的蜕变时代"①。

1914 年中华书局出版的钟毓龙的《新制本国史教本》，将中国历史分为五期：远古史，邃古至秦统一前；中古史，秦统一至南北朝；近古史，隋至南宋末；近世史，元至清末；现代史，中华民国。中古史主要有两件大事：一是汉族的拓展与外族的同化，一是君主专制制度的建立。该书作者认为，专制制度的建立对中国历史的影响尤为深远，为维护君主专制而实行的各项政策，是造成汉族衰微与外族入侵的重要原因，直接孕育着其后中国的衰落因素。中古期虽然有唐帝国的兴盛，但是在政治制度等设施方面并未改变其专制的本质，以致造成五代百余年的混乱。宋代建立后，采取重文抑武措施，以致积贫积弱，最终灭亡，"此亦远古以来之大变故也"②。

夏曾佑在《最新中学中国历史教科书》中也分析了中国历史的过程，把整个中国历史分为三个大的时期：自草昧以至周末为上古之世，自秦至唐为中古之世，自宋至今为近古之世。每一个大期，又分为几个阶段。上古之世包括两个阶段：由开辟至周初为传疑时期，周之中叶至战国为化成之期。中古之世有三个阶段：自秦至三国为极盛之期，由晋至隋为中衰之期，唐室一代为复盛之期。近古之世分为两个阶段：五季宋元明为退化之期，"国朝"二百六十一年为更化之期，所谓"更化"就是"历史将转入他局"的意思。

陈懋治在《高等小学中国历史教科书》中也将三皇五帝到战国定为上古史，秦至唐定为中古史，五代至宋明定为近古史，清定为近世史。陈庆年在《中学中国历史教科书》中也将历史分为三大历史时期：上古史、中古史、近古史。章嵚则将历史分为四个时期："自邃古迄周末曰远代，自嬴秦迄唐末曰中代，自五季迄明末曰近代，自天命迄今曰今代。"③

在国人自编教科书中，存在"近世期"划分的，主要有两种，一种是以清

① 顾颉刚，王钟麒．现代本国史：上册［M］．上海：商务印书馆，1924：20-21.
② 钟毓龙．新制本国史教本：中册［M］．上海：中华书局，1914：1.
③ 章嵚．中学中国历史教科书［M］．上海：文明书局，1908.

朝为近世，一种是以元明清为近世。前者认为，元明清时期蒙古族和满族入主中原，建立元与清两大帝国，对中国历史影响很大。钟毓龙在《新制本国史教本》中指出，近世史所关注的不应是外族的入侵，而是中国在此期的衰微。这一时期中国与西方相遇，遭受西方侵略，而其根由，实肇始于近古时期，是近古专制问题的延续与结果：

> 五族沟通而合为一家之基础，实确定于此时期。然此期中，崇文尚虚之习，又仍如前代，故自明中叶以还，与西洋尚武崇实之诸文明相遇，遂不免事事失败，武力既不足以相抗，学术工艺又不足以相竞，即人民之爱国心与自治力亦无在而不相形见绌，以至国势日颓，土地日蹙，财政日绌，民生日困，瓜分之祸，悬于眉睫。①

中国历史到此告一段落，面临变局："当此时而谋救国之道，诚非从根本解决，举历代相沿之弊习，摧陷而廓清之不可。故近世者，中国旧史之结穴之时期也。"② 在 1924 年出版的《新学制高中本国史》中，吕思勉划分的近世期是从元世祖灭宋始到清全盛时期止，他将元明清三个朝代划归一期，是从制度变革的角度进行划分的，他认为元代的制度开启了中国近世制度之先，如"特如行政区划与兵制——近世式的制度，是元开其先，明集其成，清又踵而用之的"③。清朝的各种制度都是承续前朝，与元代关系甚密，而近世期与当时的社会制度有很大的关联，从中国历史发展上看，是中国旧式历史的"最后一期"④。1926 年出版的《新中华初中本国史》中，金兆梓将中国历史分为四期，上古为自远古至周末，中古为自秦至五代末，近世为自宋兴迄清亡，现代为中华民国。将近世划分自宋兴迄清亡，这是从民族关系的角度进行的划分，作者认为这一时期是中国历史上第二次种族竞争时期。从五胡乱华之后至隋唐这一时期，民族竞争暂时停止，到宋初的时候又开始了民族竞争，东北新民族相继南逼，辽、金、元迭起，局面随之发生变化，明代兴起，汉族统一中国，开始与蒙古对峙，到了明代衰落的时候，满族又崛起，先后与汉、蒙、回、藏各族

---

① 钟毓龙. 新制本国史教本：中册 [M]. 上海：中华书局，1914：2.
② 钟毓龙. 新制本国史教本：中册 [M]. 上海：中华书局，1914：3.
③ 吕思勉. 新学制高中本国史 [M]. 上海：商务印书馆，1924：4.
④ 吕思勉. 新学制高中本国史 [M]. 上海：商务印书馆，1924：4.

相抗衡。① 近世期则是中国民族剧烈竞争的时期。

另一种分期方法将近世认为是清代以后，这种分期法认为，清朝是中国走向衰落和西方列强侵略中国的时期，"假使世界还是中古时期的样子，我们现在把客帝驱除之后，就更无问题了，然而闭关的好梦已成过去了，欧风美雨相逼而来，再不容我们以酣睡。自五口通商以后，而门户洞开，而藩属丧失，外人的势力，深入内地，甚至划为势力范围、创作瓜分之论，又继之以均势之说。中国乃处于列强侵略之下，而转翼幸其互相猜忌，维持均势，以偷旦夕之安。经济的侵略，其深刻，既为前所无；思想的变动，其剧烈，亦非前世所有，于是狂风横雨，日逼于国外，而轩然大波，遂起于国中了"②。

这种近世划分法，在 20 世纪 20 年代之后较为普遍，罗香林编著的《高中本国史》③、姚绍华编著的《初中本国史》④、罗元鲲编著的《高中本国史》⑤、余逊编著的《高中本国史》⑥ 等教科书都持这种观点，认为明清之际，西学和西教士传入中国，中西交涉由此开始，经过鸦片战争，到了清末，"西人更挟其乱山倒海之力侵略我国，摧毁我国的闭关主义，使我国不得不跌到世界史的舞台上去"⑦。

日本学者市村瓒次郎著的《支那史要》将中国历史划分为六个时期，其中第五期"今代史"起自道光以后，到作者所处的时代结束，作者认为，中国与西方自明代时就发生了联系，但真正有影响的则是鸦片战争：

> 抑中国之势，自仁宗时渐衰，士气不振，上下苟且，其不能敌英人之锋，固不足怪。自取屈辱，于人何尤。自鸦片之战，知西人之伎俩，颇挫其虚傲尊大之气。他日设炮台造军舰改锐炮之机，亦由于此。故此一战争，关于中国之形势甚大矣。⑧

---

①　金兆梓. 新中华初中本国史：第 2 册［M］. 上海：中华书局，1929：1.
②　吕思勉. 复兴高中本国史：上册［M］. 上海：商务印书馆，1934：14.
③　罗香林. 高中本国史［M］. 南京：正中书局，1933.
④　姚绍华. 初中本国史［M］. 上海：中华书局，1934.
⑤　罗元鲲. 高中本国史［M］. 上海：开明书店，1934.
⑥　余逊. 高中本国史［M］. 上海：世界书局，1934.
⑦　杨东莼. 高中本国史：上册［M］. 上海：北新书局，1946：12.
⑧　市村瓒次郎. 支那史要［M］. 陈毅，译. 上海：广智书局，1903：3.

在作者看来，从鸦片战争开始，中国局势发生了变化，故把其后的历史分为一个新时期。这种以"鸦片战争"为界的分期方式为史家提供了一种新的思考方式，即对自己所处时代的历史划分的关注。

受此影响，国人自编的教科书中出现了对"现代史"的划分，曾鲲化在教科书《中国历史》中将中国历史分为七期，除了一般的上古、中古、近古、近世时期之外，在"上古"之前又划出了"大古纪"，在"近世"之后又划出"前世纪"和"现世纪"两个时期。由于《中国历史》目前仅见第一册，至于后面两期"前世纪"和"现世纪"的具体划分和言说无从得知，不过从作者给出的时期特征来看："前世纪：汉族复盛与西力东渐时代"应为明朝，而"现世纪：汉族衰微及多事时代，当为清朝"①。此后的民国时期，国人编写的教科书，一般都将民国时期的历史独立为一个新的历史时期"现代史"。

国人自编的历史教科书，其历史分期方法与大多数汉译历史教科书采取的分期方法一致，既有助于章节体通史从纵向按照时间顺序梳理中国政治、经济和文化的发展脉络，又便于从横向剖析每一个历史发展时期重要的历史事件与人物，尽管不一定能够反映中国历史发展的客观规律，但作为全新的历史书写尝试，突破了传统史学在历史分期上的禁锢。

可见，近代国人自编的历史教科书无论从装帧形式、编写内容、指导思想还是编撰体例来看，都更加接近现代意义上的历史教科书，自此，我国的历史教科书完成了从形式到内容的彻底更新，历史教材的近代化大大推进了。

第三节　改变了国人对"世界"的认知

"世界"这一观念在传统士大夫的知识世界中是相当模糊的，"世界地图"大概就是以中国为中心，再包括四周一些所谓蛮夷国家和地区，至少在鸦片战争以前，绝大多数中国人头脑中的"世界"便是如此。"五洲未通以前，中国庞然自大，以为列于吾旁者皆小蛮夷而已，不知域中之为东洋，安知海外之有西洋。"这种现状直至清王朝的大门被英国大炮炸开了一个缺口之后，国人才渐渐开始改写他们的"世界地图"。当时的学人说道："我中国闭关于昆仑山脉之下，

---

① 曾鲲化. 中国历史·总论 [M]. 东新译社，1903：18.

锁国于马来半岛之东，极东孤立，庞然自大，其交通者，不过如汉儒所谓东夷南蛮西戎北狄而已，知识未周，见闻不广，并不知有亚洲，遑问世界。故世界史之著，亘古无闻焉。数十年来，海禁开放，宗教、贸易、外交、学术、技艺之会通，我国民耳濡目染，则世界之观念，宜其勃然兴起，以成世界史，而沾溉同胞矣。"① 而汉译历史教科书的出现，不仅在知识层面对"世界"这一概念进行了普及，更在很大程度上启发了国人对"世界"的认知。

一、近代国人眼中的"世界"之变

近代以前，"世界"主要作为佛教用语出现，古代印度依须弥山之说成立宇宙论，即以须弥山为中心，加上围绕其四方之九山八海、四洲（四天下）及日月，合为一单位，称为一世界。而传统的中国社会盛行的是以中国为中心的"天下"观，代表了不变的宇宙道德秩序。在多民族国家的形成过程中，中国的版图不断变化，随着空间版图的扩展，古代中国人有关"天下"的空间认知也在延伸，但"华夏文明"是"天下文明"中心的观念却一直占据主流。汉帝国辉煌时期的疆域扩展到了北到今天的朝鲜半岛、俄罗斯，南至印度，西达今日的中亚地域，于是汉帝国派出使节沟通外交，中国人的传统"世界"观得以扩大，对周围世界的实际认知扩展到了今天的整个亚洲甚至更广的区域，中国人观察历史、经济与文化的背景和舞台也从中原扩展到了整个亚洲甚至欧亚之间。② 但由于当时中国的邻近地区都处于文明欠发达状态，所以这次契机尽管扩展了古典时代关于"天下"的地理认知，却进一步增强了中国人的文化优越感，使中国人更加坚信华夏文明是最优越的。人们越发深信天下没有比中国文化更伟大、更辉煌、更值得尊崇和更值得自豪的文化，形成了文化观念上特有的"华夏中心主义"和心理上的"天朝上国"情结。可见，传统的"天下"观作为空间地理概念，更多是一种人文构想，而在这种世界观的演变过程中，先民们又赋予其社会学、政治学、文化学寓意。

经过汉唐直至近代，随着疆域的扩大和对外交流的进行，国人对"天下"的空间地理认知在不断的变化之中。但对于自身文明及他域文明的认知并没有实质性的变化，其中原因是多方面的：首先，在近代之前世界还处于"区域研

---

① 近世世界史之观念 ［N］. 大陆报，1903-01-08.
② 王之春. 清朝柔远记 ［M］. 北京：中华书局，1989：218.

究"的阶段，尚未扩大到整个世界，因此各民族之间的文化交流还很有限，这在很大程度上制约了对他域文明的认知和判断。其次，中国所处地理环境特殊，东临浩瀚的大海，西部是广袤无垠的沙漠，北面是荆棘密布的草原，南面是险峻的高山和密布的河流，自然的原因使华夏文明的对外交流异常艰难，这与欧洲情况迥然不同。中国虽然与亚洲之外地区有着断断续续的生意往来，但对其文明却并无客观了解。再次，自秦汉以后"大一统"与中央集权导致了思想的"冬眠"。所以说，自给自足的自然经济、君主独裁的专制政治、忠孝至上的愚民文化两千年来没有出现任何实质性变化，人民对"世界"的认识自然也是狭隘而有局限的。1583 年，意大利传教士利玛窦编绘的《坤舆万国全图》，介绍了一系列重要的世界地理知识，包括"地圆说"、地球五带划分、南北半球以及"五大洲""万国概念"等。此后艾儒略的《职方外记》《西方问答》及南怀仁的《坤舆全图》《坤舆图说》等书籍也相继向中国介绍西方地理学知识及五大洲各国风土、人情、名胜等情况。但这些地图实物及与其配套的天文、地理学理论毕竟过于书面化，让中国人打破原有的"天下"观和"中国中心说"而理解和认可这种"世界"观并不容易，所以对中国社会的影响并不大。

世界意识的建立必然伴随着中国中心观念的动摇与破灭，"世界之中国"作为一种认识范式，随着日益深重的民族苦难逐渐在晚清浮出历史的水面。直到1840 年鸦片战争的失败，中国人的世界意识才开始被激发出来。"世界"这一概念不仅开始出现新的内涵，而且使用次数激增。鸦片战争前，中国与欧洲各国虽然已经通商多年，但对方具体情况究竟如何，风俗民情、社会制度、经济水平怎样，甚至这些国家在哪里，都并不了解。鸦片战争后，摆在中国人面前的现实问题是如何"制夷"，对世界知识的需求骤然紧急。鸦片战争失败后，出于"御敌"的现实需要，一些比较开明的官僚和地主阶级知识分子开始有意识地研究"夷情"，对"世界"的认识与了解随即成为学术界关注的重点话题。而经过选择译介成为晚清新式学堂历史教科书的史籍著作，在改变近代国人对"世界"的认识过程中，发挥了重要作用。

受到当时社会救亡图存需求的影响，晚清的汉译历史教科书在内容上有许多以"万国""各国""西史"等为名的世界通史类译著，如《万国史要》《万国史略》《迈尔通史》《泰西新史揽要》《西史课程》等，除此之外，也多选择英、法、德、俄、美等 19 世纪的世界强国的历史，如《大英国志》《欧洲史略》

《希腊志略》《俄国史略》《俄国近史》《联邦志略》等，这些著作往往会对所涉及地域的地理概况进行描述。

例如《大英国志》在卷七介绍了地理大发现的历史：

> 是时行海觅新地者，其人一拜仑，一瓦力斯，一加德力，一古克等，周行地球。古克最著名，直至南半球高纬度处，周行审视而知地理之士所云：南方更有大洲者，谬也。用医术治舟人，使不疾病。一千七百六十九年，至南平洋，测金星过太阳面定新西兰岛，得澳大利亚东海滨，为英今之属地。时英人已失亚墨利加，以罪人遣戍至彼狱中人众，宰相束手，见古克著书中有是土，乃分遣犯人至此，生育保聚。一千七百八十七年，始以舟载犯人往，舟行八日，居于悉德尼，至今为澳大利之一大都会。一千七百八十八年普鲁斯远行，至亚比西尼，探尼罗河源。一千七百九十五年，蒙哥巴格自冈比亚河，至乃日河，其地在亚非利加。①

再如《联邦志略》在上卷的"觅地原由"部分也介绍了世界地理大发现的基本情况：

> 仅言其略耳，兹以地体而论，古来相传，只言地平不动，不知地转如球也，故昔之建国者，但知近有藩属，远及邻邦耳，安知地球背面复有至极之国乎？迨中世之士，研精考究惟知天下中列，三方东为亚细亚，内分数国，曰中华、曰日本、曰朝鲜、曰琉球、曰安南、曰暹罗、曰缅甸、曰印度、曰巴西、曰亚喇伯、曰犹太、曰俄罗斯、曰土耳其等国是也。西则欧罗巴中，为英吉利、法兰西、荷兰、士班雅、葡萄牙、瑞典、瑙威、大尼、普鲁西、奥地利、以大利、希利尼、土耳其、俄罗斯等国是也。至于地球彼方，复有大洲，则从无人知之矣。迨后明朝年间，普鲁西国，有精于天文哥白尼者，暗想地形如球，则东西两方之间，不应别无土地，然只具论而已。至弘治五年，有欲穷究此理者，乘舟西行，往寻新地。旁观者固笑其愚，即同舟者亦云，无为乃西行极远，竟觅新地而归，斯往寻地者，以大利人科伦布也。初请国王，求贤船往，国主不允，复求于葡萄牙王，

---

① 慕维廉．大英国志：卷7［M］．上海：上海墨海书馆，1856．

亦不允，频恩士班雅君后，延至八年，后以色列喇始允诺给以大船一，小船二，三船共百二十人，于弘治五年八月初旬启行，行经二十一日，不见堤岸，水手辈恐有绝粮之忧，欲抛船主于洋，自行返棹。科伦布揣知其情，惟用善言抚慰，渐见飞鸟，窥以远镜，远有堤岸，草色蒙茸，乍观人言，鼓棹傍岸，人各执旗，同舟之众，相视赧然。去舟登岸，托足于斯。至弘治六年正月，舟始旋国，自是之后，乘舟而经此者，间不乏人，独有船主美理格者，以大利人也。往来较多，于此地山川、物产、苗人土俗，所记颇详，归以语人，迥越侪偶，故后人即其名以号地也。迨新土既觅，地形如球之说，尤属显然，惜歌白尼未之见矣。①

在"疆域度数"部分又介绍了美国的地理情况：

夫美理格大洲，既曰新地，又曰西方，则欧罗巴、亚细亚、阿非利加三洲，常称旧地，通号东方而无疑义，足徵天下有新旧二地之分矣，但新地固非古无而今有，特古人未知，今世斯觅，故号称新地，以别乎旧地云耳。新地界分南北，中有窄地相连，形若蜂腰，以为自南达北之要道。然总名为美理格洲，不过分南北以别之耳，南地所属，内分数国，曰纽格那答，曰威业苏拉，曰吉亚那，曰尼亚，曰智里，曰皮鲁，曰叶圭夺等国，是为南美理格。北地之西，属俄罗斯，正北属英吉利，东北有吉林兰等洲，至于北地之南则为墨是科等国也。北地之中为联邦，即缅牛含布什尔花满的，马浅朱些斯，洛哀伦，干撞底格，纽约，鸟遮尔些边西威业，特拉华，玛理兰，费尔治尼亚，诺格阿利纳，叟格阿利纳、卓尔治亚、福落里得雅拉巴麻密斯昔比、禄细亚那、德过瑟斯、耳刚色斯、典捏西、建得基、呵海呵米世干音地亚那伊利那倚、默疏理、爱约娃、威仕干清、嘉理符尼亚、梅尼所达、颁里恩、华盛顿、武达、柳墨是科、刚色斯、拿布拉士格尔理琫那、弟哥达、印甸等邦部。至南地与北地之别国，姑置不议，兹就联邦之地而论，联邦居北地之中，其地位于中华相底背以画夜较之，今之联邦之夜中，乃为中华之正午，中华日入之时，正联邦日出之际。若论地形之长短广狭，彼此大同小异，惟究其人物行藏，则大有不同矣。以地球经纬

---

① 蔚利高.联邦志略：上卷［Z］.江左老皂馆藏梓.

线考之东西周围共三百六十度，联邦约得五十七度，中华亦约得五十七度，若以南北环地而计，周围亦三百六十度，内二十四度余在联邦，三十余度在中华，是中华与联邦相似，而微有底背之不同焉。以四至论，中华滨洋海，西界霍得印度各国，北接俄罗斯，南连安南、缅甸，联邦之东有压澜的洋，西滨太平海，北为英属，南接墨是科国。由是观之，可知两国之疆界，彼此东南北方，或陆或海，似皆无异，惟西方之界，一则属海，一则属陆，微有不同耳。①

汉译历史教科书除了在地理上向国人普及"世界"知识，在对"世界历史"的认识方面也为国人提供了借鉴。王国维受此影响，在《东洋史要》《欧罗巴通史》所作的序中反复强调世界历史撰述的本质：

> 历史有二，有国史，有世界史。国史者，述关系于一国之事实；世界史者，述世界诸国历史上互相关系之事实。二者其界然，然其不可无系统。抑古来西洋各国，自为一历史体，以为今日西洋之文化。我东洋诸国亦自为一历史团体，以为东方数千年来固有之文化至二者相受相拒，有密接之关系，不过最近世事耳。故欲为完全之历史，今日尚不能，于大别世界史为东洋史、西洋史之二者，皆主研究历史上诸国相关系之事实，而与国史异其旨者也。又曩之所谓西洋史者，亦大抵不过西洋各国国史之集合者，不得称西洋史，其称洋史、西洋史者，必自国史杂沓之事实中，取其影响及他国之事变，以说明现时之历史团者也。②

王国维认为，世界史不是从来就有的，古代西洋与东洋之间因无"关系"，所以也就没有世界史。直至近代东西联系加强了，才出现了世界史。

1903 年贺绍章给《世界通史》所作的"序"中，对"世界历史"有着与王国维类似的认识：

> 虽然土石材木所以为室也，贸然扼土石材木，错杂而丛积之，可以为

---

① 蔚利高.联邦志略：上卷［Z］.江左老皂馆藏梓.
② 王国维.东洋史要·序［M］//东洋史要.上海：东文学社，1899：3.

室乎？夫史虽为人类经营运动之陈迹，而非有组织之法则，具特别意识发见其精神所存在，则亦漠然一代毛机物耳，奚屑屑于此数千年陈迹，数十百卷之故纸为然，而精神者究仍属于事迹之附属物。则夫时期之发见，文野之顿嬗，形势之变异，若政治、宗教、法律、学术、语言、文字、美术，与夫种种有形无形之事事物物，溯厥由来，究所终极，若何因若何果，若何关系，若何影响，沟而通之，键而铃之，厘然划然，若眉列而掌指，则舍世界史，奚赖读世界史而知数千年人类之经营运动之陈迹之非偶焉凑合也，而知综此数千年人类之经营运动之陈迹非漫焉掇录也，于历史哲学其亦庶几，抑予闻西哲之言曰："史一有机体物也。"①

这两位学者对于世界历史的观点，受到汉译日本历史教科书《泰西通史》的影响颇深，该书中说：

古来历史如帝王起居注，又如英雄列传，职是故也。虽然历史非帝王之起居注，又非英雄之列传，其集合帝王起居注、英雄列传者，仍唯起居注、列传已耳，仍起居注、列传之集合者耳，是犹木材土石杂然叠积，而不可谓为室宇也。史上之现象，非由帝王起，非由英雄，非由众人起，亦非由此等杂然集合者起，乃由此等一定之关系而起。申言之，实由此等之一有机团体翕应相维系而起也，历史最宜致意者，唯此耳。既知集合帝王起居注、英雄列传者，不可称为州国之历史，则彼称世界各国历史之集合者为世界史，西洋各国历史之集合者为西洋史，固当知其无谓矣。人与人无关系，则无人群之历史，国与国无关系，则无国群之历光于世界各国间有密切之关系，始可为世界光于西洋各国间有密切之关系，始可谓西洋史。若夫护列各国历史，而漫言此世界史也，此西洋史也，犹胪列国人之传记，而谓为一国之历史，实属无谓之甚者。②

可见，汉译历史教科书中的世界历史知识，不仅帮助晚清国人改变了传统的"中国中心论"，了解了其他国家的地理、风土等，树立了"世界"意识，

①　世界通史·序例 [M]. 特社，译补. 上海：上海通社，1903.

②　泰西通史·序 [M]. 上海：上海文明书局，1902.

并且对晚清学人对于"世界历史"的认识也有着深远的影响。

二、近代中国的"日本观"

古人提及中日两国，最常用的是"一衣带水"与"同文同种"这两个词语，这正概括了中日两国长久以来所处的空间背景与文化氛围。在中国古代，中日两国因无陆路相通，所以一直以海路往还。自唐以后，随着航海技术的进步，中日交通日趋频繁，特别是明清之时，中国江南一带与日本长崎的进出口贸易日益发达。但日本位于中国东北部，从日本到中国就必须要利用东北风或东风，由华去日，则反之，因此尽管到了明清之时，中日航路及船海技术均有了很大进步，但往返中日的船只漂流和沉船事件仍时有发生。随着近代蒸汽轮船的出现和铁路的修建，中日之间的交往更加频繁，日本的海权意识也因此增强，从而引发了甲午中日战争。

甲午战争的失败，让晚清的中国举国上下为之震惊，日本以一个"蕞尔小国"击败了历来以"天朝上国"自居的中国，曾让中国人赖以骄傲自豪的传统文化也失去了值得炫耀的价值，于是一部分先进的知识分子开始对日本的历史文化、政治制度等予以关注。近代国人的"日本观"的形成与改变，尽管很大程度上是源于甲午中日战争的失败，但值得注意的是，对日本历史与政治制度的了解与认识，与汉译历史教科书中对日本历史的记载不无关系。

晚清日本史学发展的过程中，出现了不少政治史著作，其中以记载日本近代政治改革历史为主要内容的明治政治史、维新史最多，着重介绍日本明治维新的过程和改革期间出现的维新志士等，对深陷民族危机中的晚清国人颇具借鉴价值，于是被大量译介入中国，有的成了历史教科书，被审定后供各级学堂使用。其中比较重要的两部汉译历史教科书是由日本学者冈本监辅撰写的《大日本中兴先觉志》和《日本维新人物志》，这两部著作在清末民初的大学堂中曾被作为"东亚史"的课程教材使用。其主要内容介绍了日本明治维新期间一些先进分子的事迹，其中就有被誉为日本"铁蹄骑士"的高杉晋作、与西乡隆盛和大久保利通并称"维新三杰"的倒幕先锋木户孝允等人。冈本监辅在论述《大日本中兴先觉志》的撰述旨趣时说道：

我大日本自明治中兴以来，仅仅三十余年，国势骏骏上进如旭日自东而升，虽藉祖宗在天之灵降鉴启迪，然非忠勇志士先后奔走御侮，焉得遵至于此哉？当时开港锁国之论偏乎天下，人人忧愤不能自禁，诸藩倡开港者率归和戎，言锁国者皆主攘夷，及后和戎者与佐幕合，攘夷者与尊皇合，尊皇佐幕两党轧栋，而佐幕之不可胜尊皇，犹子之不可胜父，故幕府俄然奉还大政，皇室俄然回复古道，攘夷变为和亲，天地否变为地天泰也，攘夷之说，大反人情，而尊皇之势不得从外人所请受其籇弄，则彼忧世保民者不得不出于此，乃知攘夷者所以救开港之失，而奏中兴之功，能全独立自主之权者也。盖各藩异论争竞，皆为君国起见，欲御外侮，遂顾大义忽小节，连合为一以奉至尊，莫非神祖威德镇护，其机一发不可沮遏，以能保合大和，蔽惑不辨而祛，嫌隙不解而消，积年纷纷开锁之论，一朝泯于无形也。当时予著中兴论有言宜开长崎横滨箱馆三港以适外人之愿，然后渐及诸港，其间专修我内政，察彼情俗，盖是事理易见决不可避者，而世人莫之顾者焉，巷议嚣然鼎沸，专主尊王攘夷，不欲毫厘依人，忽至大政复古，振七百余年之坠绪，犹富家翁按典地券讨索，使海外万国之人遂望日章扬空，感叹不息，而持节讲和之使无敢悍然抗异议者也。余窃有慨于此，叙维新间人物事迹，详其颠末，欲使人知所奋兴适从，而平居尚志，不敢失坠，命之曰《中兴先觉志》。①

可见他不仅是想记载这些维新志士的英勇事迹，更是想将明治维新中"尊王攘夷""欲御外侮"的意义予以传播。

而中国学者夏偕复在《日本维新人物志》的序中，则将这部著作的内涵提升到了民族主义的高度：

十九世纪有二主义，曰民主主义、曰国家主义，甲所以恢个人自由之权利，乙所以团合同种之内力，以张大其排外之运动者也。是故由乙之说而推之，排外者，固国民之精神，而立国之基础也。虽然，有文野之殊焉，文者运之以心力，野者运之以腕力，地球之人类，自太古以及今日，有血气者，皆有排外之思想，排外之运动，其始也，皆以腕力争，腕力平均，辅以心力，于是心力优者胜，心力细者败，其大较也，世界日进，诸种之

---

① 冈本监辅. 大日本中兴先觉志 [M]. 开导社, 1901.

民族，由野而趋文，由腕力而趋心力，洎乎今日，几乎纯以心力争矣……日本自我咸丰之间米舰请市以来，志士奋兴，人材蒸蔚，比而观之，可分二辈。倾幕府者为一辈，昌言尊攘，意在锁国，此为当时未识世界之运会，未规见万国之实况，近于以腕力争者也。佐维新者为一辈，革新政体，团合民力，师人之长，力谋进步，坛估雍容，而日本国际上拒受之权，已完全而无缺矣，所谓以心力争者也。相提而论，后者似胜于前者，然而大化周流，鼓铸豪杰，非其时则其人不出，后者前之所生，前者后之所藉，使前之一辈不倡尊攘，则幕府不倾，政体不立，后之一辈不主革新，则志士爱国之心，皆为蛮野惨毒之具，知人论世，固未可以优劣论也。①

最后指出引进和译介该书的目的："吾国民受而读之，即时而考，择人而从，善用爱国之精神，大张排外之心力，二十世纪之吾支那国民，获益于冈本氏之书者，岂鲜少哉？"② 旨在坚定国人的民族主义思想，学习日本的政治改革，来实现救亡图存的目的。

受到这些日本近代政治史教科书的影响，中国的知识分子开始将日本作为近代改革的成功范例予以宣传，逐渐改变了近代国人的日本观。例如王韬指出，日本"一旦勃然有志振兴，顿革平昔因循之弊，其国中一切制度，概法乎泰西，仿效取则，惟恐其入之不深，数年之间，竟能自造船舶，自制枪炮，练兵训士，开矿铸钱，并其冠裳文字屋宇之制，无不改而从之"③。他进一步指出，日本学习西方的目的是"欲求立乎泰西诸大国之间，而与之较长絜短，而无所馁也"④。王韬还对维新前后的日本加以比较，认为"日本昔仿周制，藩侯三百，棋布星罗，类皆各擅一方，以治其民，生杀由己，惟岁时贡献于幕府而已。自维新建后，诸侯皆纳土地，归政柄于王朝，乃改藩城为郡县，辖以镇台，城垣亦概从废撤"。曾担任驻美国、西班牙、秘鲁等国使节的崔国因则指出，日本版图虽小，但其"崛强之势不可向迩"。⑤ 1893 年赴日考察的黄庆澄，则认为日本

---

① 冈本监辅. 日本维新人物志·前序［M］. 东京金港堂，1903：5.
② 冈本监辅. 日本维新人物志·前序［M］. 东京金港堂，1903：7.
③ 王韬. 漫游随录·扶桑游记［M］. 长沙：湖南人民出版社，1982：171.
④ 王韬. 漫游随录·扶桑游记［M］. 长沙：湖南人民出版社，1982：174.
⑤ 崔国因. 出使美日秘国日记［M］//钟叔河，曾德明，杨云辉等. 走向世界丛书（续编）：出使美日秘国日记. 长沙：岳麓书社，2016.

能够"洞烛外情，知己知彼，甘以其国为孤注而拚付一掷"，是因为断然施行变革，"喜动不喜静，喜新不喜故，有振作之象，无坚忍之气"，而"得以奏其维新之功"。①

1877年作为驻日使馆参赞的黄遵宪也认为，"日本变法以来，革故鼎新，旧日政令百不存一"，即使是新定的法令制度，也随时根据情况的变化而变化，"政令之沿革，制度之损益，朝令夕改，月异而岁不同"，正因为如此，所以才能"革故取新，卓然能自树立"，使其"进步之速为古今万国所未有"。② 黄遵宪在所著《日本国志》中，进一步阐述了对当代日本的看法，他认为自明治维新以来，日本从"更定租税""征兵""编制刑律""设立学校"等方面"悉从西法"③，采用西法而获成功的重要因素，乃在于日本具有"联合力"。他说，"凡日本人无事不有会，无人不入会"④，这样，就能使人力聚集起来，使分散之力汇为集中之力。他指出，"世界以人为贵"，其原因即在于"人能合人之力以为力"，"世间力之最巨者，莫如联合力"。⑤ 薛福成在为《日本国志》所撰的序言中，也称日本"慕效西法，周遗余力"，"当有可与西国争衡之势"。⑥

梁启超则认为，日本幕府末期在列强的包围之下，受"大创"而"国几不国"，是"自明治维新改弦更张"⑦，遂使国家强盛起来，这是由于它能在危急中"幡然而悟，奋然而兴"，"忍耻变法，尽取西人之所学而学之，遂有今日"。⑧ 他认为，日本为了达到强盛的目的，"凡西人致用之籍，靡不有译本，故其变法灼见本原，一发即中，遂成雄国"。⑨ 他还评论说，"变法之事，布新固急，而除旧尤急"，"布新固难，而除旧尤难"。⑩ 梁启超还注意到，日本在明治初期以重金聘用外国专家，但时隔不久，本国留学生学成归国以后，便迅速予以取代，对此，他深有感触地指出："日本变法之始，客卿之多，过于中国也

① 黄庆澄. 东游日记［M］//王锡祺. 小方壶斋舆地丛钞. 上海：上海著易堂，1897：10.
② 黄遵宪. 日本杂事诗·自序［M］. 长沙：长沙富文堂，1898.
③ 黄遵宪. 日本国志·凡例［M］. 上海：上海图书集成印书局，1898.
④ 黄遵宪. 日本国志·国统志［M］. 上海：上海图书集成印书局，1898：131.
⑤ 黄遵宪. 日本国志·礼俗志［M］. 上海：上海图书集成印书局，1898：913.
⑥ 薛福成. 日本国志·序［M］. 上海：上海图书集成印书局，1898：6.
⑦ 梁启超. 变法通议·论不变法之害［M］//饮冰室合集. 上海：中华书局，1936：3.
⑧ 梁启超. 论译书［M］//饮冰室合集. 上海：中华书局，1936：64.
⑨ 梁启超. 论译书［M］//饮冰室合集. 上海：中华书局，1936：67.
⑩ 梁启超. 论变法后安排守旧大臣之法［M］//饮冰室合集. 上海：中华书局，1936：89.

十年以后，按年裁减，至今一切省署，皆日人自任其事，欧洲之人，百不存一。"①

　　尽管在近代，中国士人仿效日本的明治维新而掀起的资产阶级改革——戊戌变法最终以失败告终，但国人对日本的看法已经与近代以前大不相同，晚清社会中学习日本的思潮蔚然成风，有些仿效日本的制度在晚清新政中更是被沿袭了下来。清政府不但直接派遣留日学生与游日官员东游取经，更是邀请日本教习与顾问，直接参与教育制度的改革和新政的实施指导。日本观的改变也由国人的个体意识上升为晚清政府的决策依据，晚清汉译的历史教科书更是成为近代中国了解和学习日本的重要载体。

---

①　梁启超. 变法通议·论变法不知本原之害［M］//饮冰室合集. 上海：中华书局，1936：9.

结　语

　　晚清汉译历史教科书，产生于中国社会新旧制度交替的特殊历史阶段，并且是在教育制度、社会思潮以及中西文化融合共同作用下出现和发展的，同时由于其内容特点与思想内涵适应了晚清中国社会的教育改革需求，符合了当时社会的历史形势，因而对近代中国民众的观念形成和上层知识分子的思想建构影响颇深，促进了近代史学的发展，进化史观被普遍接受，史学向科学化转变，史界革命也应运而生，可以说晚清汉译历史教科书对社会制度的变革和学术方向的转变都有着重要的推动作用。以下对本书涉及的重点问题和囿于文章结构未能展开的相关问题做一总结。

一、晚清汉译历史教科书的总体特征

　　在对晚清汉译历史教科书进行了综合性研究之后，我们对其发展历程、内容、体例、思想等方面的特征做出简要总结。

　　首先，晚清汉译历史教科书的发展过程，主要包括出现、兴起、繁荣和衰落四个阶段。19世纪60年代，在传教士在华创办的教会学校中，出现了最早的汉译历史教科书。随着教会学校的发展，传教士们成立了专门编写教科书的机构——"益智书会"，大部分的西方历史教科书在这一时期被译介传入中国。这一时期的汉译历史教科书，是由来华传教士主导的，无论是书目的选择还是具体的译介，都由传教士组织，教科书的使用范围也是在各地的教会学校中。19世纪60年代到19世纪末，是晚清汉译历史教科书的兴起阶段。这一时期洋务运动与维新变法的兴起促进了晚清新式学堂的建立，西洋史课程的设置让汉译历史教科书成为学校历史教育的主要载体。19世纪末到20世纪初，即清末学制改革时期，是晚清汉译历史教科书由盛转衰的时期。随着历史教科书需求的增加，翻译和编译国外现成的教科书成为解决历史教科书短缺的最优途径，学部也参与审定了几十余部汉译历史教科书，译自日本的历史教科书占据主流。20世纪初，随着中西文化交流的深入以及新史学思想的影响，国人自编的中国史教科书开始出现，1920年出现了第一部白话文历史教科书——《自修适用白话本国史》，这标志着中国的历史教科书从内容到形式上实现了近代化，成为学校教育的主要教材，晚清汉译历史教科书也逐渐退出了历史舞台。晚清汉译历史教科书的发展，经历了近代中国社会的几个重要历史阶段，也伴随着近代各阶级对国家出路的早期探索。

其次，晚清汉译历史教科书在内容上，主要分为译自西方的历史教科书与译自日本的历史教科书两大类。译自西方的历史教科书往往重视对各国历史发展进程的记载，尤其是对近代资产阶级改革的描述，将西方各强国的历史发展详细记载并呈现在中国读者面前。各国政治之变革、政体之兴废、思想之潮流，无一不是其强弱兴亡的重要原因，对这些原因的详细记述，能够让人们看清晚清中国的现状，将改革作为拯救国家于危亡之际的选择。而日译的东亚史和中国史教科书，则对近代以来中国的历史予以重视，通过对晚清以来中国内忧外患的历史记载，警醒国人并激发他们的爱国之心。还有部分汉译文明史教科书，打破了传统史学一味着眼于政治史、军事史的狭隘观念，拓展了历史研究的领域和视野，从整体上反映一个国家、地区文明演进的内在规律，这为近代国人从他国历史中寻找借鉴提供了内容上的指导。

再次，晚清汉译历史教科书在形式上，大多采用了新的编纂体例和时代划分方法。"章节体"广泛使用，这种体例根据时间顺序，按章节编排历史内容，同时因事立题、分篇综论，既分门别类又综合通贯，对于任何一个事件都可以探求其因果，详述其首尾。设编立章分节，清晰地展现历史的阶段性发展和历史发展的主次关系，从而打破了传统史书以帝王将相为中心的格局；顺时按类，因事列目，依照时间顺序来陈述通贯庞大的历史容量，打破了中国传统旧史学的循环论；分章节记载历史，使复杂多变的政治、经济、军事、宗教、社会、文化等内容的脉络更加清晰系统。同时，在时代划分上，采取以历史时代观念划分的方法，用政治事件、文明时代、民族发展等作为划分标志，以"某时代"命名，根据线性历史的标尺，用具有重大历史意义的事件决定时间间隔，将国家的历史兴衰用连续的形式予以体现，这为晚清史学的书写提供了新的范式，也有利于读者理解历史的完整性。除此之外，晚清汉译历史教科书的译者还创设性地运用了一些特殊体例，目的是让这些著作与中国传统的体例相结合，或者更适于其作为教科书的功用。这些形式上的特点，使得晚清汉译历史教科书便于国人阅读，也便于作为教材使用，顺应了国人的文化需求。

最后，晚清汉译历史教科书在思想上，体现着西方史家和日本史家的撰述思想，对国人思想的改造作用甚大。在"国家"观念上，不同于中国传统"王朝天下"的观念，汉译历史教科书更多体现的是"主权国家"的意识和"民族国家"的概念，启发中国民众对国与国之间的文化或政治交往正确理解，并建立"中国民族"的理念，激发民众的爱国热情，明晰民族矛盾的重要性。同时，对西方民主制度和历史发展过程进行了详细梳理，使晚清的中国人对民主政治的内容加深了认识，可以更好地为近代国人反对封建专制、建立民主政体提供理论上的指导。对历史进化思想的普及，是将各国从弱到强的历史过程作为叙述框架，将历史进化观贯穿其中的，这启发人们认识到，国家若要改变积贫积弱的面貌，必须立足现实，进行适应性改革，必须符合社会发展的规律，推动政治上的改革。晚清汉译历史教科书在思想上的特点，逐渐成为中国资产阶级改革派进行变法维新的理论基础和指导思想，也成为近代史学发展的重要理论。

二、晚清汉译历史教科书与史学近代化

汉译历史教科书对近代史学发展的促进作用，无论是史学的"科学化"，"新史学"思想的建构，还是进化史观与民族意识在历史书写中的体现，都有非常具体的表现，史界革命的倡导者梁启超就曾直接吸收了部分汉译历史教科书的理论。

从促进史学的"科学化"来看：西方史学讲求科学化的论证和解释方法，同时注重借鉴自然科学和社会科学，而随着汉译历史教科书的发展而引入的"科学"观念，使得 20 世纪初中国史家开始以"科学"眼光回望传统史学，由此引起了中国史学在历史观、史学观、治史方法与精神、材料解释、史学表达形式等方面的变革。近代学人正在探索中国学术转型之路时，由汉译历史教科书所带来的科学文化的兴起及知识领域的泛科学化趋势，为史学变革提供了突破的方向，是中国史学由传统向近代转型的初步阶段。

从进化史观的普及来看：基于西方社会达尔文主义思潮下产生的进化史观在中国的传播，汉译历史教科书也功不可没。这种史观在急需改革的晚清中国具有强大的借鉴作用，于是近代的史家对研究人类进化现象的"文明史"予以重视，在这种史观的指导下，近代的先进知识分子突破了封建复古史观的束缚和历史循环论的桎梏，认为史家能否"深知进化之理"，具备历史进化的观念，从而对历史现象进行宏观概括，这是历史书写的关键所在，进化思想在史学界的普遍认同，为20世纪初期的史学革命打下了思想基础。

从"新史学"思想的建立来看：梁启超史界革命相关思想的产生，亦受到汉译历史教科书的影响。在历史观上，他主张改变过去"唯古是尚""一治一乱"的落后循环史观，用进化史观指导历史撰述；在内容上，他主张史家应该突破以帝王将相为中心的历史撰述，把史书记载的范围扩大到普通大众和人类社会的各方面，这是将汉译历史教科书进化史观和史学"科学化"的思想内涵吸收后的集中体现。

从历史书写的民族化转向来看：汉译历史教科书记载外国历史，结合晚清社会的背景，国民意识觉醒，救国自强风潮兴起，历史的书写被激发出了爱国主义的思想内涵，这让近代史学具有了民族化的特征。与此同时，在变法自强期盼的"牵引"下，康有为、严复、谭嗣同、梁启超、章太炎等有志学人先后和现代历史学发生紧密的联系，纷纷通过书写历史的方式，来体现民族意识，激发国人的爱国之心，构建民族认同感。

三、晚清汉译历史教科书的译著群体

晚清汉译历史教科书，作为晚清史学史和晚清教育史的内容，同时也是晚清时期中外文化交流的重要成果。无论是由西方译介而来的历史教科书，还是由日本译介而来的历史教科书，都不同程度地体现着译著群体的意识。

晚清的汉译历史教科书的译著群体，主要有三种：一是当时在中国的传教士们，二是中国本土的知识分子，三是留日的中国学生。这三个群体，在汉译历史教科书发展的不同阶段各自承担着主要的译介工作。在汉译历史教科书出现的阶段，传教士作为主要的译著群体编译了大量的西方历史教科书，这一时期的译著群体以"益智书会"为代表；而在汉译历史教科书的兴起时期，中国本土的知识分子开始自译历史教科书，这一时期的译著群体以京师同文馆的译

学馆为代表；在汉译历史教科书的繁荣阶段，历史教科书的译介内容发生了较大变化，主要的译著群体是留日学生。

来华传教士、中国本土知识分子和留日学生，作为汉译历史教科书发展不同阶段的主要译著群体，有着较为明显的差异性，这种差异性受到晚清社会背景的影响，也在一定程度上决定着汉译历史教科书的发展走向。

首先，这三个译著群体译介的对象不同。来华传教士译书，往往采用本人口述、中国人记录的模式，在译介对象的选择上，侧重于选取能够全面反映西方各国历史的普及类史著为主，极少有研究型著作出现，译著对象也多是以"万国""各国""西史"等为名的世界通史类译著。中国本土的知识分子译介的历史教科书，受到传教士的影响较大，在译著对象的选择上，也注重对西欧各国历史书籍的译著，突出对各国近代资产阶级改革历史的记载。而留日学生译介的历史教科书，因时代的演变而在侧重点上转向学习日本，因此译著对象也多以日本的历史教科书为主。

其次，这三个译著群体的译介目的不同。来华传教士译介西方历史教科书在教会学校使用，一定程度上是为了解决教会学校教科书短缺的问题，但在深层次上，是为其传教事业创造更有利的外部环境，这从传教士译介的教科书中所传达出的宗教意识形态能得以证明。当然，在接触到中国社会的现实之后，不乏有一些传教士希望中国知识分子能通过学习和研究西方资本主义国家的发展历史，借鉴西方经验，推行变法，改变当时中国贫困落后的局面，但从这一群体的译介目的来看，主要是更好地传播宗教教义。

中国本土的知识分子，深处晚清内忧外患的社会形势下，急需从西方强国那里吸取历史经验，于是部分先进知识分子借助西方书籍开始了解社会改良应该遵循的历史规律，在"师夷长技"的口号中，中国的本土士人抱着"向西方学习"的目的开始译介西学书籍，他们也认识到，由国人自己选择、自己编译的史著更适用于晚清社会对于教育内容和人才培养的需求。

留日学生是汉译历史教科书译著群体中一个特殊的存在，是在甲午中日战争之后，中国将学习的目光投向日本时出现的。这些留学生在日本接触了资产阶级民主革命的思想，回国之后发现当时的中国仍旧处在封建统治中，于是为了挽救民族危亡，宣传自己的救国主张，留日学生们便选择用译介书籍这种方式，宣扬资产阶级革命思想。

在晚清汉译历史教科书发展的各个阶段，译著群体也在发生着变化，这种变化对于汉译历史教科书来说，不仅影响着汉译历史教科书在内容和思想上的变化，同时，也体现着汉译历史教科书在不同阶段的特点。

四、晚清汉译历史教科书的出版机构

晚清汉译历史教科书的兴起与繁荣，主要受到晚清社会改革的需求与历史教育发展的影响，但从商业的角度分析，晚清时期的出版机构对汉译历史教科书的推介作用也不容忽视，在近代出版业发展的大背景下，各出版机构对汉译历史教科书的推动，也是促使其在中国流行起来的原因。

根据潘喜颜博士在《清末历史译著研究》中的统计，"1900 年前，西学出版的中心是墨海书馆、江南制造局翻译馆、同文馆、美华书馆等官方和教会主办的出版机构。1900 年以后，大量民营出版机构登上历史舞台，成为历史译著翻译出版的主要机构。在上述统计表所收录的 436 种（其他 20 种没有确切的出版社或地点）历史译著中，涉及 145 家出版社，平均每家出版社约出版 3 种历史译著。其中出版数量在 6 种以上的是上海广智书局（50 种）、上海商务印书馆（46 种）、文明书局（26 种）、上海会文学社（21 种）、上海作新社（17 种）、上海教育世界社（12 种）、日本译书汇编社（12 种）、上海新民译印书局（12 种）、广学会（9 种）、上海通社（8 种）、上海美华书馆出版（7 种）、山西大学堂译书院（6 种）与上海支那翻译会社（6 种）"①，这 13 家出版社在晚清时期出版的历史译著占据了晚清历史译著总数的一半以上，而这些出版社中，出版汉译历史教科书最多的则是上海广智书局、上海商务印书馆、文明书局和作新社。

上海广智书局成立于 1901 年，该出版社由流亡日本的梁启超担任幕后指挥，因此能在一定程度上反映资产阶级改良派的意志。从 1901 年直到中华民国成立之间的 10 年内，该社总共出版了 50 余部历史译著，其中作为汉译历史教科书的有《世界近世史》《欧洲十九世纪史》《新体西洋历史教科书》《中学西洋历史教科书》《支那史要》《东邦近世史》《中国文明小史》等著作。

上海商务印书馆是中国近现代出版事业中历时最悠久的出版机构，创立于 1897 年，该出版社非常重视翻译工作，雇用了一批留日学生作为编辑，译介和

---

① 潘喜颜. 清末历史译著研究（1901—1911）［D］. 上海：复旦大学，2011：45.

出版了一批日译历史译著，其中汉译历史教科书有本多浅治郎著的《西洋历史教科书》、高山林次郎著的《西洋文明史》《世界文明史》、服部宇之吉著的《万国史讲义》、濑川秀雄著的《西洋通史》等。

文明书局是一家民营出版机构，1902年由清末改良派知识分子丁宝书等人创办，民国成立后并入中华书局。该出版社出版的历史译著，主要是作为教科书使用的，同时也出版了大量国人自编历史教科书。晚清汉译历史教科书中的《万国通史》《西史通释》《蒙学西洋历史教科书》《西洋文明史之沿革》等著作都是由文明书局出版发行的。

作新社是留日中国学生戢翼翚与日本著名女教育家下田歌子共同创办的，是留日学生翻译历史译著的代表机构，因此翻译的历史译著多为日本史书，其中汉译历史教科书有《万国历史》《世界上古史》《世界中古史》，以及松平康国著的《世界近世史》《世界文明史》等。

简要分析这些汉译历史教科书的出版机构不难发现，这些出版机构有的是改良派新兴知识分子创办的，有的是维新派掌握话语权，有的则直接是由留日学生创立的，这与晚清汉译历史教科书繁荣时期的译著群体大致相同。由此可见，晚清国人译著和出版汉译历史教科书，有着很强的自觉性，他们借由这些出版机构，广泛宣传先进的历史思想和社会改良，呼吁中国民众将目光从传统封建社会的桎梏中脱离出来，通过广泛的社会改革实现救亡图存的民族使命。

参考文献

（一）原始文献

[1] 布勒志．世界通史［M］．上海：上海通社，1903.

[2] 塞奴巴．泰西民族文明史［M］．上海：商务印书馆，1903.

[3] 彼德巴利．万国史略［M］．江楚编译官书局，1907.

[4] 林乐知，严良勋．四裔编年表［Z］．复旦大学图书馆藏本.

[5] 迈尔．迈尔通史［M］．山西大学堂译书院，1905.

[6] 谢卫楼．万国通鉴［M］．福州：福州美华书局，1892.

[7] 白河次郎，国府种德．支那文明史［M］．竟化书局，1903.

[8] 本多浅治郎．西洋历史教科书［M］．上海：商务印书馆，1902.

[9] 箕作元八，峰岸米造．欧罗巴通史［M］．东亚译书会，1901 .

[10] 泷川龟太郎．支那四千年开化史［M］．教育世界社，1903.

[11] 那珂通世．支那通史［M］．上海：会文学社，1899.

[12] 那珂通世．支那通史［M］．中央堂，1903.

[13] 三岛雄太郎．支那近代三百年史［M］．上海：开明书店，1903.

[14] 桑原骘藏．东洋史要［M］．上海：会文学社，1899.

[15] 石川利之．世界通史［M］．中外书会，1902.

[16] 市村瓒次郎．支那史要［M］．上海：广智书局，1902.

[17] 松平康国．世界近世史［M］．上海：作新社译书局，1902 .

[18] 田口卯吉．中国文明小史［M］．上海：广智书局，1903.

[19] 田中萃一郎．东邦近世史［M］．武昌：湖北学报馆，1903.

[20] 小川银次郎. 西洋史要 [M]. 上海：金粟斋译书社，1901.

[21] 幸田成友. 东洋历史 [M]. 上海：会文学社，1902.

[22] 元良勇次郎，家永丰吉. 万国史纲 [M]. 支那翻译会，1903.

[23] 增田贡. 清史揽要 [M]. 上海：上海书局，1901.

[24] 长谷川成也. 欧洲历史揽要 [M]. 长水敬业学社，1902.

[25] 中西牛郎. 支那文明史论 [M]. 普通学书室，1901.

[26] [英] 李提摩太，蔡尔康. 泰西新史揽要 [M]. 上海：上海书店出版社，2002.

[27] 学部第一次审定初等小学暂用教科书目凡例 [J]. 学部官报，1906 (3).

[28] 学部第一次审定高等小学暂用书目凡例 [J]. 学部官报，1907 (21).

[29] 学部第一次审定教科书凡例 [J]. 教育世界，1906 (140).

[30] 学部第一次审定中学堂初级师范学堂暂用书目凡例 [J]. 学部官报，1910, 2 (9).

[31] 戴彬编. 亚美利加洲通史 [M]. 上海：商务印书馆，1902.

[32] 傅岳译. 西史课程 [M]. 上海：山西大学堂译书院，1906.

[33] 永瑢，等. 四库全书总目 [M]. 北京：中华书局，1965.

[34] 作新社. 万国历史 [M]. 上海：作新社译书局，1902.

（二）史料汇编

[1] 陈学询. 中国近代教育史教学参考资料 [M]. 北京：人民教育出版社，1987.

[2] 陈元晖. 中国近代教育史资料汇编 [M]. 上海：上海教育出版社，2007.

[3] 邓洪波. 中国书院章程 [M]. 长沙：湖南大学出版社，2000.

[4] 徐维则. 增版东西学书录 [M] //近代译书目. 北京：北京图书馆出版社，2003.

[5] 顾燮光. 译书经眼录 [M] //近代译书目. 北京：北京图书馆出版社，2003.

［6］近代史资料编辑部．近代史资料总124号［M］．北京：中国社会科学出版社，2011.

［7］陆学艺，王处辉．中国社会思想史资料选辑：民国卷［M］．南宁：广西人民出版社，2007.

［8］日本研究院．日本研究论集［M］．天津：天津人民出版社，2005.

［9］上海市出版工作者协会．出版史料［M］．上海：学林出版社，1984.

［10］沈兆祎．新学书目提要［M］//近代译书目．北京：北京图书馆出版社，2003.

［11］舒新城．中国近代教育史资料：全三册［M］．北京：人民教育出版社，1985.

［12］王强．近代教会大学历史文献丛刊［M］．南京：凤凰出版社，2015.

［13］王韬，顾燮光．近代译书目［M］．北京：北京图书馆出版社，2003.

［14］王学典，陈峰，姜萌.20世纪中国史学编年（1900—1949）［M］．北京：商务印书馆，2014.

［15］熊月之．晚清新学书目提要［M］．上海：上海书店出版社，2007.

［16］张国有．大学章程［M］．北京：北京大学出版社，2011.

［17］张静庐．中国近代出版史料初编［M］．上海：群联出版社，1953.

［18］张晓．近代汉译西学书目提要（明末至1919）［M］．北京：北京大学出版社，2012.

［19］章开沅，等．辛亥革命史资料新编［M］．武汉：湖北人民出版社，2006.

［20］中国第一历史档案馆．鸦片战争档案史料［M］．天津：天津古籍出版社，1992.

［21］中国社科院历史研究所.1900—1980八十年来史学书目［M］．北京：中国社会科学出版社，1984.

［22］中国史学会．戊戌政变记［M］．上海：上海人民出版社，2000.

［23］中国史学会．中国近代史资料丛刊［M］．上海：神州国光社，1953.

［24］朱有瓛．中国近代学制史料［M］．上海：华东师范大学出版社，1981—1992.

（三）研究著作

［1］阿普尔.教科书政治学［M］.上海：华东师范大学出版社，2005.

［2］白寿彝，向燕南，张越，等.中国史学史·明清时期（1840 年前）［M］.上海：上海人民出版社，2006.

［3］鲍绍霖.西方史学的东方回响［M］.北京：社会科学文献出版社，2001.

［4］蔡尚思.中国现代思想史资料简编［M］.杭州：浙江人民出版社，1983.

［5］蔡尚思.中国历史新研究法［M］.上海：上海古籍出版社，2013.

［6］曹剑光.世界史表解［M］.杭州：南华书店，1934.

［7］陈衡哲.西洋史［M］.上海：商务印书馆，1924.

［8］丁琴海.中国史传叙事研究［M］.北京：国际文化出版公司，2002.

［9］董宝良.中国近现代高等教育史［M］.湖北：华中科技大学出版社，2007.

［10］杜维运.西方史学输入中国考［M］//与西方史家论中国史学.台北：东大图书有限公司，1981.

［11］伽达默尔.诠释学 I，II：真理与方法［M］.洪汉鼎，译.北京：商务印书馆，2010.

［12］葛荣晋.中国实学文化导论［M］.北京：中共中央党校出版社，2003.

［13］葛兆光.中国思想史：第 2 卷［M］.上海：复旦大学出版社，2007.

［14］顾长声.传教士与近代中国［M］.上海：上海人民出版社，1981.

［15］郭双林.西潮激荡下的晚清地理学［M］.北京：北京大学出版社，2000.

［16］韩震，孟鸣歧.历史·理解·意义：历史诠释学［M］.上海：上海译文出版社，2002.

［17］何成刚.民国时期中小学历史教育发展研究［M］.长沙：岳麓书社，2008.

[18] 何绍斌. 越界与想象 [M]. 上海：上海三联书店，2008.

[19] 胡逢祥. 近代史学的思潮和流派 [M]. 上海：华东师范大学出版社，1991.

[20] 胡光麃. 影响中国近代化的一百洋客 [M]. 传记文学出版社，1983.

[21] 江晓原. 天文西学东渐集 [M]. 上海：上海书店出版社，2001.

[22] 姜义华. 二十世纪中国社会科学·历史学卷 [M]. 上海：上海人民出版社，2005.

[23] 蒋俊. 中国史学的近代化进程 [M]. 济南：齐鲁书社，1995.

[24] 金兆梓，戴克敦，张相. 新中学教科书初级世界史 [M]. 北京：中华书局，1924.

[25] 康有为. 长兴学记 [M]. 陈汉才，校注. 广州：广东高等教育出版社，1991.

[26] 柯林武德. 历史的观念 [M]. 何兆武，张文杰，陈新，译. 北京：北京大学出版社，2010.

[27] 孔祥吉. 康有为变法奏议研究 [M]. 沈阳：辽宁教育出版社，1988.

[28] 李定一，包遵彭，吴相湘. 中西文化交流 [M]. 台北：正中书局，1959.

[29] 李华兴. 民国教育史 [M]. 上海：上海教育出版社，1997.

[30] 李喜所. 五千年中外文化交流史 [M]. 北京：世界知识出版社，2002.

[31] 李孝迁. 西方史学在中国的传播（1882—1949）[M]. 上海：华东师范大学出版社，2007.

[32] 梁启超. 李鸿章传 [M]. 北京：生活·读书·新知三联书店，2005.

[33] 梁启超. 清代学术概论 [M]. 北京：中国人民大学出版社，2004.

[34] 梁启超. 中国近三百年学术史 [M]. 长沙：岳麓书社，2010.

[35] 林煌天. 中国翻译词典 [M]. 武汉：湖北教育出版社，1997.

[36] 刘禾. 跨语际实践：文学、民族文化与被译介的现代性 [M]. 宋伟杰，等译，北京：生活·读书·新知三联书店，2002.

[37] 刘俐娜. 由传统走向现代：论中国史学的转型 [M]. 北京：社会科

学文献出版社，2006.

[38] 刘新成.历史学百年 [M].北京：北京出版社，1999.

[39] 罗书华.中国叙事之学 [M].北京：中国社会科学出版社，2008.

[40] 吕达.中国近代课程史论 [M].北京：人民教育出版社，1994.

[41] 麻天祥.中国近代学术史 [M].长沙：湖南师范大学出版社，2001.

[42] 牟安世.中国人民反对外国教会侵略的斗争和中国近代史的主要线索 [M].成都：四川省社会科学院出版社，1987.

[43] 聂幼犁.中学历史教育论 [M].上海：学林出版社，1999.

[44] 潘玉田，陈永刚.中西文献交流史 [M].北京：北京图书馆出版社，1999.

[45] 钱穆.中国近三百年学术史 [M].北京：九州出版社，2011.

[46] 桑兵.晚清民国的学人与学术 [M].北京：中华书局，2008.

[47] 苏慧廉.李提摩太在中国 [M].关志远，关志英，何玉，译.南宁：广西师范大学出版社，2007.

[48] 汪向荣.中国的近代化与日本 [M].百川书局，1988.

[49] 王建军.中国近代教科书发展研究 [M].广州：广东教育出版社，1996.

[50] 王韬.扶桑游记 [M]//钟书河.走向世界丛书.长沙：岳麓书社，1985.

[51] 王韬.重订法国志略 [M].淞沪庐刊本，1890.

[52] 魏源.魏源全集 [M].长沙：岳麓书社，2005.

[53] 吴洪成.中国学校教材史 [M].重庆：西南师范大学出版社，1998.

[54] 谢天振.译介学 [M].上海：上海外语教育出版社，2005.

[55] 熊月之.西学东渐与晚清社会 [M].上海：上海人民出版社，1994.

[56] 叶健馨.抗战前中国中等教育之研究：民国十七年至二十六年 [M].台北：文史哲出版社，1982.

[57] 于沛.史学思潮和社会思潮：关于史学社会价值的理论思考 [M].北京：北京师范大学出版社，2007.

[58] 余伟民.学科教育展望丛书：历史教育展望 [M].上海：华东师范

大学出版社，2001.

[59] 余英时. 文史传统与文化重建 [M]. 北京：生活·读书·新知三联书店，2004.

[60] 俞旦初. 爱国主义与中国近代史学 [M]. 北京：中国社会科学出版社，1996.

[61] 袁伟时. 晚清大变局中的思潮和人物 [M]. 深圳：海天出版社，1992.

[62] 臧嵘. 历史教材纵横谈 [M]. 北京：北京教育出版社，1999.

[63] 张广智. 西方史学史 [M]. 上海：复旦大学出版社，2000.

[64] 张广智. 20 世纪中外史学交流 [M]. 北京：北京师范大学出版社，2007.

[65] 张静庐. 中国近代出版史料（初编，二编，补编）[M]. 北京：中华书局，1957.

[66] 张星烺. 欧化东渐史 [M]. 北京：商务印书馆，2000.

[67] 支伟成. 清代朴学大师列传 [M]. 长沙：岳麓书社，1998.

[68] 邹振环. 晚清留日学生与日文西书的汉译活动 [M]. 北京：中国书籍出版社，1990.

[69] 邹振环. 晚清西方地理学在中国：以 1815 至 1911 年西方地理学译著的传播与影响为中心 [M]. 上海：上海古籍出版社，2000.

[70] 邹振环. 西方传教士与晚清西史东渐：以 1815 年至 1900 年西方历史译著的传播与影响为中心 [M]. 上海：上海古籍出版社，2007.

[71] 邹振环. 影响中国近代社会的一百种译作 [M]. 南京：江苏教育出版社，2008.

[72] 左玉河. 从四部之学到七科之学：学术分科与近代中国知识系统之创建 [M]. 上海：上海书店出版社，2004.

[73] 阿部洋. 中国的近代教育和明治日本 [M]. 龙溪书舍，1990.

[74] 二谷贞夫. 世界史教育的研究 [M]. 弘生书林，1988.

[75] 实藤惠秀. 中国人留学日本史 [M]. 北京：生活·读书·新知三联书店，1987.

[76] 实藤惠秀. 中国人留学日本史 [M]. 谭汝谦，林启彦，译. 北京：生活·读书·新知三联书店，1983.

[77] 唐泽富太郎. 教科书的历史 [M]. 创文社，1956.

[78] 梶山雅史. 近代日本教科书史研究 [M]. 弥涅耳瓦书房，1988.

[79] 中岛半次郎. 日清间教育关系 [M]. 日清印刷株式会社，1911.

[80] 仲新. 近代教科书的成立 [M]. 日本图书中心，1949.

[81] Bohr, Paul Richard. Famine in China and the missionary：Timothy Richard as relief administrator and advocate of national reform，1876—1884 [M]. East Asian Research Center, Harvard University，1972.

[82] Cohen, Paul A. Christian Missions and their Impact to 1900. The Cambridge History of China [M]. John K. Fairbank. Cambridge University Press，1978.

[83] Evans, Edward William Price. Timothy Richard：a narrative of christian enterprise and statesmanship in China [M]. Carey Press，1945.

[84] Lefevere, Andre. Translation, Rewriting and the Manipulation of Literary Fame [M]. New York Routledge，1992.

[85] Reeve, B. Timothy Richard, D. D.：China missionary. Statesman and reformer [M]. Cornell University Library Digital Collections，2010.

（四）期刊论文

[1] 毕婷婷. 中西合译中的变通性研究：以《泰西新史揽要》在晚清社会的译介为例 [J]. 常州工学院学报（社会科学版），2013（1）.

[2] 毕苑. 汉译日本教科书与中国近代新教育的建立（1890—1915）[J]. 南京大学学报（哲学社会科学版），2008（3）.

[3] 陈德正. 晚清外国历史课程与教科书述论 [J]. 历史教学，2008（8）.

[4] 陈剑华. 近代外国在华传教士编写教科书的历史探究 [J]. 宁波大学学报（教育科学版），1998（4）.

[5] 陈绍波，刘中猛. 李提摩太与《泰西新史揽要》[J]. 史海钩沉，2006（4）.

[6] 陈训词. 初级中学历史课程标准草案 [J]. 史学杂志，1929，1（1）.

[7] 何芳川，钱乘旦，余伟民，等．世界史和世界史体系 [J]．史学理论研究，2005（3）．

[8] 胡逢祥．西方史学的输入和中国史学的近代化 [J]．上海社会科学院学术季刊，1990（1）．

[9] 黄爱平．18世纪中西交往的历史与中国的世界观念 [J]．南通师范学院学报，2001，17（2）．

[10] 李帆．清季的历史教科书与线性历史观的构建 [J]．吉林大学社会科学学报，2015（2）．

[11] 李洪沿．中国史学的近代化 [J]．学术研究，1999（4）．

[12] 李孝迁．"制造国民"：晚清历史教科书的政治诉求 [J]．社会科学辑刊，2011（2）．

[13] 李孝迁．兰克史学在晚清的传播 [J]．安徽史学，2009（3）．

[14] 李孝迁．清季汉译西洋史教科书初探 [J]．东南学术，2003（6）．

[15] 李孝迁．清季支那史、东洋史教科书介译初探 [J]．史学月刊，2003（9）．

[16] 李孝迁．新旧之争：晚清中国历史教科书 [J]．东南学术，2007（4）．

[17] 李赟．清末民初的世界史演义初探 [J]．史学史研究，2003（1）．

[18] 刘超．古代与近代的表述：中国历史分期研究——以清末民国时期中学历史教科书为中心 [J]．人文杂志，2009（4）．

[19] 刘超．貌合神离：近代中国新史学与日本史学：以清末中国历史教科书为中心 [J]．史林，2014（5）．

[20] 刘冬梅．史观嬗变与清末民初的中学历史课程 [J]．沈阳教育学院学报，2010（5）．

[21] 刘雅军．晚清"世界历史"教育述略 [J]．历史教学，2004（7）．

[22] 刘雅军．晚清学人"世界历史"观念的变迁 [J]．史学月刊，2005（10）．

[23] 陆惟钊．中等中国历史教科书编辑商例 [J]．史地学报，1922，1（3）．

[24] 马克垚. 我国世界史学科建设的回顾与展望 [J]. 经济社会史评论, 2015 (1).

[25] 任复兴. 晚清士大夫对华夷观念的突破与近代爱国主义 [J]. 社会科学战线, 1992 (3).

[26] 史广洲. 中国历史教材近代化的进程 [J]. 宿州教育学院学报, 2002, 5.

[27] 王海鹏, 刘金凤. 晚清教育改革与历史教育的近代化 [J]. 山东省农业管理干部学院学报, 2006 (3).

[28] 王鹏飞, 黑瀧秀久, 衣保中. 中国における「西学東漸」と日本書籍漢訳ブームの影響, 日本产业经济会报, 2012.

[29] 王晴佳. 中国史学的西"体"中用: 新式历史教科书和中国近代历史观之改变 [J]. 北京大学学报 (哲学社会科学版), 2014 (1).

[30] 王艳娟. 试论清末民初世界历史知识在学校教育中的传承 [J]. 历史教学问题, 2008 (5).

[31] 魏蔚, 刘永祥. 新史学与清末历史教科书的编纂 [J]. 运城学院学报, 2014 (1).

[32] 文永林. 清末时期历史教育渊源考略 [J]. 船山学刊, 2011 (1).

[33] 萧永宏. 洋务时期国人世界观念的淡薄及其影响 [J]. 南京社会科学, 1998 (6).

[34] 邢科. 晚清至民国时期中国"世界史"书写的视角转换 [J]. 学术研究, 2015 (8).

[35] 姚正平. "从地理谈起": 晚清民国中学历史教科书的书写模式 [J]. 史学理论研究, 2015 (1).

[36] 俞旦初. 美国独立史在近代中国的介绍和影响 [J]. 世界历史, 1987 (2).

[37] 俞旦初. 中国近代爱国主义的"亡国史鉴"初考 [J]. 世界历史, 1984 (1).

[38] 俞旦初. 中国近代的爱国主义史学思潮 [J]. 史学史研究, 1985 (2).

[39] 张广智. 二十世纪后期西方史学输入中国的行程 [J]. 史学理论研究, 1996 (2).

[40] 张越. 近代新式中国史撰述的开端: 论清末中国历史教科书的形式与特点 [J]. 南开学报 (哲学社会科学版), 2008 (4).

(五) 学位论文

[1] 毕苑. 中国近代教科书研究 [D]. 北京: 北京师范大学, 2004.

[2] 陈琛. 《泰西新史揽要》经世化改写研究 [D]. 芜湖: 安徽师范大学, 2011.

[3] 陈一丁. 课程理论与清末民国中小学历史教科书编纂 [D]. 扬州: 扬州大学, 2014.

[4] 董说平. 晚清时期日文史书在中国的翻译与传播 [D]. 北京: 北京师范大学, 2004.

[5] 关争光. 清末民初历史教育观念演变初探: 以张之洞、梁启超和蒋梦麟为中心 [D]. 扬州: 扬州大学, 2013.

[6] 韩齐. 清末新学制下中学世界史教科书研究 [D]. 新乡: 河南师范大学, 2015.

[7] 吉田则夫, 劉建雲. 清末中国の日本語教育水準を代表する教科書 [D]. 岡山大学学院教育学研究科研究集録第 144 号.

[8] 姜萌. 族群意识与历史书写: 中国现代历史叙述模式的形成及其在清末的实践 [D]. 济南: 山东大学, 2011.

[9] 李金航. 北京: 中国近代大学教科书发展历程研究 [D]. 苏州: 苏州大学, 2013.

[10] 李俊. 明治时期西洋史教科书及清末对其的译介 [D]. 上海: 华东师范大学, 2016.

[11] 李楠楠. 19 世纪末 20 世纪初日本教科书的汉译与传播 [D]. 南京: 南京航空航天大学, 2012.

[12] 李占萍. 清末学校教育政策研究 [D]. 保定: 河北大学, 2009.

[13] 刘超. 民族主义与中国历史书写: 清末民国时期中学中国历史教科书

研究 [D]．上海：复旦大学，2005.

[14] 刘中猛．晚清新学堂与中学堂历史教育研究 [D]．南京：南京师范大学，2003.

[15] 潘喜颜．清末历史译著研究（1901—1911）：以亚洲史传译著为中心 [D]．上海：复旦大学，2011.

[16] 齐旭．近代教科书中的进化论叙述 [D]．南京：南京大学，2011.

[17] 王双钰．清末民初（1902—1919）高等小学历史教科书编撰研究 [D]．福州：福建师范大学，2010.

[18] 王友军．清末和民国时期的中学历史教科书研究 [D]．杭州：浙江师范大学，2002.

[19] 温晓静．清末新政时期的历史教育研究 [D]．上海：华东师范大学，2008.

[20] 吴也东．晚清中小学历史教科书与近代国家观念的塑造 [D]．扬州：扬州大学，2015.

[21] 徐国萍．京师大学堂教科书编译研究 [D]．北京：北京印刷学院，2009.

[22] 徐佳银．清末民国时期中学历史教科书中的日本 [D]．上海：华东师范大学，2014.

[23] 张静静．民国时期中小学历史教科书的文化取向研究 [D]．信阳：信阳师范学院，2014.

[24] 张立程．西学东渐与晚清新式学堂教师群体研究 [D]．北京：中国人民大学，2006.

[25] 张路莹．洋教习与晚清新式学堂的建立 [D]．哈尔滨：哈尔滨师范大学，2010.

[26] 章莹．塑造"国民"：清末民初中小学历史教科书中的国民教育 [D]．扬州：扬州大学，2013.

[27] 周密．京师大学堂历史教育初探 [D]．北京：北京师范大学，2010.